U0520886

职场的逻辑

打工人如何体面地升职加薪

格总 著

天地出版社 TIANDI PRESS

图书在版编目（CIP）数据

职场的逻辑 / 格总著 . —成都：天地出版社，
2022.8
ISBN 978-7-5455-7065-6

Ⅰ . ①职… Ⅱ . ①格… Ⅲ . ①职业选择
Ⅳ . ① C913.2

中国版本图书馆 CIP 数据核字（2022）第 071039 号

ZHICHANG DE LUOJI
职场的逻辑

出 品 人	杨　政
作　　者	格　总
责任编辑	王　絮　高　晶
封面设计	金牍文化·车球
内文排版	冉　冉
责任印制	王学锋

出版发行	天地出版社 （成都市锦江区三色路 238 号 邮政编码：610023） （北京市方庄芳群园 3 区 3 号 邮政编码：100078）
网　　址	http://www.tiandiph.com
电子邮箱	tianditg@163.com
经　　销	新华文轩出版传媒股份有限公司

印　　刷	玖龙（天津）印刷有限公司
版　　次	2022 年 8 月第 1 版
印　　次	2022 年 8 月第 1 次印刷
开　　本	880mm×1230mm　1/32
印　　张	10.25
字　　数	280 千字
定　　价	59.80 元
书　　号	ISBN 978-7-5455-7065-6

版权所有◆违者必究

咨询电话：（028）86361282（总编室）
购书热线：（010）67693207（营销中心）

如有印装错误，请与本社联系调换

谨以此书献给我的大姨 —— 蒋晓临老师

序

我愿看你奔赴远方,把红旗插上山岗

这是一本专门写给职场人的书。

5年前,我还在一家投资机构上班,工作并不轻松且出差频繁,一年有100多天在飞机上。出差间隙的那么多的时间,我感觉不能白白浪费了,所以开了一个公众号,即"格总在人间"。

我写啊写,一开始只是写自己觉得好玩的事儿,后来慢慢发现,只要我把话题转移到职场上,总会收获比平时多得多的关注,也会不断有读者来公众号后台询问职场上的各类问题。

也许,这跟我的经历有关吧。

我从一个小县城考到北京一所"双一流"大学,研究生毕业后,在华为公司开始了我的职场生涯。我从基层的销售开始做到管理者,离开华为后阴差阳错进入投资领域,然后空降到国内一家上市公司做高管。

可能是我天性比较爱冒险,10多年来,我经历了通信、环保、能源三个大行业，不仅待过大企业，也待过500强民营企业、小公司，投资机构和上市公司。作为管理者，我常常带着团队闭关数月拿下大项目，也不止一次只身一人赴局去洽谈业务。我跟领导拍过桌子，也跟下属吹过胡子，黯然出局过，也春风得意过。

  从职场小白一路成长起来，我想，我的职场经历也算是一笔人生财富吧，为什么不把它分享给更多的人呢？于是，我开始在公众号上写职场文，从此一发不可收拾。

  如何与上司打交道既愉快又省心？

  个人成长要经历哪些阶段？

  新人如何快速融入团队？

  升职加薪的底层逻辑在哪儿？

  如何看待你所在的行业？

  怎么跳槽怎么转行既稳健效果又好？

  公司内部资源怎么分配，怎么争取？

  如何在和同事发生冲突时，占上风？

  ……

  职场常见的问题，我都逐个给出了答案。

  收到读者后台的询问后，本着助人为乐的原则，也抱着对别人生活的一丝好奇，我有时候会留下电话号码让他们和我直接沟通，了解他们的困境，并尽我所能给出建议。无意间，我接触到了太多不一样的人。他们中间，有医生、律师、老师、猎头、财务人员、销售人员、银行职员、程序员、产品经理，也有在异国他乡的留学生，总是在大海上颠簸航行的船员……和你我一样，他们都是一个个普通的职场人。

我印象最深的，是一个三十来岁、只有中专学历的职场妈妈。她跟我讲她15岁时辍学，去服装厂做学徒，寒冬腊月厂里没有空调，一站就是一整天，之后离开老家去了北京，为了保住一个电话客服的基层岗位，一整天不敢喝一口水，晚上回到地下室，只能靠着咸菜和馒头充饥。

她还在批发市场卖过衣服，去专卖店给别人做服装销售培训，不放过任何一个谋生的机会。她在绝境中挣扎着，一点点站起来，她的经历就像一部励志电影。如今，她有了家庭和孩子，在职场中遭到了上司的不公正对待，鼓起勇气来问我该怎么办。

面对这样的人，我怎么可能不倾囊相授，帮她找到问题所在，摆脱困境呢？

像对这位职场妈妈一样，面对每一个咨询者我都毫无保留。每当他们告诉我，他们因为我的建议人生发生了哪些可喜的变化时，我都由衷地为他们感到高兴。

不止一位读者对我说：格总，你一定要继续写下去，去帮助更多像我这样的人。这些话，成了我持续写作的最大动力。

5年来，我一边以工作为主业，一边以写公众号为副业，不停地阅读、经历和思考。我渐渐发现，在传统教育领域，在浩如烟海的互联网世界，很难看到一本聚焦职场且能指导"实战"的读物。一方面，职场这个话题太宽泛，难成体系；另一方面，我认为更重要的是，三百六十行，行业之间、公司之间，跨度太大，差异太大了。而且，随着互联网普及，出现了新的职场文化，加之从60后到00后，职场上年龄跨度的背后是同事之间相互认同感缺失。这对每一个职场人来说，都是挑战。

现在，你手里的这本书，正是为了帮你解决这些问题。

职场如战场，我自己也是靠个人摸索一步步走到了今天。坦白讲，我走过很多弯路，也经历过很多次头破血流，实在一言难尽。

所以，当出版社的编辑老师问我：格总，你准备怎么定位这本书呢？我说，把它作为一本职场"攻略"吧。

是的，这就是一本职场攻略。

我理解职场人的挣扎、痛苦，理解你们的欲望和焦虑，也知道你们可能会犯哪些错误，为什么会犯。因为这些我也经历过，只是我熬过来了，想明白了。

要相信你正在经历的事情已经有人经历过了，他可以解决，那么你也可以。有些弯路，你不必再走一次。

书里没有大道理，只有一个个无比鲜活的故事，你看到故事中的主人公一定就像看到现在的自己。如果看完后，你的疑惑解开了，混乱的思路清晰了，那我会为你感到欣慰。

如果觉得这本书有用，请推荐给你的朋友们。

还有一些从没在公众号上发表过的文章，作为给新书读者的见面礼吧。

职场之路，道阻且长。但这就是人生，战斗一场接一场。

我愿意陪在你身边，看你奔赴远方，把红旗插上山岗。

格 总

2021 年 11 月 15 日

目录

第一章　拓宽认知边界，看懂职场生存逻辑

有未来感的人，才能赢得未来 / 002

不努力，你连选择的权利都没有 / 007

五个区别，一眼看出你是菜鸟还是高手 / 013

三个底层逻辑，让你从菜鸟到高手 / 019

五个建议，稳固你的职场生存期 / 025

长得好看，是优势还是劣势 / 032

每个职场中年人，头上都有三顶天花板 / 039

用大时间尺度思考，高瞻远瞩看问题 / 044

第二章　年轻人，该以什么样的心态闯职场

所谓怀才不遇，只是没有拼尽全力 / 052

90%的职场人，正在被惯性杀死 / 057

如何判断是否 all in / 061

所谓飞来横祸，多半是不见棺材不落泪 / 066

你拼命努力，可能在加速自己返贫 / 071

竞争如此残酷，年轻人是否还有出路 / 076

真正厉害的员工，是让领导又爱又怕 / 081

保持头脑开放，"前门"不通走"后门" / 086

第三章 修炼职场软技能，放大你的硬实力

如何挑选好工作 / 092

如何识别坏公司 / 100

如何找到高薪的工作 / 105

如何参加培训最有效 / 111

如何放大你的工作成果 / 116

如何与老板谈涨薪 / 121

如何避免成为大公司的螺丝钉 / 126

如何避免被裁员 / 133

如何决定换行业 / 138

第四章 普通打工人，上升路径怎么走

年薪百万，绝不是年薪 20 万的工作干五份 / 148

职场里你什么都想要，往往什么都得不到 / 154

成长性是职场人一辈子的事儿 / 159

真正的努力是你要"千方百计" / 165

可量化思维和习惯，让你从平庸变优秀 / 171

学历家庭都普通，拿什么实现职场逆袭 / 177

技术路线和管理路线，你该怎么选 / 185

三步操作，再普通的人也能分享时代红利 / 195

第五章　给自己一个好人缘，轻松行走职场

混职场就是拼刺刀，无招胜有招 / 202

无能的人说话啰里啰唆，厉害的人话从来不多 / 206

沟通不说真实目的，就像睡觉不闭眼睛 / 210

掌握三大黑暗法则，行走职场不怕坑 / 215

高情商，就是温柔善良又不怕硬刚 / 220

每一个职场人，都要给自己攒口碑 / 225

第六章　修炼你的心智，无惧困境与危机

即使面对千军万马，你要斩杀的也只有面前一人 / 232

陷入困境，普通人应该怎么办 / 237

做到这四点，成功逆转职场危机 / 243

低谷时期，应该做的三件事 / 252

有这三种毒观念，永远别想再翻身 / 257

年轻人，如何在大城市站稳脚跟 / 265

人近中年，如何避免职场焦虑 / 271

人生就是一场独舞，你不必跟随别人的节奏 / 279

第七章　真正厉害的职场人，都把成长当习惯

赚大钱的人，都有这两种竞争思维 / 284

利用这五点，培养深度思考力 / 288

所谓大器晚成，无非只有三条路 / 294

厉害的人都是"杂种"，血统单纯往往平庸 / 301

格局小的人，往往在隐蔽中走向自我毁灭 / 305

如果没有正直，聪明又积极的人会毁了一切 / 309

打开思路，聪明人才能有成就感 / 313

CHAPTER 1

第一章

拓宽认知边界,
看懂职场生存逻辑

有未来感的人,才能赢得未来

你有没有听过一个词——"未来感"?

有一次参加一个行业论坛,茶歇时我和几个同行讨论行业发展的趋势和未来图景,有同行感叹,做事情没有想象力真的不行,每个人都要对未来有感觉才行。晚上回到酒店房间,对会议复盘时,我就忽然想到了这个词——未来感。

未来感,就是指在择业、投资、职场、婚恋、人际关系等方面,一个人对未来的感知能力。比如招聘时,面对一个陌生的应聘者,你需要去想象如果录用他,他未来大概的发展状况,这是识人用人的未来感。再比如,一句很经典的电影台词是这样说的:"我只和他相处了一周,就想象出了我们在一起 20 年后的所有细节,后来,真的全都印证了。"这是看待爱情的未来感。

如果你有未来感,看人就不会只看眼前。面对失败的人,你能看得出他迟早有一天会翻身,能把低位投资人脉的机会把握好。有些人春风得意,你也能估摸出来他背后潜藏着什么样的危机,与之保持一定的距离,就像清代戏剧《桃花扇》里那句:"眼看他起朱楼,眼看他宴宾客,眼看他楼塌了。"这是对别人事业判断的未来感。

未来感很重要,有未来感的人才能赢得未来。所以,你要尽早拥有。

有未来感的人,会把未来想象出来

八九年前,我去某二线城市出差,约一个老同学见面,恰好碰到他在看房买房,和他约的一个当地朋友据说是个"看房专家",于是我们三人一起去了购房处。站在远离市区的一片烂泥地里,同学指着周围的茅草问:"就这鬼样子,还值这个价格吗?"

那个朋友点点头,说:"这个价格已经很便宜了,可以买了。"

看我同学一头雾水,那人又说:"你看到的是烂泥地,我看到的是一幅全息投影。这里是几栋楼,那边有商场超市,还有那里是学校、那里是医院,还有那边有两条大路穿过来……花这个价格不是买现在,是在买未来,已经很便宜啦!"

如今,我同学已经住进在烂泥地上建起的楼房,周围配套设施应有尽有,房价翻了两倍不止。

每次谈起这个话题,他都表示应该感谢当初那个朋友。

我觉得,这件事可以说明一个现象:大部分人只能看到眼前,只有少部分人才能看到未来。那少部分人的脑袋里,真的是有一幅"全息投影",上面净是你想都想不出的画面。你看事情常常是静止、一成不变的,可是在他们眼里,各种各样的变化已经在赶来的路上。这就是未来感。

有未来感的人第一个特点是会想象，他们擅长想象出那些你要亲眼看到才会相信的东西。在我们眼里，所见即一切；在他们心中，一切皆可想象。

有未来感的人，能提前闻到未来的气息

好多年前，我在华为的同事老孔面临着一个抉择。在一个职能部门做小主管多年，他早就厌倦了，所以当他看到华为终端公司，也就是手机部门的内部招聘启事后，决定试一试。

华为手机那时候在外界毫无名气，在内部更是鸡肋的代名词，只有把系统设备卖给运营商时，才会有一定比例的手机"附带赠送"。这种模式让华为手机部门不需要自己开拓新市场，所以他们没有什么动力去和别家竞争。那时华为生产出来的手机既不值钱也不好用，还很难看。

那阵子，老孔得不到周围人的哪怕一点点支持，包括上司、朋友，还有家里的老婆。老孔后来跟我们说："我当时仔细打听过，觉得老余（华为新任手机掌门余承东）是个干事业的人，一定不会让终端公司保持老样子。我年纪也不小了，再不找个地方蹦跶一下，就真的成中年油腻男了。"

后来的事，大家都知道了。在余承东的率领下，华为手机业务在短短 6 年内就做到了全球前三、全国第一，收入占了公司全部业务收入的 30% 以上，2017 年上半年就完成了全年任务。老孔所在的部门成了万众瞩目的明星部门。

2017年末，网传华为终端公司年终奖发了24个月工资。我们在微信群里纷纷向老孔求证，他笑而不答，企图用一个又一个200块的大红包让我们闭嘴。

你应该看出来了，老孔也是那种有未来感的人。所有人都在观望的时候，他提前闻到了未来的气息。

当然了，他也是有过迟疑的，谁做决定没个瞻前顾后的时候呢，但是他在该决断的时候毫不含糊，而且周围人的反对更是证明了他的正确。因为有未来感的人，总是少数。他们擅长的是把自己的机会建立在别人"看不上、看不懂、来不及"上面。

有未来感的人，常常是整合资源的高手

有未来感的人，看待困难的角度也和常人不太一样。

比如，我们会说某件事办不成，因为有一、二、三个难点，可是有未来感的人会说这件事很简单，只有一、二、三个问题还没有解决。就好像事情已经办妥了，他不过是在向你复盘当初怎么搞定的一样。

我一个朋友的姐姐两年前从老家来投奔她。有一天，我听说她姐姐办了一个钢琴培训班，生意做得红红火火的。她姐姐是当地小学的音乐老师，来到陌生的城市什么资源都没有，她是怎么做到的呢？

说起来也简单。

她跟小区物业处好了关系，以超便宜的价格"借用"了单元楼下已经荒废的阅览室，稍加装修作为教室；托老同学向当地的熟人买过来一架翻新的二手钢琴；在小区QQ群里打广告，以非常低的价格吸引了最初几个学生。她竭尽全力教,学生水平开始提高,慢慢地有了口碑,加上这两年钢琴私教市场火热,生意渐渐顺畅,走上了正轨。

你看,有未来感的人就是这样,能把握住事情最重要的本质:提高学生的钢琴水平。至于其他条件,比如场地、器材和生源,这三项不太好弄的资源,她都是以非常低的成本从外界整合而来的,只要培训班能先运转起来就行。

如果是其他人呢,也能抓住这个隐藏在空气里的"机会"吗?

场地要租好点的吧,装修也得像模像样吧,买新钢琴要投入一笔钱,招生得请几个人来发传单吧,稍微一算账,光成本就把自己吓回去了。

说到底,还是没有未来感。

我们从现实推导未来,他们把未来当作描绘现实的蓝图。所以说,别以为人和人都一样,眼睛里只看得到现在和脑袋里装着未来的两类人注定拥有不一样的人生。

为什么一个人要有未来感?想通这个问题,你的人生才会有答案。

不努力，你连选择的权利都没有

你身边有没有这种人，评价别人的成功时，要么说人家肯定有背景，要么说人家第一桶金来路不明。你要是跟他说，对方当初如何如何努力，他会说还不是因为那个人碰上了好机遇。反正，他自己现在这样，跟不够努力没什么关系。

好了，你可以告诉他，这里有一个新的借口可以拿去用，那就是很流行的一句鸡汤：选择比努力重要。

最近不是高考刚结束嘛，有人就感慨，当初我要是选择××专业，现在也不至于混这么惨了，所以啊，选择比努力重要。还有些牛人回忆当初，说还好自己做了一个正确的决定，不然哪有如今这番光景呢。

可不是吗，如果把人生比作一列向前行驶的列车，那么在某个岔口往左或者往右，确实会给人带来不一样的命运。但牛人不会跟你说，和他做出同样决定的其实有千千万万人，只是他够坚持够努力，动了真正的脑筋，熬过了最困难的长夜，再加上一点运气，才九死一生杀出了重围。

如果你也觉得"选择大于努力",那我请你做几个"比努力重要"的选择:

你觉得清华和北大,哪个比较符合你的气质?

你是考虑去赛道激烈的小独角兽公司做联合创始人,还是在上市公司踏踏实实地做年薪几百万的高管?

买房子是买北京后海旁边的四合院,还是买杭州西湖边的民国别墅?

李冰冰和林志玲,娶哪个回去?不要跟我说,你嫌弃她们年纪大。

这个世界,确实有着不公平,你过着某些人羡慕的生活,然后羡慕着另一些人的人生,这本来就是常态。但是有的人无论身处什么样的境地,总能咬紧牙关俯下身,贴着地面一步步踩出脚印。更多人呢,喜欢嗑着瓜子扯闲篇,你要是问他怎么这副德性,他跟你说,我挺努力的,只是当初没有做好选择,选择比努力重要呀。

不好意思,"选择比努力重要"不过又是一个你掩饰懒惰的背锅侠。不努力,你连选择的权利都没有。

以大多数人的努力程度,根本没有资格拼"选择"

我的一个初中女同学 Y,在她研究生毕业时,面临着一个重要选择:是留下来继续攻读博士学位,还是去导师介绍的药业巨头工作。她选择了后者。

10 年后的今天,Y 已经移居国外,做着自己喜欢的工作,拿着丰厚的年薪，过着她家乡那个小地方的中学同学们无法想象的生活。

看到这里，你会不会说选择很重要？

可是你不会知道，当初初中毕业时，据说因为家里反对，学习优异的她没有继续读高中，而是去市里一所可以分配工作的卫生学校读了中专。和她同去的另外两个女生，一个学药剂，一个学护理，多年以后，她们留在老家的某个医院成了一名普通的医务工作者。当然，这也没有什么不好。

但是 Y 没有，和她关系很好的中学女同学后来跟我们讲，从她去学校的第一天起，她就发誓要考上大学。除了卫校常规的学习，砖头一样厚的教材和医学专著，她都一页一页、一本一本地啃了下来，每个寒暑假回到老家，老朋友都很少能见到她，因为她把自己关了起来，除了学习还是学习。终于，她如愿考上了重庆医科大学。

我的表哥大学毕业后留在了上海，一边工作一边和朋友合租房子。那个时候，Y 正在准备报考同济大学医学院的研究生，她联系到我表哥说上海的酒店太贵了，能不能寄宿几天，睡沙发就可以。表哥后来感慨，Y 真的太拼了，有一次凌晨 3 点他起来上厕所，还看到客厅的灯亮着。

考研结束，她又一次去了她想去的地方。

高中时候，有时候和同学聊起 Y，大家都说以她的成绩和天分，稍微努努力就能上重点大学，二本更是能轻松拿下，想不通怎么会去读个卫校。这个选择真的太糟糕了，一步错步步错啊，我们那会儿都挺为她惋惜的。

现在看来，我只能说，有些人的人生不存在选择错误这回事，因为无论命运把她扔到哪儿，她都会拼了命地生出根、长出叶，在无人问津的角落里，生生绽放出一个枝繁叶茂的春天。

Y 的故事讲完，你会不会和我想的一样：以绝大多数人的努力程度而言，他们根本没有资格去拼所谓的"选择"。

选择不是神奇按钮，也不是决定命运的小药丸

很多人对选择有误会，他们把它看作是一个神奇按钮，一旦摁下去，转瞬间天地变色，自己就像被历史选中一样推到镁光灯下，一手翻云一手覆雨。又或者他们以为做选择像《黑客帝国》里主角选那两颗一红一蓝的小药丸，只要做对了选择，人生就会大不一样。

很遗憾，这种想法说好听点，很天真，说难听点，想得美。

公众号后台的读者留言里，我通常很不喜欢这种问题：格总，年轻人该去大城市还是留在小地方？格总，大学生应该把精力都放在专业上，还是应该多参加社团培养各方面能力？格总，现在的工作很辛苦又没有前景，我该不该学点其他技能，做一名自由职业者？

这些问题就是典型地把选择当作按钮的例子。就像你是个小山村里长大的未婚姑娘，人长得很标致，上门提亲的一个是村东头老实憨厚、干活麻利的壮小伙，另一个是村西头支书家会点笔墨的独生子。怎么选呢？怎么选都差不多。无论嫁给谁，你都只能围着男人孩子热炕头，在鸡鸣犬吠的四季里，送走一个个春秋，最后成为孩子们眼里那个劳累大半辈子的老太婆。

基于现成条件的选择给不了你额外的精彩，只有走出山村，摆脱

村邻的闲碎言语,你才能过上另外一种可以不那么早结婚、也可以不为婚姻活一辈子的生活。但是,你得比周围的同龄人加倍努力,利用好比如高考这样的机会。

请记住,只有那些拼尽全力得到的选择,才会在里面蕴含着其他更好的可能。

好的人生不是选择按钮,而是持续地凿井

最后,来说说关于大城市和小地方。

我一向鼓励年轻人要尽可能去大城市,原因就不多讲了。但那只是一个泛泛的建议,没有针对性。就像你见得多了,大城市餐馆里有的是端茶倒水的小伙计,还有上班打卡、下班喝酒打牌刷抖音的小白领。他们从合租房搬到群租房,又从群租房搬到地下室,终于有一天城市居住政策收紧,被扫地出门。

小地方呢,距离山西省阳泉市40公里,有个叫作娘子关电厂的地方,那里有个大学毕业待了20年的计算机工程师。白天,他的生活和我们一样,被文件、开会、职称还有股票、房价、儿女的学习辅导填满。只有到了深夜,他才能打开电脑敲上几千字,一天一天、一篇一篇地敲出了7部长篇科幻小说,包括那部畅销书《三体》。

按现在流行的说法,选择在那样一个偏远的小地方生活,几乎决定了一个人的人生上限。但是这个叫刘慈欣的中年男人,思考的深度远远超过了大城市文艺青年们的"诗和远方",他的文字气势恢宏,像极了一场星际旅行,壮阔中又带着一丝残酷的美。有一次,一

群科幻作家在杭州西湖边聚会，席间讨论了一个题材："如何毁灭一座城市。"

公认最好的回答来自刘慈欣，他轻声说："可以把三维的西湖风景二维化，变成一幅水墨山水图，然后，再把它一维化，变成一根细细的杭州丝绸。"

左手柴米油盐，右手星河灿烂。

所以，你要问我，选择比努力重要吗？我真不这么觉得。

就像这篇文章一开始的那个比喻，如果把人生比作一列向前行驶的列车，在某个岔路口往左和往右，确实会带来不一样的命运。不过，能跑多远、能看到什么样的风景、抵达什么样的终点，不是由岔路口决定的，而是由火车自身的驱动力决定。

如果你真的对自己有所期待，那么无论做出什么样的选择，该付出的、该承受的和该忍耐的，一个都少不了。因为好的人生不是选择按钮，而是持续地凿井，当水从井里喷涌而出时，每一滴水都是热爱，是成功，是幸福。

五个区别，一眼看出你是菜鸟还是高手

上周，我跟部门员工沟通年终奖。不少人沟通完了，都兴奋得直搓手。他们确实有理由兴奋，因为业绩好，年终奖真没少拿，比如进部门两年多的陶东。从两年前的职场菜鸟到现在的职场高手，陶东真是一点点地完成了自己的成长和蜕变。

作为主管，这才是我最有成就感的地方。

现在，我把职业生涯里感悟到的高手和菜鸟最大的五个区别分享出来，希望能帮到你。

菜鸟喜欢了解，高手喜欢学习

陶东入职没多久，我带他去参加一个行业论坛。回来后第三天，他发了一个很详细的纪要给我，我觉得很满意，看得出来他是用心写的。

几个月后，我们在另外一个公开场合见到了上次论坛的组织方

的一个业内大佬。我跟对方寒暄说，上次您的那个论坛真不错，那个××技术应用起来一定挺颠覆的，然后转过头问："对吧陶东？"

没想到，陶东一脸发蒙，支支吾吾的。我赶紧把话题接过来，继续聊下去。

离开后，陶东跟我解释，那次论坛结束后他写完纪要就扔在一边了，所以纪要里的东西早就印象模糊了，以后他会注意。

你发现没有，这就是职场菜鸟的常见病。菜鸟喜欢到处了解，这个也看一点，那个也看一点，然后感觉自己"学习"了很多。

这种不成体系、也没有目标的所谓"学习"，最多只能叫"了解"，给人带来短期记忆，用来自我安慰"我很努力"。高手则刻意地记忆、分析，他们会深究问题背后的逻辑，现象背后的原因，在自己的知识地图上插上一面面小旗。在旗和旗之间，还有一条条互相关联的路径。

菜鸟总在重复，高手总在复盘

我刚到一家公司做销售总监时，部门里有个农村来的小女孩。大家说起她，都喜欢说她"特别拼"，但是没有人会提她的业绩，因为特别差劲。有一次我找她谈话，本来想辅导一下，结果变成了她的吐槽大会。

她说，她是部门里最努力的，她负责的客户，自己跑得最勤。

她又说，她是部门里对产品最了解的，所有的新品上市以前，她总会把参数背得很熟。

她还说，她的客户是所有客户里最刁钻的，想要最好的东西，还要最低的价格，简直就是吸血鬼！

我问她："每次你拜访完客户是怎么复盘的？"

她说："我气都要气死了，复什么盘！"

面对这样的员工，你会怎么办？

我打算等她气消了再找她谈话。结果还没来得及谈，她就跳槽去了竞争对手那里。我真坏，我居然挺高兴的。

菜鸟不是不努力，而是总把简单的重复看成努力的证据。他们说的努力方式，就是一次次用同样的方式犯同一个错误，然后改正，感动自己。高手的努力方式与之相反，除了事前谋划，事中执行和调整，特别重要的就是事后复盘。

"事情为什么能成？是因为时机把握得好，还是纯属运气？还有哪些改进空间？对后续的影响是什么？"

"事情为什么搞砸？有哪些坑？是方向问题还是节奏问题？是资源投入不够还是团队磨合不足？"

菜鸟擅长推演，高手擅长应变

不知道你发现没有，菜鸟和高手，有时候是不太好区分的。特别是谋划、推演的时候，有些人没什么本事，反而特别活跃，讲起话来头头是道，高级得很。可能他们都信奉"运筹帷幄之中，决胜千里之外"，觉得在地图上计算好一切，就能把事做好，把仗打赢。

可是，事情怎么可能那么简单。

我不是说推演不重要，而是说，一边执行，一边分析，一边调整策略，比坐而论道要重要得多。很多事情你不去做就永远不会知道里面的沟沟坎坎，只有边做边想边调整，才能从看热闹的外行变成看门道的专家。

2017年底的罗辑思维跨年演讲中，罗振宇提到了一家奶茶店：古茗。它的创始人王云安是个85后，他把这个"路边牌子"做到了全国1200家店，年收入12亿元。他是怎么做到的呢？

王云安很擅长随机应变。比如古茗最早是在县城和镇上开店，这些地方的街道晚上都很暗，王云安发现，想要被顾客最快发现自家的奶茶店，只需要把奶茶店门口的灯调得更亮就行，最好亮到能成为那条街上的路灯。一个奶茶店把灯光调亮，每天也就多花几块钱电费，却能多带来好几百块的生意。

随机应变，是所有的高手都擅长做的事。

菜鸟渴望表扬，高手渴望指点

陶东待的上一家公司的主管基本上在放养他们，他觉得学不到什么东西就跳槽了。他刚来时，做得好的地方我会试着表扬他，他既得意又不好意思。后来，哪怕他做得不错，我的表扬慢慢也减少了。

终于有一天，他忍不住问我为什么会这样："是不是我做得不好啊？"

我对他说："不是你做得不好，而是你必须告别依靠别人来驱动的本能，告别每件事都考虑个人自尊的惯性。别人的表扬没那么重要，别人对你的指点和启发才最重要，虽然有时候，指点你容易伤你的自尊。"

陶东很上道，后来果然经常带着方案和思路来找我，要我帮他出出主意。

这一点很不容易。

因为菜鸟做事的出发点常常是为了维护自尊，虽然这也可以成为动力，但真正的高手从来就不在乎这些。高手在乎的只有能不能从周围吸取到力量和智慧帮助自己成长。他们的驱动力不是来自外因，而是源于自己。

菜鸟在乎利益，高手在乎人心

当我还是菜鸟的时候，遇到一个叫老蔡的客户，他人很好。有一年末，下游欠款拖太久，导致老蔡公司的资金链忽然吃紧。他找到我，想修改之前签好的合同，把本来发货后三个月内要支付的款项推迟到第六个月再付。

那时候我年轻气盛，加之这个订单的付款条件本来就不好，这样修改合同肯定会影响我的绩效考核，甚至年终奖金。我口头答应他跟公司汇报，其实心里不想同意，打算拿公司制度说事。

第二天下午，我和我主管在楼下抽烟，他听我把所有的顾虑讲完，对我说："老蔡是个好人，你帮他渡过难关，以后他会对你更好的。"

我说："我评估过他的财务状况，只怕这次他熬不过来了。"

主管没说话，只踩掉烟头，拍拍我的肩膀叹了口气："公司那边我能搞定,同不同意你决定吧,我相信你会做出最好的选择。"

我虽年轻,可是不傻,我知道他的意思。

我于是做出了帮老蔡一把的决定,但最终,他的公司还是关掉了,我的年终奖也大打折扣,这让我很灰心。

都说人在做,天在看。第二年,好几个本来对我爱答不理的客户忽然主动联系我,使得我的业绩一下跳到了公司前几名,年终奖多到自己都不敢相信。后来在一次饭局上,我去给客户敬酒道谢,对方看着我笑眯眯地说:"小伙子,不要谢我,要谢就谢老蔡吧。他跟我们哥儿几个说,你为了帮他还吃了亏,要我们多少一定帮着你点。说实话,老蔡这人做生意不怎么样,但是看人还是很准的,这我相信。"

我听完,既感动又庆幸,还很惭愧。

后来,我和老蔡成了忘年交,直到现在我们还有联系,我还参加了他儿子的婚礼,和他介绍的那几位客户坐在一起。

这就是我特别想告诉你们的:高手和菜鸟最大的区别,就是能不能在精确的算计、冰冷的利益之外,体会到人和人之间的善意和温情,这也是菜鸟最难迈过的关口。

这个区别,其实在于你如何面对这个世界:你是把自己看作一个掠夺者,总想着如何抢走更多,还是把自己看作一个建设者,想的是能为别人带来些什么。

毕竟,世界上所有的生意,都是人做的。

三个底层逻辑，让你从菜鸟到高手

前几天看到一段话，我看完一拍大腿："哎哟，讲得太好了！"

畅销书作家马歇尔·戈德史密斯是美国管理研究院（IMS）终生成就奖获得者。有一次，他谈起打高尔夫球的顶尖高手。"顶尖高手嘛，自然是一招制胜。"这是我们普通人的想法，可马歇尔说："不是。面对一个四杆洞，顶尖高手第一杆把球打上球道，第二杆把球打到洞口附近，第三杆打出'小鸟球'，或者用两杆推杆打出一个'帕'，然后走向下一个球梯，重复之前的过程。过程看起来简单、平淡，甚至有些单调死板。可是，如果能成功复制这个过程直到打完18洞，通常个人最佳纪录、乃至球场最佳纪录就已经被打破了。所以，高尔夫球的高手们相信，比赛不需要多么精彩，不需要一招制胜，一场平淡无奇的比赛就是一场伟大的比赛。"

我之所以为这段话叫好，是因为想起前两天世界杯闭幕时，朋友圈里有人在抱怨。抱怨的这个人是我认识的人里面在世界杯期间赌球赌得最疯的一个。他场场下注，押中了墨西哥爆冷赢德国，也押中了半决赛克罗地亚淘汰英格兰,甚至猜中过比利时3∶2逆转日本的比分,但是大多数时候,都会希望落空,最后结算下来,他还是输了几十万元人民币。

我很想告诉他:你在惊心动魄地赌球,庄家们在按部就班地坐庄;你总想着一夜暴富,直到输掉底裤,庄家们却平淡无奇地取得成功;你把命运交给运气,高手却把收益交给概率。

太阳底下,哪有什么新鲜事。

成功不可复制,但成功的底层逻辑可以

我在招聘的时候,非常在意应聘者有多少成功的项目运作案例。如果对方还有其他行业的经历,我也很希望了解他在别的行业是如何取得成功的。想必每一个有经验的面试官都会去这么做,因为我们都相信,成功固然不可复制,但是成功的底层逻辑是共通的。

以我的观察,高手们的底层逻辑有以下三个,一般人可以学到皮毛,但是做到极致者寥寥无几,所以成功者永远稀缺。

1. 专注

美国HBO电视网在2017年推出了关于股神巴菲特的纪录片《成为沃伦·巴菲特》,这是巴股神第一次亲自参与的影片。影片里,比尔·盖茨和巴菲特玩了一个游戏。他们没有任何交流,只是分别在白纸上写下对自己一生最有帮助的一个词。结果,答案是一样的:专注。

高手们深知专注为自己带来的好处。

我们平常说的专注,其实有两层意思,一个是时间,一个是投

入度。

专注需要时间投入，只有花费大量时间来重复练习同一个动作，才能把动作变成肌肉记忆，变成身体本能。细末分毫处、电光火石间，才是分辨高手的地方，所以专注的核心不光在于你有多投入地做某一件事，还在于你有多大的决心对其他没有那么重要的事情说"不"，为你的专注腾出时间来。抖音两小时，王者荣耀两小时，微博、贴吧、知乎、B 站再各来一小时，一天下来时间所剩无几，想必你也不会再有专注的念头了。要不怎么说，这个充满了越来越多的社交媒体、游戏娱乐的世界正在越来越严厉地惩罚那些没有自控力的人。

再说投入度。关于这一点，所谓一万小时定律也可以算是某种幸存者偏差了。同样 8 小时坐格子间，你可能一会儿看新闻，一会儿逛淘宝，写个项目计划书能磨蹭一大下午，这个投入度就远远低于那些埋头干活，沉浸其中，一抬头才发现夜幕已经降临的人。

许多高手精通多个领域，因为他们总是很专注。其他大部分人往往浅尝辄止，因为他们总在虚度光阴。

2. 节奏

现代人经常讲一个词"效率"，而"节奏"这个词则很少被提起，要是说起来也是感慨一声"现在生活节奏太快了"，可是他们在忙些什么呢？

打工的为了涨点薪水，一个行业还没摸熟，又跳槽到了另一个行业；创业的，公司关门才没几天，就从一个赛道切换到了另一个赛道；就连减肥的，也没怎么坚持就从一种流行减肥法转换到另一种流行减肥法。结果，当然总是没法成功。

在所有控制节奏的高手里，日本小说家村上春树绝对是教科书级别的。他写长篇小说时，每天凌晨4点起床，用完早餐开始写作，写五六个小时，上午10点结束。他要求自己每天写10页，每页400字，不管多有灵感，10页一到立马停笔。但如果写不到10页，绝不起身，直到写满10页为止。这哪里是写小说呀，这不就是跑马拉松嘛。

你发现没有？"效率"这个词充满了焦虑感，好像你一时半会儿不做点什么，就要被甩开、被淘汰、被同龄人抛弃一样。人一焦虑，作出的判断多半是错的，付出的努力经常是无用功，甚至会起反作用。而"节奏"这个词，你感受一下，有一种很自信的韵律在里面。它把整件事情看成是做一道菜，加水、切料、下锅、汆烫、焖炖、起锅、摆盘，慢了就抓紧点，快了就停下来，讲究一个恰到好处。

就像世界杯赛场上踢球，不是前锋，也不是后卫控场，通常由中场最核心的球员来控制局面，组织球队时而进攻，时而防守，有的时候加速一把，或者暂时放慢节奏。所以，我们夸后卫为后防中坚，夸前锋为锋线杀手，但只赞扬能控制局面的球员为"中场大师"。

在职场和人生的赛场上，高手们总在控制节奏，成为自己的"大师"，因为他们懂得，真正的成功从来不是靠心血来潮式的反复冲刺。

3. 信念

"信念"是一个常常被误解的词。上面提到的"专注"和"节奏"，你可能在很多地方看过了，然而对你并没有什么用，当你下次遇到需要专注、需要控制节奏的情况时，连想都不会再多想一下，还是会按照原先的方式继续消耗自己，或者继续犯错。

为什么一个普通人，即使知道了所谓的成功"心法"，还是没法运用呢？就像巴菲特谈他的投资心得："很简单，你需要做的，就是以低于其内在价值的价格买入一家好企业的股票，然后坐等它上涨就可以了。"

简单吗？简单。

做得到吗？99%的人都做不到。

因为他们没有"信念"。

什么是信念？就是无论发生任何情况都相信自己的那套方法是有效的。

炒股的人都理解这种心情：你"看好"一只股票，然后买定离手，它跌了又跌，跌了再跌，你会越来越怀疑自己的判断，最终精神崩溃，含泪割肉离场。如果买进以后稍微挣了点钱，你又会不停地问自己：会不会跌啊？万一跌了呢？然后匆匆忙忙地卖出完事。长期来看，全都输多赢少。

不光炒股，面对人生其他事情，大多数人也都是如此，因为没有"信念"，所以人们总是想一夜暴富，同时又常常半途而废。

信念听起来挺玄，好像只要自己相信就可以，是这样吗？其实并不是。

信念的培养，要求你必须曾经专注过和把握好节奏过，尝到过甜头。而且，取得的成绩越好，成功过的领域越多，你的信念感会越强。当进入陌生领域时，你会越容易有意识甚至下意识地专注并控制好节奏，随后的成功会再次强化你的信念。这也是高手进入陌生领域后上手极快，而且带着某种近乎"盲目"的自信，失败后敢翻身再爬起来，再失败，再爬起，直到最后一刻取得成功的原因。

是观念造就行为，还是行为塑造观念

这个世界上，关于个人成长的道理真的有那么多吗？

不多，说来说去就是那么几条。只不过，不同时代、不同领域的高手们换着方式表达出来而已。这些道理谁都懂，甚至绝大多数道理你都看过学过，可是这跟你能否成功是两回事。有时候你会觉得这是观念或者认知的问题，又有些时候你会发现道理懂那么多，还是过不好这一生。

是观念造就行为，还是行为塑造观念？

我的答案是：都是，又都不是。

观念当然造就行为，但是行为导致的结果会反馈强化你的观念，或者让你质疑它甚至颠覆它。在这期间，还需要更重要的东西：思考。

真正有价值的思考才会在认知和行为之间建立起信任感，就是刚才提到的信念。而专注和掌握节奏的信念，必然为你带来在一个又一个领域的成长乃至成功，这才是真正的高手追求的。所谓那些平淡无奇的胜利，不过是最终的表现罢了。

五个建议，稳固你的职场生存期

43岁的Michael Wu是高科技公司C中国区负责大客户芯片的销售总监，今年3月被裁掉了。北大数学系本科、美国芝加哥大学计算机系硕士、某芯片巨头10年中国区高管经验，也没有改变他进入C公司才第五个年头就走人的结局。和他一起被裁掉的还有平行部门的另外两个总监。

离开的饭局上Michael喝得并不多，当旁边人不知是真情还是假意地问他怎么回事时，他苦笑了一声说："没办法，我们太贵了。"

为了满足华尔街那些冰冷数字背后的贪婪胃口，C公司今年提出了"双15"的财务指标：业绩增长15%，成本缩减15%。业绩尚未达到，成本怎么缩减？自然是裁员了。裁掉一个年薪200万的Michael，换上一个不那么资深也不那么昂贵的备选，比起裁掉五六个苦哈哈的小员工，实在划算得多。

我的大学同学J在芯片行业摸爬多年，几天前在深夜茶室里，他给我讲完Michael的事。我无法不唏嘘。

为了避讳当事人，我用了代号，然后把这件事分享给你们每一个踏入职场不久的年轻人。下面这五点看法和建议希望能帮到你们。

对普通年轻人而言，便宜是唯一的优势

如果我问你们，年轻的职场小白的优势是什么？答案可能五花八门，比如有冲劲、有激情、可塑性强等。不好意思，我只能呵呵，其实年轻人没什么优势，唯一的优势就是便宜。

前些天小米上了头条新闻，人们纷纷谈到劳模雷军的奋斗史，我们从中可以看到：有冲劲、有激情并不是年轻人的专利。至于可塑性强呢？在移动互联网时代，多少人从 A 行业跳到 B 行业，也一样取得了成功，跟年轻没什么关系。从金山软件到公开信里提到的小米，雷军带领它发展成一家"以手机、智能硬件和 IOT（物联网）平台为核心的互联网公司"。

你可以把公司的招聘看作超市采购，招聘最重要的一条就是性价比，如果你创造不了更高的价值，那么就只能随行就市卖个大路货价钱。这也是许多人抱怨每个月的工资交完房租还完信用卡，到手就几乎所剩无几的原因。

这很好解释：如果你并不出众，那么薪水刚好给到维持你基本的生活水平，让你无法离开公司就行。

但是，你的便宜，对你也是一种保护。

便宜的价钱会降低公司的预期，当需要缩减成本的时候，他们不会打一个可以完成自己本职工作的年轻人的主意。因为你年轻，还因

为你便宜,不会像 Michael 那样因为"太贵了"而被裁掉。

永远让雇主占便宜

我说一个普遍现象,你看看是不是:几乎每个人都嫌工资涨得太慢,却没有人觉得自己配不上那份工资。

你不得不点头。可我告诉你,这种想法很危险。

我曾经的一个老领导跟我说过,进入职场这么多年,他换过公司也换过行业,居然没有一次主动申请加薪。但是现在看来,作为一家中型公司的管理层,他的薪酬比同龄人的平均水平高出许多。

更多的人选择相反的做法,他们讨厌被公司占便宜,喜欢拿着新学的几条包你月薪 5 万的"职场加薪术"去和老板讲道理。我不知道结果如何,我祝他们好运。

我只相信那位老领导讲的一个道理,一个人的薪酬水平基本围绕他能创造的价值波动,高不了多少,也低不了多少。

我不是说你不要提涨薪,毕竟有些老板喜欢揣着明白装糊涂,需要提醒提醒。怕就怕在一些喜欢"全员涨薪"的大公司,你创造的价值涨幅慢慢已经跟不上你的薪水涨幅了,你还浑然不觉:你被裁掉的概率其实也在上升。

所以,我建议你把心思更多地花在努力成长、努力提升、努力创造价值上面,你的价格才会在市场的公允评判下,不以哪个老板意志为转移地水涨船高,而不是天天盯着每个月的工资单算计。

记住,你要永远给人"好使又便宜"的感觉。帮他挣 100 块,本来该拿40块，你只拿走35块，远远好过给他挣50块你要拿走一半。

年轻时不要急于攒钱

进职场的前几年，我一直有一种错觉，我以为个人财富是靠月复一月、年复一年的积攒慢慢积累起来的。

当然，那时候互联网还不发达，也没有现在这样便捷的在线教育，例如英语、演讲、写作、文案、摄影什么的。于是我很少花销，把每月的工资小心存起来，没太多娱乐，也没投入其他额外的学习，我看着银行账户里一点点变多的数字，笑得很傻很天真。

直到很久以后，我才明白自己错了。真正的财富绝不是靠一点一点线性积累，而是指数级滚动。比如大家熟悉的房产，常说的股票和一般人不太懂的期货。可是，这些投资要么门槛太高，要么风险太大，要么两者兼有。有一种起点低却风险很小，还收益巨大的投资，就是投资你自己。

刚才提到薪酬，很多人都认为薪酬是对自己工作的评价和认可，所以获得更高的薪酬才能意味着自己的成长。

错，这是本末倒置。

更高的薪酬只是你在变得更强路上的副产品。

趁着年轻，别再把省下的钱都寄回家给父母存死期了，也别去购买股票、债券、数字货币什么的，那些东西涨你不知道为什么涨，赔你不知道为什么赔，人家不宰你宰谁。投资你自己，1年之内，或许依然没有起色；3年之内，你大约可以超越半数以上的同龄人；5年之内，你一定会焕然一新。

投资到自己身上，不光意味着你在某些领域会变得更厉害、更出众，重要的是，这种出众可以为你打开一扇大门，让你接触到门后那些对优秀的年轻人报以期待的前辈和大佬。

和他们合作，借他们的势，不用求也自有人带你飞。那个时候你会懂得为什么我会说真正的财富是指数级滚动而来，挡都挡不住。

控制欲望，分清投资和消费

上面说到投资，有一个常常被误解成投资的概念：消费。

作为男人，我理解女生买到一个心仪的包包时的心情，我们购买数码产品时也是一样兴奋。但是，我永远理解不了拿5000块月薪的你买一个3万块的包包，怎么就可以成为自我奋斗的原动力。

如果有人持这样的想法，请给我解释一下"裸贷"是怎么回事。

也许有的人真的可以从超高消费中获取动力，但是我相信这一理念并不适用于所有人。

那些劝你买包包来提升奋斗激情的人，不会帮你还借呗、花呗和京东白条。

坦白说，你买贵得要死的包包，还不是因为一个字：爽。而我说的投资，那些真正带来个人成长的投资，必然痛苦到极致。每天早上雷打不动花一小时读英语，每周抽三个晚上学习插画，每个交易日研究上市公司财报到深夜，每个周末强迫自己做一次个人业绩回顾和执行力复盘……既枯燥又乏味，大多时候还孤单，远不如一个包包来得性感。

所以你看，分清消费和投资并不是一件困难的事，困难的是控制欲望。多少人明知是消费，还要以投资自己来自我安慰。更要命的是，如果因为更高的消费不自觉地将生活成本推涨到很高，当有一天你忽然被裁掉时，每个月的银行账单会迅速将你击垮。

想想那些收入天价，却依然被巨额债务拖垮的明星：泰森、迈克尔·杰克逊、艾弗森……从这个意义上讲，投资大师巴菲特崇尚朴素的生活理念，不光是人品和修养层面的结果，更是一种谨慎的风险管理方式。

人生无法规划，但规划过一定比没有规划要好

很多年轻人会在未来的几年内或者10年内组建家庭，生育孩子。观察过许多人后，我能看到一条冷冰冰的规律：大多数人40岁之前的个人成就几乎取决于成家之前的水平。

没明白？思考一下。

聪明的你一定想到原因了，婚后的生活，尤其是有了孩子以后，你的成长速度会大大减缓，成长减缓的程度和你对家庭的责任心成正比。极少有人能像钢铁侠埃隆·马斯克和脸书前COO（首席运营官）雪莉·桑德伯格那样，在悉心教育好孩子的同时还能撑起自己的商业帝国，或者成为职场女王。大概率的情况是，你会在职位晋升和成为妈妈之间做出艰难抉择，或者下班后回到车库，不得不抖擞精神披上那身叫爸爸的战袍，花费掉本可以投入学习的光阴。

身为职场人，如果你还没有孩子，请你一定要珍惜。如果你现在还是单身，更加要珍惜。别把 8 小时之外的时间，都拿来喝酒逛街、勾妹撩汉了。在变得油腻之前，你需要规划好第一个职场 10 年，还有个人成长路径。

也许你会反问，人生可以规划吗？谁能保证未来会不会有新机会、新转折出现呢？

是，人生充满意外，确实无法规划，但是只有当你规划人生的时候，才会从繁忙的日常事务中抬起头来，看看 5 年后、10 年后，你对自己有怎样的期许。有了期许，你才会知道无论在上班时间，还是回到住所，自己应该往哪个方向努力。

当有一天，意外的机会出现时，你才有资格在也好、很好和更好之间选择，而不是面对步步紧逼的噩运不得不一次又一次地"两害相权取其轻"，最终难以翻盘，越陷越深。

长得好看，是优势还是劣势

先问一个问题：有一天下班，你走向地铁口，旁边有两个小姑娘在发传单，一个长相一般，另一个却很好看，如果你一定要拿走其中一个的，你会选哪个？

当然是好看的。我替所有男生回答了，应该不会有反对意见。女生也可以想想你会选谁。

这个答案似乎印证了我们在职场中的一个看法：长得好看是一种优势，漂亮的女生对外更容易促成交易，对内更容易升职，人生也更容易成功。

人们的解释是，漂亮女生更容易赢得男人的好感，在以男性为主导的商业社会，女性更容易因为男人"抹不开面""不好拒绝"而得到见面机会，甚至赢得销售订单。

真的是这样吗？

如果真是这样，我们无法解释另外一个现象，为什么中国顶级的商界女性，都是董明珠、孙亚芳、吴亚军、杨绵绵这样的人物。我们可以说她们干练、聪明、坚定、勤奋，还可以说她们和蔼，却完全无法用平常描绘女人的漂亮、妩媚、性感来形容她们，而且董明珠甚至赢得一个"董明珠走过的地方，连草都不会生"这样的彪悍评价。

当然，你可以说杨澜们也很漂亮，但不要忘了，这只不过跟她们起家的行业有关，漂亮只是一块起码的敲门砖而已。在这些行业，玩家都是一群漂亮女人，她们成功与否，跟和普通人相比有多漂亮没什么关系。

所以，我们今天来认真谈一个敏感话题：美貌和性感在职场上究竟有多大作用？

不同段位的男人，如何看待美貌的女生

在一次聊天中，一位女生谈起了她逃脱职场性骚扰的经历。

有一次公司年会，酒过三巡，老板借着醉意把公文包递给她，说："帮我保管一下，一会儿我给你打电话，你帮我拿到房间来。"她知道情况不妙，前思后想，终于走出一步了妙棋：她给酒店前台打电话，找到住在老板隔壁的男同事，然后把公文包交给男同事。晚上老板来电话时，她推脱说身体不舒服去附近诊所输液了，怕耽误老板工作就把公文包给同事了，请老板去隔壁拿一下。

故事的结局是：这个女生并没有因为这件事受到任何处罚或者不公平对待，反倒因为她在平时工作努力、细致和周到，逐渐上升至公司的管理层。老板最后视她为左膀右臂，也再没有类似的企图。

这位厉害的女生最后说："对于老板而言，漂亮的小蜜好找，但

是得力的下属不好找，忠诚又得力的下属更不好找。所以，女生不要用姿色，而要用你的忠诚和能力去征服老板。当你成为他不可或缺的助手时，相信我，他绝对不会对你有歪心思。"

虽然这是一个关于职场性骚扰的故事，但是这位女生已经道出了现代商业社会的协作本质：资源等价交换。

我们设想一个年轻漂亮的女孩子，无背景、无人脉、无技术、无行业经验，除了自身的美貌，根本拿不出别的能用来交换的资源。那么职场上，她会遇到不同段位的男人，也会给她带来不同影响。

段位低又品质差的男人，看到女生的姿色就容易起歹心，也许他会在一些无关紧要的事情上开开绿灯，但是同时他会更加有企图，例如平时变本加厉骚扰你或者妄想进一步拉近关系，如果你不情愿让他占便宜，本来很正常、很顺利的事，他也偏要为难你，让你也得不到好。

段位高的男人阅历丰富，如果你仅仅就是好看，那么在他看来，你跟一个普通女性没有区别。他不会因为你好看就改变重大的商业决定。

所以说，拥有美貌这样的资源，在职场上反而可能是一种劣势。

当然，有一种情况除外，一个高段位的男性因为感情因素确实喜欢上了这个女生，然后两人在一起了。这对女生来说当然是非常好的助力，就像某些圈子里面，个别漂亮花瓶的后面就可能站着某个大佬。

美貌是一种随着年龄增大，边际效益递减的资源

不过，你得知道，大佬支持你的概率是非常低的，风险也很大。

我们先说概率。

一般情况下，混得不错的男人可能早早就已经结婚生子了，一个漂亮女生跟自己厮混，他必须要考虑到自己家人的感受，即使夫妻感情不好，也要考虑儿女的感受。所以，通常这种男人不会跟美女靠得太近，他要考虑各方面影响。因为没有太多接触机会，所以产生感情的机会是很小的。而且这种男人，刚才说了，如果你除了好看一无所有，抱歉，你很难吸引到他们。

当然，在一些圈子里也有能力很强、很会来事的美女，高段位男人也是愿意和她接触的，但是这种接触常常在爱情、友情和性之间徘徊，如果没有一个明确的结果，是很难持续的。

再说风险。

任何与智力无关，与身体、禀赋相关的资源，都存在随着年龄增长边际效益递减的问题，比如娱乐圈和运动界就是这样。如果一个混得还不错的男人和一个女人在一起仅仅因为她的美貌，那她就得小心了：当自己老了怎么办？当他遇上更好看的怎么办？当男人厌倦了她的姿色怎么办？

我们看到许多圈子里面，大佬支持的漂亮女人都很焦虑，她要尽快将大佬的资源变现，要打造自己独特的影响力，因为对方喜欢她可能仅仅是因为她好看，也可能仅仅是因为新鲜感。

相反，如果一个女人长得非常一般，那么当她接近大佬的时候，对方只会把她当作一个普通人来看，甚至把她当作男人看，该说事说事，该喝酒喝酒。大佬的家人对这样的女人也会很放心，知道自己男人再怎么也不可能跟这种女人越过界限，自己的地位很安全。

美貌是一种高级资源，需要更高阶的智慧来驾驭

我们回到职场上来。

有漂亮女生可能会问："格总，那美貌就一点用都没有了吗？好看又不是我的错，我该怎么办呢？"

大家应该都听说过一些调查，结论是长相好看的人往往比长相一般的人薪酬高出百分之多少。这个结论有一点问题。比如，色情从业者长相水平肯定是高于女生平均水平的，但不是每个年龄段她们的薪酬都高于其他行业女生的平均水平，更何况，她们薪酬随年龄增长还是递减的。

我的解释是：长相优势并不直接作用于你的薪酬。长得好看更容易薪酬高，是因为长得好看更容易让人自信。这个就不用解释了，大家都懂。

美貌和金钱、智力、权势、声望一样，是一种高级资源，本身没有好坏之分，却需要更高阶的智慧才能驾驭。自信，就是一种高阶的智慧。所以，与其说长相越好看薪酬越高，不如说越自信薪酬越高。

就像我们说打篮球容易长个子，不如说因为个子越高，在篮球这项运动方面就越有优势。经过无数次筛选后，篮球都是一帮高个子在玩，所以看起来打篮球容易长个子。

很多美貌的女孩子，因为长相优势从小得到的关注就多，所以她们也更自信，这本来是件好事，但是如果没有更高阶的智慧来驾驭，在逐渐以智力优势（学校）、综合优势（社会）参与竞争的地方，她们还是会不知不觉对自己的美貌形成路径依赖，反而忽略了自己其他

能力的锻炼,不能让自己的能力往给对方带来价值的方向发展,到最后路越走越窄。

人们常说要投资自己。这话是没错的。但是懂得投资的人都明白,所谓的投资,是将时间、金钱和精力投向那些随着时间的推移,能力应该逐渐增值的地方,才可能形成一条别人靠砸钱仍然无法逾越的"护城河"。对一个人而言,大的能力比如对商业的领悟力、对趋势的把控力、对行业的理解力,小的能力比如对艺术的体会、对数字的敏感力,对逻辑的感知力,或者演讲、编程、写作等都是需要投资的。

很遗憾的是,许多女孩子的"投资自己"还是停留在外表上面。

我不是说女生就不该打扮自己。爱美之心,人皆有之,希望自己更美是人之天性。

而且美貌在很多时候确实可以帮助你摆平一些麻烦事情,比如刚才说的让低段位男人给你行方便。

不过,无论男女都要小心天性,天性有时候会指向一条不怎么美好的道路。而且,从机会成本来看,过度关注外表会让你不得不分散本可投在其他地方的精力,从而妨碍自己的成长。

所以,我们知道的那些成功的白富美,如果她们不说,没人知道她们当初如何一路拼杀进顶级投行,如何一周工作 100 个小时以上,半夜一两点在卫生间因为无法承受的压力而痛哭。

再比如《哈利·波特》中饰演女主角的艾玛·沃特森,更是一名不折不扣的学霸,2006 年参加英国普通中等教育证书考试,10 门科目里有 8 门拿了 A+、2 门拿了 A,2009 年,她同时被剑桥大学、牛津大学以及美国的布朗大学录取，因为喜欢布朗大学更自由的学制，她最终放弃了英国的两所名校。

所有这些，跟她们的勤奋、坚韧、聪颖有关系，跟她们的美貌没一点关系。

所以，对于好看的女生，我的职场建议是：忘记自己的美貌，像其他人一样去努力工作，努力思考，努力学习和提升。保持好平衡，让你的美貌成为你众多名片的其中一张而不是全部。

只有为自己争取到更多与你性别无关的资源，你才可能得到周围男人和女人的真正尊敬，才可能在职场上与更高阶的男人女人交手，并成为他们的一分子，甚至超越他们。只有这样，才会有更多更高阶的资源选择和你合作，因为最高级的商业合作是价值观的合作，是对长远趋势的相同判断和对互相资源需求的完美互补。

每个职场中年人，头上都有三顶天花板

职场中年人这个话题，都已经聊烂了。翻翻网上的文章吧！"我们不招35岁以上的中年人""要骂就骂中年人，他们不敢跳槽的"之类的，写得都很对，事实也是如此，但是这种文字解决不了职场中年人天花板的问题。

一般而言，一个人进入职场从第十年开始，大概也就是30岁到35岁时，开始遇到职业天花板，上又上不去，往下又不甘心，真的太普遍了。你说职场中年人不拼吗？他们也很拼。业务熟不熟呢？很熟。但很多职场中年人收入其实并不高，卡在那里，很无奈，也很无力。这有点像在海里往岸上游泳，你使劲游，海岸还是那么远，要不游吧，立刻就掉下去了。

问题出在哪儿？

我踏入职场已经第十五个年头了——真是个让人伤心的数字——经历过好几家公司，身边职场中年人沉沉浮浮也算是看得多了。今天，我想跟所有的职场中年人谈谈什么才是你真正的天花板。

第一个天花板：傲慢

我知道很多人都不服气，因为傲慢这个词是很重的，说起来让人受不了。但我没胡说，职场中年人确实是傲慢的。

大多数人成长最快都是在刚进职场的时候，为什么，因为你不成长就得完蛋，一句话，都是逼出来的。都说兴趣是最好的老师，我觉得生存才是，而且生存是特级教师。但人啊，真的是天生的，学到的越多，工作越顺手，没人逼着往前赶，就越容易松懈下来。于是你开始"傲慢"，人一旦变成这样，什么新思路、新知识、新技能等就统统跟你没关系了。但你自己不自知，反而优越感还强得很。

大部分人都是如此，人性使然，所以到了中年，大家面临的职场问题都是类似的。

这种傲慢还体现在信息"只出不进"。我每次参加聚会，有些人在别人说话时一言不发，一有机会就大聊特聊自己熟悉的事，这一看就是"只出不进"的典型。信息"只出不进"，显示自己在某个领域很牛很强，而对别的领域不感兴趣。这种人，一般这辈子就这样了。

第二个天花板：勤奋

你又不懂了。你觉得自己超勤奋呀，每天从早到晚忙个不停，跟个陀螺一样。之前我也是这么想的。

我结束第一份工作离开华为之后，有一次跟一个前同事聊天。他说："我发现之前90%的工作内容其实都是离开公司以后没什么用的，只有10%是可以沿用到别的公司，甚至别的行业的。那10%不是具体的工作，而是思考之后的成果，比如看待行业的某个角度，比如快速学习新东西的套路，还有辨人识人、待人接物的细微体感等。"

我说："我觉得也是。"

干活儿当然重要，但是思考比干活儿重要100倍。一个人刚进职场，不得不思考如何干活儿、如何与人打交道，但是当他对工作越来越熟练，形成思维定式以后，他就停止思考了。

现在你懂我什么意思了吧？

你虽然勤奋，但是太忙太累了，以致不再思考，那"勤奋"就是你的天花板。

第三个天花板：行业

前两个天花板你可以突破，因为天花板其实是你自己。但是第三个天花板是行业，这与你个人是否勤奋无关。不同行业挣钱快慢确实不一样。那就得说到另一个事：换行业。

很多人都问过我，换行业行不行？这里我想重点讲一讲换行业的勇气。

15年来，创业加打工，我一共待过6个行业，其实就是6份工作，涉及通信、金融、能源三个领域，基本上每次跳槽我都在换行。如果跳槽还在本行业，我觉得成长空间太小。

对于跳槽，你问我哪儿来的勇气，我的答案是：钱。

我第一份工作很忙，对消费兴趣也不大，就攒了些钱。所以第一次跳槽时，我简单算了一下，存款够我活两年了。那还犹豫什么呢？就算对新工作不满意，我总不能两年都找不到更合适的新工作吧。有了第一次跳槽的经历，后面就不纠结了。

做投资时做过一次尽职调查①，我接触过二线城市年收入10万出头、工作已经10年以上的技术人员。可能他们觉得生活得还可以，但在我看来，这种人的生活抗风险能力还是比较差，虽然他们的聪明、努力和责任心，完全不输给金融、互联网那些年薪好几十万甚至上百万的同龄人。

即使不换金融、互联网行业，为什么在自己还年轻的时候不可以试一试别的高收入行业呢？我猜可能是因为"钱没攒够"不敢跳，也有可能是把沉没成本看得太重。

勇气这种东西不是学出来的，是干出来的。人生苦短，没必要那么纠结。

保持开放的心态和学习的欲望

总之，无论你怎么看待自己的工作、生活，我觉得有两点还是应该保持。

一个是开放的心态，二是学习的欲望。

前几天面试了一个41岁的大姐，虽然她比我大不了几岁，但是我

---

① 尽职调查亦称"审慎调查"，指在收购过程中收购者对目标公司的资产和负债情况、经营和财务情况、法律关系以及目标企业所面临的机会与潜在的风险进行的一系列调查。

感觉好像跟她差了不止一代。她总给我一种"坚持再干个十几年,然后退休"的印象,而我这样的人,老觉得机会还有大把,时不时就想蹦跶蹦跶。

现代医学发展很快、生活质量有了很大的提高,2019年,我国人口平均寿命已经达到77岁。五十几岁退休,游山玩水,二三十年的退休生活,我不敢想象,也不渴望。一个人没有工作,不再创造价值,我觉得就算再有钱,也会有种被社会抛弃的感觉,说直接点,就是找不到存在感了。

你可能会反对。没关系,不用互相说服,大家各自开心就好。

用大时间尺度思考，高瞻远瞩看问题

股神巴菲特总结自己的投资秘诀：投资就像滚雪球，重要的是发现很湿的雪和很长的坡。

很湿的雪是指投资的年化收益很高，而很长的坡，比喻投资增值的时间很长。

有多长呢？

1994年10月10日，巴菲特在内布拉斯加大学的演讲中说："……从买入第一只股票至今，我在山坡上已经有53年了……"

他说，一只股票如果不值得买入一辈子，你也不必持有它一时。

这就是在用大时间尺度思考问题。

为什么要用大时间尺度来思考问题

这个世界上，几乎所有成就和成功都与时间函数有关，无论投入多少金钱、人力、技术，如果没有投入足够多的时间，还是不会产生任何好结果。

我上大学时,北京外国语大学和我的学校只有一街之隔,一个我在球场上认识的小师弟从大一开始就去北京外国语大学学习阿拉伯语。他父亲在老家招商局(现在叫投促局)工作,长期耳濡目染让他意识到,国家改革开放才刚进入下半场,多一门外语会多太多优势。于是他开始去蹭课,但人家北外都是小班教学,很难蹭,于是他找到系学生会会长,发动宿舍的兄弟跟北外搞"宿舍联谊",拐弯抹角地认识了北外阿拉伯语系的妹子。大学四年里,他除了发生"非典"没出过门,几乎天天都要去北外学习。课余时间别人都在打牌、喝酒、谈恋爱,他却从来没松懈过。

4年后毕业,他被一家做机械出口的外贸公司录用,1年后,因为语言的独特优势,他开始受命组建公司的中东部,又过了3年,他和当地某个王储的合影被放在了公司的荣誉墙上。中国"一带一路"倡议提出来没多久,他就拉着一票人马创业,现在已经是活跃在中国和阿拉伯世界商界的少壮派人物了。

关于就业,关于人生方向,这位师弟就是在用大时间尺度思考问题。

他关注的早就不是当下一城一地的得失了。他从一个跨度大得多的时间维度来思考,发现并顺应趋势,然后投入资源,最终享受到开花的结果。

从大时间尺度考虑个人投入产出比

我原来有个同事,号称"没喝醉过,只喝累过",最好的成绩是当年在青海做项目，跟当地领导一共8个人一晚上喝了30瓶白酒。不过前段时间见了个面，他吃饭时在面前放了个小口杯，一两酒从头嘬到尾，旁人都起哄。他解释说，有些道理年轻时候不懂，仗着身体好一味猛冲，现在才40岁出头，就高血压、高血脂缠身，算是什么都明白了。

明白了什么？明白了要从大时间尺度去考虑个人的投入产出比。

年轻时大家都是没能力、没经验、没人脉的"三无"人员，你空有一副好身体，只能拿时间去堆，拿身体去扛。扛完职场的前10年，这个时候，该学会的必须得会了，该有的你必须要有了。

什么叫该有的？

换工作可不可以不发简历打两个电话就行？有没有一堆老客户看你的面子，只要日常维护关系就能保障基本的订单到手？行业里稍有风吹草动会不会第一时间通过私人渠道得知？看项目能不能通过几句话就直指要害少跑许多冤枉路？

这一点不光适用打工者，那些三四十岁，甚至更大年纪出来创业的人更要学会从大时间尺度去考虑个人投入产出比，因为你的身体、你的时间是你唯一不可再生的资源，你的每一个细胞、每一秒钟，一定要用在刀刃上。

在身体方面，能跑步就跑步，能散步就散步，能忽略绝不动怒，坐高铁买一等座、穿秋裤毛裤、保温杯泡枸杞，一点也不要含糊。

时间上，你必须明白，在人生的每个阶段，该放弃的就要放弃，该忘记的就要忘记。

该争取的，就要all in（全部投入）。

另一种大时间尺度：下闲棋

"下闲棋"是围棋术语，指高手在行棋时，会若有若无地在某个空白处着一子，这看似无意中布置的一子，在后续胶着的缠斗时，往往会起到巨大作用，甚至左右棋局的走势。会下闲棋是高手中的高手，已故的乔布斯乔帮主就是这样的高手。

2005年6月12日，在斯坦福大学，乔布斯作了那场著名的名为《生命中的三个故事》的演讲：

"……我决定退学……然后去修那些看起来有点意思的课程，去学怎么写出漂亮的美术字……我学到了sans-serif（无衬线体）和serif（有衬线体）字体，我学会了怎么在不同的字母组合之中改变空格的长度，还有怎么才能做出最棒的印刷样式，那是一种科学永远不能捕捉到的、美丽的、真实的艺术精妙，我发现那实在是太美妙了……"

后面的故事，大家都知道了。

从Mac（苹果电脑）开始，漂亮的印刷字体第一次进入个人电脑。在如今消费升级、个性彰显的时代，当众多手机厂家纷纷开始为工业设计团队引入高端艺术人才时，乔布斯早在多年前落下了这一步"闲棋"，帮助他早早地引领了将手机艺术品化的潮流，并取得了空前的成功。

关注当下，聚焦眼前利益，是绝大多数人看待问题的方式，这种功利心来自人性。而懂得"下闲棋"的人超越了自己的功利心，于无心处插柳，让柳随着时间的推移渐渐成荫。

我在国外工作时，和一位年轻同事共事过一段时间，他有个特点,每当异地出差,所有人都早早地宅在酒店房间里时,他总喜欢溜达到前台,和酒店的经理、大堂经理、服务生们有一搭没一搭地聊天。有时候回国,除了给客户带点礼品,他会买上一些中国的小玩意儿、小特产带给他的酒店朋友们。

有一次,我们去一个小岛出差,在岛上唯一的五星级酒店里待了整整一个月。很快,次贷危机到来,项目搁浅。他被调去了别的国家,我也回了国。

次贷危机结束后,项目重新启动并被公司顺利拿下,客户总部的大佬要求把签约仪式安排在岛上最好的酒店,而且指明了预订的房间和会场规格。当时,正值旅游旺季,房间和会议室早就被订满,客户经理打爆了酒店电话,对方每次都极不客气地拒绝。问题上升到代表处,公司专门派人去和酒店谈判,人家根本懒得搭理,眼看着签约日期一天天临近,终于有人想起了那位同事。

在视频会议中,几十个人眼巴巴地看着视频里远在千里之外的他拨打酒店的电话,开了免提。他说了两句英文,电话那边停顿了一小会儿,好像换了个人,忽然激动起来:"啊,Leo!是你吗?啊,我最好的朋友!你在哪里?Hakan 那天还跟我提起你!好的,我知道你是因为什么事找我,别担心,我的朋友!房间和会场我会为你留最好的,我不喜欢你们公司的人,但我喜欢你……"

我们共同的朋友向我聊起这段往事,我不禁有些感动,在庸俗、势利的商业世界,竟然有人愿意为自己"最好的朋友"帮这样一个忙。这就是下闲棋的威力。

用大尺度时间思考问题,就是将世间万物看作一个整体,系统性、超长跨度地通盘考虑，该快时快，该慢时慢，该停时停。不着急、不妄想，云淡风轻，春风化雨。

学会这种思考方式，并将之运用到生活和工作中，眼下的细枝末节就不会耗费你过多的精力，你会越来越多地注意到那些更加重要却不紧急的事，越来越懂得如何分配你的时间、你的资源和你的思考能力。因为在时间面前，所有的规律都会端倪尽显，所有的因果都无所遁形。

CHAPTER 2

第二章

年轻人，
该以什么样的心态闯职场

所谓怀才不遇，只是没有拼尽全力

我前同事遇见了一件特别不靠谱的事。

多不靠谱呢？

一家大型国企招标，3000多万元标，他的销售团队忙活了1年多搞定了所有环节，眼看就是收获季，结果贴错了投标文件里一张资质证书，被废标了。

是销售的问题吗？销售主管说我们要搞定客户，怎么可能一页一页去检查。

是标书组的问题吗？标书组说销售自己的项目，他们当然该自己检查才对。

是产品的问题吗？产品说我们只负责提供资质文件，你们往哪儿贴我哪管得着。

我听得直摇头，弱弱地问他一句："这个，是流程本身也不够周全吧？"

朋友在电话里那叫一个欲哭无泪："是啊是啊，我也知道公司流程有问题,但是再好的流程也得人来执行吧?哪怕有一个人,但凡稍微负责一点,这种事就不该发生啊!"他聊起当年他还是个小员工时,那叫一个负责任,那叫一个精益求精,哪有那么多挑三拣四,哪样不是从入门到精通。末了,他忍不住抛出一句话:"我这种人,就算被卖进青楼,也一样服务到位,绝对不挑客人,老子是要做头牌的!"

还真是,话糙理不糙。

要把事情做到"你就是拿枪顶着我脑袋,我也只能做到这个程度了"!

我大学毕业后进了华为做销售,入职后前3个月参加了产品技术培训,还要考试。我虽说理工科出身有点技术基础,但学校里那点东西跟实操完全是两回事。我于是白天上课听"天书";晚上回到出租屋学到凌晨一两点。第二天上课我依然听不懂,还困得要死,老师说你实在想睡,去教室后面站着听吧,于是我去了,然后站着站着,靠着墙就睡着了。

直到现在,朋友们还拿这件事来开我玩笑。

那年7月入职,我国庆假日之前两次考试都没及格,听说第三次再不及格就直接被开除。

我和另外两个同学吓得干脆老家也不回了,哥仨整整7天就蹲在机房里背诵,调试各种设备,早出晚归。老天有眼,我国庆后考第三次终于及格了。

后来才知道,其实哪有开除这个事儿呢,都是我们自己吓唬自己的。

我讲这些是想说，从上班的第一天起，我有多么在乎手头的这摊活儿。我一点都不觉得工作随便应付就好，或者只按照流程来做，超出范围的不关我事，也别找我。完全没有。无论大活儿小活儿，样样我都花心血、花气力，遇到不会的地方，我就一天到晚泡在公司网站，看各种帖子，跟各个老员工请教。活儿交出去，除了附件，我还在正文里各种叮嘱对方，这里我是怎么考虑的，那里你要留意，一二三四五点……真的是"你就是拿枪顶着我脑袋，我也只能做到这个程度了"！

不光我这样，周围的人都这样。平时同事开玩笑、喝酒、K歌样样都来，但只要谈起工作，大家都百分之百专注投入，喝茶喝着喝着就变成项目讨论会了。后来我到了别的地方，特别怀念这种氛围。工作任务虽然重，但心不累。

别怕机会不给你，要怕就怕自己接不住

我一直有个观点，大多数行业从业者年薪20万以下基本上跟认知、格局没什么关系。如果你把每一件事都做到"你就是拿枪顶着我脑袋，我也只能做到这个程度了"，升职加薪拦都拦不住。公司不给你，大不了换地方，大把老板求着你去。

洛克菲勒有句名言："如果把我的衣服全扒光，一个子儿都不给我留，然后把我扔到沙漠里，只要一支商队经过，那我很快又会成为亿万富翁。"

我们打工人，可以把这句话改一下："如果公司今天倒闭，我被

扔到人才市场,只要我能找到一份工作,哪怕是基层工作,那我很快就能站稳脚跟,再次成为公司主力。"

扪心自问,你能做到吗?

这完全取决于之前你怎么对待所有交给你的活儿。有没有投入全部心血?有没有精益求精?是不是任何机会你都在争取?任何成长你都没放过?

前几天,一个粉丝给我电话。他本科学的财务,毕业后就在自己表哥开的公司做出纳,非常郁闷。郁闷是因为,他出纳工作虽然做得很好,但两年了一直没涨工资。他提过两次,表哥每次都说,出纳这个岗位只能给你这么多,你是我表弟,我信得过你,跟我去跑客户吧,我教你怎么拉业务。他觉得对方明知道他不适合跑业务,拿这个来搪塞他。

电话这边,我听着也很郁闷。不是为他郁闷,是为他表哥郁闷。

我问他,你跟着去跑过业务吗?他说没有。

我说你没有跑过,怎么知道自己不适合?就因为大家是亲戚,你就该涨工资吗?那你在公司当保安、当保洁、当前台,是不是也要涨工资?别说人家是表哥,就算是你亲哥,你好意思要涨薪,要股份,也得贡献价值吧?甚至就算你亲爹,有一天要把公司交到你手上,也得你接得住才行啊!

所谓怀才不遇,只是你没有拼尽全力

工作这些年,我认识那么多老板、高管,没有一个不在痛苦呻吟：招人难啊，特别是管用、靠谱的。

我每次都想一巴掌甩过去。

管用、靠谱的人多了，你招不到或者招过来留不住，最该反省的是你自己。

但是另一边呢，一大堆"人才"在叫屈：行业不景气；公司平台小；老板不赏识；主管画饼；职位不匹配；同事能力差，我怀才不遇……

不，不是你怀才不遇，是有很多"我本来可以"的地方，你没有去努力争取。

就是我们常说的，你在自我设限。自我设限通常分两类，一类是别说争取机会，就是机会来了也不敢试一试，就像上面那个在表哥公司工作的出纳，还觉得是人家给他穿小鞋；另外一类就是我刚刚说的，你根本不觉得手头的工作可以优化再优化，一直优化到"你就是拿枪顶着我脑袋，我也只能做到这个程度了"。

这两类人，一类是自我设限机会，另一类是自我设限态度。

90%的职场人,正在被惯性杀死

工作这么多年,我面试过的人也不少,要说印象深的,有个三十来岁的职场中年人。他聊起一段工作经历,说曾经有机会晋升管理岗位,但是没去争取。因为他是技术骨干,公司想提拔他填补之前主管走后的空缺。明明就说句"可以"的事儿,结果,他偏偏拒绝了。

我有点好奇,问为什么。

当时我就想,也许他的答案是:我热爱技术,对管理兴趣不大。这个答案虽然令人遗憾,但至少也有闪光的地方吧。结果他想了想说:"还是因为惯性吧,我挺习惯干技术的。"

这个因为惯性拒绝改变的男人,随后迎来了职业生涯里最难伺候的一任主管,才没多久,就不得不离开公司。好几年里,他在几家公司颠沛流离,直到那一天,坐到了我面前。

最后,我客客气气送他出了门,默默一声叹息,心想你可别怪我,你都不愿意给自己一个机会,别人又怎么好给你机会呢?

惯性的可怕，在于它无处不在

和朋友同事聊天，我一般说得不多，更喜欢端着茶杯听别人讲他们自己的故事。我一边听一边想，都说"人生而自由，却无所不在枷锁之中"，一个人的漫漫一生，究竟什么才是最大的那副枷锁呢？

我觉得，是惯性。

你按照某种固有方式生活；你用某种习惯性眼光去看待一个人；你依据某个自以为成熟的观念去思考一件事……这些都是惯性。

你以某类风格和周围人相处，慢慢形成人设，然后活在这个人设里；就连出门旅行，你也不知不觉按照固定的标准去选择目的地，选择入住的酒店类型，选择一成不变的路线规划……这些，也都是惯性。

想想挺可怕的，你意识不到在惯性之外本来还有别的可能。

更可怕的是，你否定了这些可能，说起来都是它们有问题，但更底层的原因是：它们不符合你的惯性。

你却并不知道这一点。

生活中的惯性倒也罢了，就怕在工作和职场中，当那些与惯性冲突的可能来临时，你下意识的反应不是好奇，开足马力思考，而是：怎么会呢，不可能，没必要吧，先看看再说，跟我关系不大，还是算了吧……就像上面那名应聘者，将成长机会拱手相让，也将自己的前途交到了别人手上。

想赢得可能性，请先摆脱惯性

我真的挺感谢自己的。我的性格里一直有一种打破惯性的勇气，比如我当年应届毕业去华为，为了尽早下派海外市场，主动打破考核流程，直接去签证科申请签证。其实，就连我分配到海外市场也并非顺理成章，这里有一个小故事。

我们应届毕业生完成国内培训后，会被公司分配到国内或者海外市场。这个分配按批次来，完全随机，可能这一批都去国内，或者下一批都去海外。而名单上我的分配方向就是国内。

那天特别巧，有一名社招入职的老员工，是个美女姐姐，之前因为时间紧直接去了东南亚市场，等稍微没那么忙了，飞回国培训，正好赶上和我们一批分配。聊天时，她听我说对国外工作蛮向往，不经意间说："你去找人力资源部申请呗，反正试一试又不扣钱！"

如果按照惯性，我可能也就笑笑，心里说一声"算了，别折腾了"，这事儿也就过去了。但我没有，我就想，国内市场已经很成熟了，对能力的提升肯定比国外低，而且，国内早就一个萝卜一个坑了，晋升通道也比国外狭窄啊。我不想顺其自然，我"偏要勉强"。

之后，我又找了两个也想去国外的同学，三个人壮着胆子一起联系了大部门秘书，居然真的得到了面试机会。

面试挺难的，一波三折，不过总算有惊无险。很多年后的今天，他俩一个已经升任欧洲某国的国家代表；一个早离开华为，开起自己的电子配件公司，主营南美洲市场，流水过亿；而我呢，无论是收入、能力还是见识，都得到了自己想要的。

我们常说，人生充满了可能性。很多人也就说说而已，该怎么过还怎么过。其实，你想赢得可能性，首先请摆脱惯性吧。要么，你杀死惯性得到成长；要么，你被惯性吞没，直到"水淹过顶"。

不要让自己有一天"水淹过顶"

什么叫"水淹过顶"呢？

这个词挺狠，但我觉得很形象，举几个例子吧。比如有一天，当你发现比你年轻、比你资历浅的新员工，因为成长突出，很快晋升为主管时，你不得不和人家尴尬相待；或者，你所在的行业开始消亡了，你在的公司慢慢衰退了，身边的同事呢，越是优秀的越及早离开，你也越来越找不到工作的价值感了。这种脚够不到地面，喘不过气来的无力感，就是"水淹过顶"。当然了，如果你经历过裁员，体会过那种毫无防备的绝望，你就更会知道什么叫"水淹过顶"。

职场总是人来人往，别看大家嘻嘻哈哈风平浪静，只有深入内心深处，你才能听得见别人隐忍的痛哭声。像我，就听见过太多次："为什么会这样？"我也宽慰过太多次，"事到如今……还是……"，能说什么呢，说什么也没有用了呀。

这个世界有一条真理你一定得同意：每个人的今天，都在为昨天买单；而明天的你，也必然为今天买单。

所以，我想奉劝每一个职场人，请你时时刻刻保持对惯性的警惕。真的，不要当有一天"水淹过顶"，喘不过气来了，还想不明白自己究竟是死在谁的手里。

如何判断是否 all in

2020 年,"川普熔断"横扫美股,道琼斯指数最严重时跌了 39%,全球股市纷纷跟着"八熔八耻",然后又报复性反弹,一天轻轻松松涨回来 10%。太平洋这边我大 A 股也是暴跌暴涨,大起大落,真是太刺激了!

很多股民同学说已经 all in(全部入)了,过山车一样的行情玩的就是心跳。结果,心脏起搏器表示要卖断货了。这种 all in 之后的欲仙欲死,让我想起 5 年前的那个夏天。

作为 2015 年股灾前夕才入市的年轻股民,我在股灾开始后的一个月内,就打光了所有子弹。我以为抄到山底了,结果跟跳崖一样,在半空中已经吓死了都还没见到底。幸亏一开始投入资金量不大,那次被毒打让我懂事了很多,后来才开始慢慢在股市中挣钱。所以,每次有新人要开始炒股,我都建议他们胆子不妨大一点。

大家经常说 all in——创业要 all in,就连追喜欢的人都要 all in。那么干什么需要 all in,什么事不能 all in,必须留一手呢?

如果你是普通人，炒股不建议 all in

先说炒股。

刚才我已经说了，炒股绝不要 all in。我认识的所有在股市中挣到钱的人没有一个 all in 的，一个都没有。当然，这个世界上或许有这样的人，但我确实不认识。其中一个在股市长期挣钱的朋友，他给我的忠告是：永远不要打光最后一颗子弹。

这句话有句潜台词，就是：永远不要奢求你的每一个铜板都能赚到钱。

你看这话跟谁说的很像？对，巴菲特。老巴的说法是：记住两条，一，保住本金；二，参见第一条。

为什么炒股绝对不能 all in？原因很残酷：一旦赔钱了，你很难通过剩下的钱把赔掉的赚回来。就是这么简单，这就是股市的规矩。

关于股市，"证券分析之父"格雷厄姆有一个著名的"市场先生理论"。我倒觉得，市场不是先生，市场是爸爸。你照着爸爸的规矩来，爸爸才会给你零花钱。所以这位朋友说，牛市当然不能错过，但深陷熊市无法自拔更不能接受。反正市场天天都开，只要筹码还在，随时都可以下注。

创业应该 all in 的，是时间和精力

创业要不要 all in？

这个问题比炒股复杂一些。作为一个曾经创业失败过的人，我的

建议是：如果要 all in，就 all in 那些不用就产生不了价值的资源。

什么是"不用就产生不了价值"的资源？即你的时间和精力。说句大白话，你在家里躺一天，这一整天的时间和精力就没了。时间和精力，今天的没法累积到明天用，所以一定要 all in，不 all in 就浪费了。

而钱呢，钱要 all in 吗？

钱不要 all in。因为，创业失败率太高。

思聪少爷只有一个，王健林可以随手打给他打 5 个亿来试错，我们很多人拿个 5 万 10 万出来都很困难。今天你把钱 all in 了，明天可能就吃不上饭了。不要搞孤注一掷这种事，谁都没有主角光环。如果一定要投钱创业，切记留下可以正常生活的那部分钱，特别是有家庭的人。倾家荡产很可怕，比倾家荡产更可怕的，是妻离子散。

那钱不够怎么办呢？答案是：用别人的。这就关系到你的另一个资源：人脉。比如，国内 ×× 投资已经很成熟了，大家谈利益就好。人家花钱买你的时间、精力和你的一部分未来，有什么不好呢？

你说，我只是做点小生意，也不认识什么投资人，怎么办？

可以考虑家人同学朋友，但不建议直接借，借了还不上，关系会闹僵。

别谈感情，谈条件，要么你把蛋糕做大，大家开开心心分；要么输了拉倒，愿赌服输。

即使最后失败了，你照样可以正常生活，而你在创业时投入的时间和精力，会变成你知识、技能和认知的提升。

这才是最宝贵的财富。

只要身体能承受，打工一定要 all in

打工要不要 all in？

答案很明确，只要身体能承受，打工一定要 all in。

有人觉得打工就是被老板剥削，"给多少钱干多少活"，这种想法就很愚蠢，就算不是第一愚蠢，起码也是第二愚蠢，刚才说的炒股 all in 是第一愚蠢。

炒股、创业都有风险，打工实际上是"无风险套利"，如果我没记错的话，中国中小公司平均生存时间是 3 年左右。公司破产，老板完蛋，且很难东山再起，但你还可以换一家公司继续打工，工资照发。

最重要的是，公司给你提供了一个免费的平台，帮你磨炼技能，提升知识和认知。哦不对，不是免费的，因为公司还要给你发工资。

老板们喜欢说，公司不是做慈善。但在我这种打工 all in 的人眼里，公司就是在做慈善。它给我学习的平台，还给发工资，比慈善家还慈善。所以打工 all in 的人，从来不担心公司破产自己完蛋。他们可以选择继续打工，或者自己单干，可谓进退自如。

之前我看新闻，留意到字节跳动公司（今日头条、抖音的母公司）创始人、原 CEO（首席执行官）张一鸣之前的一个采访。

张一鸣 2005 年大学毕业，加入酷讯，只用了 1 年就从普通工程师升为管理全部后端技术和部分产品工作的主管。他后来回忆说："我工作时，不分哪些是我该做的，哪些不是我该做的。我做完自己的工作后，对于大部分同事的问题，只要能帮助解决，我都去做。我虽然负责技术，但遇到产品上的问题，也会积极地参与讨论、想产品的方案

（包括与销售一起出去跑单）。"

很多人说这个不是我该做的事情，但我想说：希望把事情做好的动力会驱动你做更多事情。

超级独角兽字节跳动计划上市时，估值一般般，也就 1000 亿美元量级而已。

谈恋爱要不要 all in？你开心就好

最后一个问题：谈恋爱要不要 all in？

我觉得，问这种问题的不是渣男就是渣女，难道谈恋爱还要有所保留吗？不应该全身心付出，倾尽所有投入吗？

上面提到的我那几位在股市赚了钱的朋友，有男有女，平均年龄 35 岁。他们对于谈恋爱的普遍观点就是：谈恋爱又不是做生意，不能搞算计那一套，要谈当然就轰轰烈烈谈。至于该不该 all in，要让我说这个，我只能说不知道。但其实我知道，谈恋爱 all in 的风险比炒股还大。

感情可以 all in，也应该 all in，至于其他的……算了，你开心就好，嘿嘿。

所谓飞来横祸，多半是不见棺材不落泪

我最近太忙，文章也就一周更新一次，不妨碍公众号后台每天访客留言不断。

"格总，我最近失业了，怎么办？"

"格总，我老婆要跟我离婚，怎么办？"

"最近可能熬夜太多，一直上火很严重，头还经常痛，停止熬夜后也不见好，我会不会猝死啊？"

"我买的那个理财，之前一直正常兑付啊，怎么老板说跑路就跑路了，我二十多万都在里面，怎么办啊？"

……

怎么办？怎么办？有钱土豆烧牛肉，没钱咸菜下稀饭。

嗯，面对飞来横祸，你怎么办？

失去一样东西，往往是因为你本来就配不上它

我在很多篇文章里都提到过股神巴菲特的老伙伴查理·芒格的一句话：得到一样东西最可靠的办法，是让你自己配得上它。

这句话我建议你读出来，多读几遍。英文原文如下：The surest way to get something you want is to make yourself worthy of it.

自从第一次看到以后，我就无比推崇这句话。

我知道很多人也认可这句话，是因为里面的那个"配得上它"（worthy of it）：如果你还没有一样东西，你要努力啊，努力再努力，直到你配得上它，你才能得到。

这话当然没错，但是，有个 bug（问题）。什么 bug 呢？

我们必须承认，其实可以通过很多种方式得到很多东西，即使你根本配不上。比如，经济形势好，行业发展井喷，你因为专业对口经历匹配，很容易找到一份不错的工作。但这个时候，你真的配得上它吗？

比如，对方感情陷入低谷，需要陪伴、需要照顾的时候，接受了你穷追猛打的追求，甚至顺其自然地结了婚。那么，你真的配得上人家吗？

再比如，许多人连上市公司财务报表都不看，听到一些"内幕消息"，或者看别人拍胸脯打包票，就一个猛子扎进股市，而且居然还赚到了些钱。

这些赚到的钱，你确定自己配得上？

你并不需要配得上也能得到，这在某些时候是可以的。

所以，查理·芒格想告诉你的，还有另外一个意思：当你并不是以"最可靠的方式"得到一样东西时，那么你多半还会再失去。

这个才是最要命的。

所谓飞来横祸，不过是靠着惯性持续地自欺欺人

聊聊我们最常见的失业吧。

2019 年有个新闻，甲骨文中国区裁员，员工打出条幅抗议，引发网上轩然大波，好像这个"飞来横祸"让他们措手不及。

失业这种事，真的是一夜之间发生的吗？

当然不是。这帮看起来高大上的外企精英，如果稍微对自己负点责任，都应该知道：当年他们通过高学历高智商得到高收入高福利，就算不是"最可靠的方式"，起码也是"很可靠的方式"。因为那时候的甲骨文，几乎垄断技术，行业利润超高。

可是，最近 10 年，中国的外企已经普遍不再那么有竞争力，不那么吃香了。最近 5 年，甲骨文所在的领域已经不是它家一枝独秀，而有以阿里云领军的众多国产云崛起了。就连像我这样的外行，也知道 2019 年 10 月的那条消息：阿里旗下的蚂蚁金服在数据库测试中打败了甲骨文。

行业在巨变，996 已经是业界常态，当公司都被迫做出改变时，他们的高学历高智商还可以是"最可靠的方式"吗？还能配得上之前那种薪水又高、事情又少、福利还多的工作吗？

答案当然是"不可以"。

那为什么不提前跳槽，哪怕降低点薪酬呢？或者利用业余时间做兼职，哪怕一开始少挣点，也是在为自己铺垫退路，一旦被裁员，正好拿着补偿金换个自由身单干。

然而他们并没有，为什么？

很简单，好日子毕竟还在继续，还没有到头嘛。

所以你看，哪有什么飞来横祸，有的只是不见棺材不落泪的侥幸心理，或者假装看不见变化，靠着惯性继续生活的自欺欺人。

拥有一样东西时，多问问自己"凭什么"

我发现，这年头绝大多数人都觉得这个世界亏欠自己了。不管遇到什么事儿，总喜欢以一种受害者的姿态，问人家一句："你凭什么？"理直气壮得很。

理财遇到理财公司跑路："理财公司你凭什么？"

被公司降职："老板你凭什么？"

查出患重症："老天爷，你凭什么？"

所有那些看起来理所当然的东西，你真的是以"最可靠的方式"得到的吗？

你确定？

不如我替你回答吧：未必。

只有极少数人会去思考继续拥有这些好东西的"最可靠的方式"是什么。其他人都在想，什么才是"最快的方式""最省事的方式"和"最不累的方式""最不需要负责的方式"。

所以，哪有什么飞来横祸呢，有的只是人性中根深蒂固的懒惰、贪婪和懦弱。我倒是觉得，在横祸飞来之前，你多问自己一句："我凭什么？"

如果是这样，也许这个世界会减少太多太多的悲剧。

我没有亲自调研过理财投入的具体项目，所以凭什么挣这个钱？我虽然是老骨干，但对公司的新业务已经提供不了更多的价值，还坐这个位置，我凭什么？去年体检医生就警告过我要注意身体，但我还是没注意休息，也没好好锻炼，想继续健康下去，我凭什么？我不想花所谓的"冤枉钱"，没有为自己和家人配置合理的保险，现在治病治得倾家荡产，还想让人家为我捐款，我凭什么？

对吧？这才是正确的态度。

可以问"我凭什么"的地方真的太多了。

世间所谓的飞来横祸，多半都是不见棺材不落泪。

如果你看完这篇文章之后愿意重新审视自己的生活，看看你已经拥有的那些，健康的身体，和谐的家庭，工作，地位，财富和朋友……是否真的来自"最可靠的方式"，不再给它们任何"飞来横祸"的机会，那么这篇文章也许才算没有白读。

希望你得到的每一个答案，都是那么心安理得。

你拼命努力，可能在加速自己返贫

这个世界，谁没有在努力呢，对吧？有句话说得好，光是活着就已经用尽全部力气了。

但是我们也不得不承认，同样是在努力，人和人的结局就是有着天壤之别，有人方向正确，就能事半功倍，而有人方向一错，越努力境况就越差，越努力就越危险。

谈三点体会吧，也是三个常人爱犯的方向性错误，希望你没有。

投资时只关心收益，不分析风险

我一个做投资的朋友在老家的外甥准备开个食品加工的小厂子，就跟朋友的父母借钱。朋友知道时，钱已经借出去了。他大概问了几个问题就对父母说："这个钱不要催着还了。"果然才半年不到，厂子倒闭了。

朋友跟我说，虽然大家从事的行业不同，但有些东西是有共性的，问几个问题就大致清楚能不能成了。

这我知道，专业做投资的人和很多普通人做生意完全不一样。专业投资者一天到晚想的都是两个字：风险。

国家什么政策要搞清，鼓励类的补贴不一定到位，不鼓励的最好别碰。

上下游稳不稳当要研究，比如太依赖大客户，或者太依赖主要原料商，都容易被人卡住脖子。

团队结构的顶层设计要仔细盘算，做好沟通，免得责任不明确，钱也分不均衡。

……

风险太多太多了，真金白银投进去之前，一定要看仔细。专业投资者天天想的是："万一出现风险怎么办？"所以，他们一般分析了一二十个项目，甚至更多，才会筛一个合格的出来投。一旦投了，他们基本就稳赚不赔，区别只是赚多赚少。

奇怪的是，很多普通人包括他那个外甥在内，想的却是另一个问题："万一可以挣钱呢？要是不投，岂不是会错过？"错过赚钱机会？不，不，那绝对接受不了。

跟专业人士不同，普通人眼睛盯着的是收益。他们不光识别不了风险，因为对收益太过热情，即使被提示风险，还会假装没看见。所以，他们手里好不容易有点钱，不折腾还好，一折腾反而负债累累。

我朋友评价说，有些人拼命努力，恰恰是在加速自己返贫。

遇到对手时只热衷竞争，不在意合作

很多人看到别人挣钱，老是会有一种"我要比他更努力，然后把他比下去"的想法。

这种想法不是不对，爱拼才会赢嘛。但是如果拼错方向，只热衷于竞争，而忽略了合作，可能就是灾难。比如一个地方有什么特产，一家挣钱了，大家就一窝蜂上，到最后必然导致价格战，每一家都活得不好。一条街上，包子铺生意好，你就非得再开一家包子铺，结果大家都赚不到钱。

前几天，我看了篇文章，写的是在英国的华人首富叶焕荣。20世纪60年代，年轻的叶焕荣在伦敦开中餐厅，中国人勤勉，生意慢慢做了起来。没过几年，华人中餐厅越开越多，竞争越来越激烈。叶焕荣没有选择跟同胞斗个你死我活，而是选择了合作：他开了家专门给中餐厅提供食材的杂货店：荣业行。这个荣业行，成了他走上首富之路真正的起点。

我发现那些生意做得大的，能挣钱的人，遇到对手的第一个反应往往都不是竞争，而是"能不能跟他合作呢"。他越这么想，对方越能感受到善意，这会让他的经营圈子变得更安全、更可靠，风险更低。

恰恰相反，很多人生意不大，想法却很极端，遇到对手喜欢"争一口气"，他们往往钱没赚到，气也没争回来。

干吗要跟钱过不去呢？

之前我推荐过一个真人秀《富翁谷底求翻身》，里面的主人翁是个亿万富翁。面对竞争对手时，他也提到要先考虑合作，而且会主动找对方谈:"永远记得用双方互惠的交易,先行消除潜在冲突。"

解决问题时只习惯选择,不拓展思路

我们来做一道思考题:你面前有一个硬币,现在给你一个机会,猜正反面,猜对了赢得 1 个亿,猜错了一分不得。你会怎么选?

如果你学过金融,就会知道这道题有无数个解法。比如,把这个猜正反的机会卖出去,没有风险地挣 5000 万。条件是,只要有人认可这个机会的价值。

你看,普通人遇到问题常常在正和反之间纠结,这也要,那也不想丢,很头疼。这是在把主动权交给别人后做出的选择,也很难有利可图。其实呢,在"正"或"反"之间,常常还有很大的回旋余地。你把思路打开,引入更多资源和变量,完全可以争取到不同的结果。

有一次,手下的销售找到我,说有个客户很难缠。谈判多轮后,他给公司出了一道选择题:要么出很低的价格,但是付款条件还可以;要么出高一点的价格,但是付款条件很糟糕。

销售很纠结,说两个选择都不好接受啊……他还没讲完,我的胜负欲就被激起来了,边听边笑出声来:这一招,不是我常用的吗?这客户是不是想造反啊,居然反过来给我出题了?

小孩才做选择,我们成年人什么都要!

我带着销售飞到当地,和对方老板面谈。我说,价格我要高的,付款也要好的,同时,我还要按这个条件签一个两年期的长期合同。客户看着我,像看一个傻子。

我说:"张总,先别着急,这次来我很有诚意,我专门为你申请了一名经验丰富的售后人员,后面他就常驻在你的工厂。别家机器出故障才打电话找售后来维修,白白丢掉大块时间。而我的售后就在现场,他不光能第一时间解决故障,而且还能天天帮你巡查机器,给你节省的时间全都可以算成钱。你看,你多花的那点钱,比起我帮你多挣的其实差太远了,不信可以自己算!"

客户一点都不傻,最后的结局自然是皆大欢喜。至于我,来之前当然就想过,多挣到的钱养一个售后绰绰有余,这笔生意也很划算。所以说啊,与其让别人给你出选择题,不如你新出一道题回敬过去,带着对方根本无法拒绝的条件。不要只是在"正或反"之间纠结,把思路打开,你可以赢得更多。

总结一下吧,普通人努力有三个误区:第一,考虑投资只关心收益,不分析风险;第二,遇到对手只热衷竞争,不在意合作;第三,解决问题时只习惯选择,不拓展思路。

好好想一下自己手头上的事,有没有在这三个误区里面?如果有,越早做改变越好。

"世界上最大的监狱是人的大脑,走不出自己的观念,到哪里都是囚徒。"每一个蒙眼狂奔的人,都该时不时读读这句话,别让自己的辛苦指向一个更加贫穷的结局。

竞争如此残酷，年轻人是否还有出路

我写过两篇关于普通人逆袭的文章，公众号后台就有人来砸馆。其中一篇提到了茶叶店小伙计阿定，他靠经营人脉转型做微商，年入数百万；还有一篇是写公司前台妹子小 M，她因为敢想敢闯肯动脑筋，得到 A 总提携，用了 8 年做到大区经理。都是活生生的例子。

有人却这样说："算了吧，你写的这些人，不就是'幸存者偏差'的例子吗？有什么好学习的呢，成功又不能复制。"

我先啰唆几句，什么叫"幸存者偏差"。

二战期间，英、美空军发现幸存返航的轰炸机中机翼中弹的数量很多，而机身中弹的却很少，按理说应该加固飞机的机翼。但一位统计学家指出并非如此，就是因为机翼中弹多还能飞回来，所以机翼中弹并没有影响飞机返航。而返回的飞机中，机身中弹少，说明子弹打中机身对飞机的影响更大，导致飞机不能返航，所以更应该加固机身。

事实证明，统计学家是对的。人们只能看到"经过某种筛选"后的结果，因此，会不小心忽略掉被筛选掉的关键信息。这就是"幸存者偏差"。

质疑我观点的人,我理解他们的意思。比如,你写这个成功的卖茶伙计,那么还有那么多默默无闻的卖茶伙计,你怎么不说呢?你写前台妹子敢想敢闯,飞黄腾达了,你怎么不说还有那么多同样聪明、同样努力的前台小妹,却没有同样一帆风顺,晋升快得似火箭呢?

光挑成功的人来写,算不算"幸存者偏差"呢?

与其担心"幸存者偏差",不如担心"确定性思维"

坦白讲,我非常理解这种想法,因为他们有他们的担心。但是我清楚,这种想法背后是"确定性思维"在作祟。

一句话,这种人总希望别人把路给他趟出来了,他才去走。

就拿我写的这两个"幸存者"来说:先说卖茶伙计阿定,我把跟他相识的经历原原本本写下来,分析了他发迹的三个原因:提供附加价值、建立信誉、复制成功。然后告诉你,你不需要也去卖茶,只要在你的工作中把这三点做到极致,也有希望走出一条不同于现状的路。

再说那个前台小妹。当然不是每个前台小妹都敢想敢干,都会得到赏识和升迁。我写她是想告诉你,遇到难题看看别人怎么思考,怎么去做。不是说只要这样做了,就一定会有个贵人A总踩着七彩祥云来提携你,然后你跟着得道成仙。

唐末五代冯道的《天道》里有句话,大家也经常说:但行好事,莫问前程。不管事情困难还是简单,小M总是做好手头的分内事,她也不知道有人在默默观察自己。所以人家小M是:我只管搞定难题,莫问有人看到没有。

职场文写了两年多,后台有很多读者的留言常让我感到温暖,我对他们也很熟悉。不是说我只听得进去赞同的话,或者溢美之词,我当然也希望看到不一样的观点,能从读者身上学到些什么。而当我知道我的分析和观点已经对某个素昧平生的读者有了一丝丝启发,他能在生活和工作里有一点之前没有过的视角,并且从中受益,这就是我最感欣慰的时刻。这是作者和读者之间妙不可言的缘分。

巴菲特的伙伴,著名投资家查理·芒格经常引用一句话,这句话出自一本英国长篇小说《天路历程》,里面有位剑客说:"我的剑只传给能够挥舞它的人。"

我很不要脸地模仿一句:"我的文章,也只写给能够读懂它的人。"

能读懂它的人会在文章里汲取养料,沿着文章的思路想明白许多道理。看不懂的人呢,习惯一边看一边抬杠,然后骂文章是垃圾,或者搬出什么"幸存者偏差"来质疑。

每个人的人生都如此不同,哪里有什么定势、一成不变的规律呢?即使人们常说"春天播种,秋天收获",鬼知道夏天会发生什么,旱灾、水灾和蝗灾都能让说这话的人啪啪打脸。可是你能怎么办呢,你还是只能老老实实在春天播种,不然秋天一定会饿肚皮。

去做,去努力做,未必会成功,但一定会有收获

这个社会太嘈杂了,有无数人都在给你许诺,给你"确定性",让你以为万无一失的道路就在眼前,迈上去就是金光大道,分分钟成为人生赢家。所以才有那么多遇到公司跑路的大爷大妈，被割的年轻"韭菜"，背上高利贷、房子被抵走、上吊、跳楼的可怜之人。

"确定性思维"来自人性的弱点，很无奈。

我不想利用你们的这个弱点。

我承认，如果你按照卖茶伙计阿定的思路做事情，或者仿照前台妹子小M的风格去做你手头上的事，确实，大概率来看，你不能获得他们那样的成功。不过我想问，在这个过程中你难道没有任何收获吗？

当然不是。

你用心、用力去做手头事情，亲力亲为，会收获对事情本身更加深刻、更加本质的理解，也会收获在知识、见识和能力素养上的成长。

经营之神稻盛和夫，谈起在京瓷公司创办初期，一度因为一个订单的工艺问题陷入困惑。有一次他在实验室，不小心差点被前辈留下的松香绊倒，一瞬间受到启发，采用松香作为黏合剂，解决了工艺问题，在日本取得了该技术的突破。

稻盛和夫把这种现象，称为"现场有神灵"，即成功似乎是得到了神的启示。

现场也许有神灵，也许没有，但是不换身战袍亲自上场，你就永远只是个看客。去做，去用心做，去边学边做，在我看来，这是有一天你终于获得成功唯一可以走的路。

至于这条路在哪里？你得自己去找。

这条路能走多远呢？取决于路，更取决于你。

机会永远有,但绝不属于那些只会质疑的人

如果你要问,这条路能走通吗?社会竞争已经如此残酷,年轻人到底还有没有机会?

我的答案是两句话。

第一句话是:有的,当然有的。但第二句话是:并不是每个人都有。

你记住了,顺应时代趋势可以,但不要以为时代的变迁会自然而然带来个人的跃迁。因为任何时代都有人跌落底层,也有人攀爬成功成为"幸存者"。跌落底层的可能是你,幸存者也可能是你。

我还是用上面那个"幸存者偏差"的轰炸机的例子来说明吧。如果你们是一架架出征的轰炸机。少数人会满身弹孔活着回来,成为"幸存者";还有人没有回来,但境遇也差不到哪儿去,因为这毕竟不是真正的战争。只要还有性命,还有心气,你就还有机会,再说你也收获了成长了啊。

最糟糕的是永远停在"停机坪"的那些人,他们总是在不停地问、不停地担心、不停地质疑,直到上空敌机密布,轰鸣震天,自己已不再有起飞的机会。

真正厉害的员工,是让领导又爱又怕

大家都知道,职场上最重要的人际关系是你和你直接主管的关系。直接主管决定你的工作内容、工作强度、你的薪酬……当然还有升迁。那么你要问了,作为一个员工,该怎么看待直接主管呢?

是老师?是监工?是朋友?还是像某些人说的"老板的走狗"?

我觉得,如何看待直接主管,直接决定你在职场上能走多远。

在多年职场生涯中,我带过不止一个团队,每次新人加入我都会请吃饭,有一句话我一定会在这顿饭局上对新来的说:"别把我当领导,要把我当作你的资源!"

这句话,就是我"如何看待直接主管"的答案。

只可惜,我每次说得信誓旦旦,听的人总是将信将疑。谁知有那么一次,我终于"祸从口出"。有一个叫金亮的小伙子居然把这句话完全听进去了。他也随之成为我管理生涯的一场"噩梦"。

把领导当领导，更要把领导当作资源

记得那个夏天很热。早上，我主持开完项目组晨会，还没来得及处理邮件就被老板叫去陪客户；中午我简单吃了饭，开完两个会，匆匆叫上部门员工坐上公司的车，去往市区外一个工地。工地很新，拉来的集装箱板房里连空调都没来得及装，我们脱掉早上的西装外套，和工程部门的人汗流浃背地开了2个小时会。

晚上9点，我终于又热又累又饿地回到公司，心想稍微休整一下再回复已经挤爆邮箱的邮件吧。一掏手机，七八个未接来电来自同一个人：转正没多久的新员工金亮。我这才想起来约了金亮今天下午听他的工作汇报，回来路上我在车里一直睡觉，手机调了静音。

我刚坐稳，有人敲门，推门进来正是他。

小伙子笑嘻嘻看着我，一脸不怀好意。

"金亮，改天吧！"

"领导，您太忙了，下回再约又不知道什么时候啦。"

"下回下回，你看我忙一天了，邮件都还没来得及处理呢！"

"领导，不着急，我等您回完邮件。您不是说了吗，您是我的'资源'嘛！"

我叹口气，仰天长笑，笑声里全是无奈和绝望，还有那么一点点欣赏。

说实在的，我知道跟下属沟通，必须给足时间才能聊出点真东西来。但平时我真的太忙了，下属汇报时间一般也就半小时，要么被其他事不停打断，要么简单几句话，匆匆结束。

那晚，我们在公司附近的烧烤摊上，就着啤酒，聊了两个多小时。

那个"得寸进尺"的下属

好像就是从那天起，金亮就开始得寸进尺。

比如有时候吃午饭，我在食堂里找个角落本想一个人安静会儿，他就偷摸端盘子坐过来，有一搭没一搭地聊工作，聊到紧要处，还会请教我的建议。

他负责的客户来公司考察，通常我只出席午宴就行，但他非要我参加他下午半天的产品宣讲会，还提前几天就跟我确认时间。别的员工呢，临开始才通知，结果常和我日程冲突，接待效果比金亮差远了。

最狠的是有一次我加班太晚，这孩子居然端着两个盒饭就进来了。

我一看，嘿，没法儿推辞，我也不想推辞啊。

结果吃完，人家也没客气，说请我给他第二天的演示材料提提意见。

盒饭的油迹还粘在嘴边呢，我完全没法拒绝啊，哎哟喂我心里那个悔！

经常我远远看见金亮走过来，就心想要坏，虽然培养员工是分内事，可我不是机器，也需要休息吧。我好想找个地方躲起来！

金亮的成长简直肉眼可见，第一年，他就拿了公司的"优秀新员工"奖。可能是他在台上领奖时，那个"不怀好意"的微笑太显眼，第二年，他被一个跟我相熟的公司领导借调走了。

我心想你就拿去用吧，这滋味儿，这酸爽，谁用谁知道。

不过有时候，听到他在别的部门如何给力，表现如何亮眼时，我会由衷感到高兴，也觉得像金亮这样的职场人是不是太少了？

"压榨"领导的三个好处

我感觉很多职场人心态都是多一事不如少一事，一年有365天不想工作，天天等着别人在后面踢屁股，然后一边慢腾腾挪到工位上，一边抱怨人家心狠。

我特别想奉劝大家：谁更狠这个事，跟职位没关系。职场上谁更主动积极，谁就有主动权，谁就更狠，这才是事实。所以，别等着主管来找你，你要去找他，你要主动狠起来，狠到领导对你又爱又怕。

他爱的是你的工作不用他操心，交办的事儿不怕掉地上；怕的是你成长的欲望无边无际，而他，有这个责任花时间满足你。

爱你主动，又怕你太主动。

所以，不要怕领导压榨，你还可以反过来压榨领导，把领导当作"资源"，使劲儿用拼命用。

首先，这有助于完善你的工作。你的顶头上司，大概是除了你爹妈以外最愿意支持你的人。不同的是，爹妈有心无力，主管有心有力但不一定有时间。因为你的工作是他工作的一部分，所以只要你真的竭尽全力，他一定不忍心不帮你。他给的一点点提示对你工作都是宝贵指点，什么叫手把手，什么叫传帮带，这就是。你也会使劲儿成长，拼命成长，就像金亮那样。

其次，这有助于提升你的思路和格局。新人做事，容易钻进细节里出不来。我第一次带团队就跟员工相处得不好，同样一件事，我说往东有人非要往西，还一条一条给我讲理由，气得我直挠头。我给我当年的领导打电话求助，他只说了一句话我就恍然大悟："当管理者，管人比管事更重要。"你看，大家早就不一起共事了，我还可以"压榨"他，让自己的思路得到开阔，格局得到提升。

最后，这还能放大你的行业影响和人脉。领导也是人，是人就会老，老了就不能光靠自己一个人拼。所以，帮助自己信得过的新人，扩大自己的行业影响和延续人脉，是老家伙们最喜欢做的事。你人又真诚，做事又主动，成长还够快，试问哪个领导不喜欢这样的员工呢？哪个领导会吝啬给你机会呢？

我再说说金亮的去向。

在公司待了不到3年金亮就跳槽走了，据说换了行业，去了一家上市公司，跟我们的联系慢慢也少了。

几年前我陪朋友去外地看项目，茶楼里他和业主聊得眉飞色舞，我刷着手机无聊得要死。正前方大屏幕正在播放当地电视台的新闻：尊敬的各位领导，各位来宾……

听到熟悉的"领导"二字的口音，我猛地抬头，"啊"一声叫了出来。电视上一家上市集团公司在当地的子公司总经理正宣布投资数亿元的项目，台上发言的家伙一脸"不怀好意"地微笑着，不是金亮是谁！

朋友问："怎么，你认识？"

我笑了笑："是啊，一起共过事，这哥们特别厉害，看到他我都怕！"

保持头脑开放，"前门"不通走"后门"

离开华为这么久，我时常会想，在那里学到的最大的本事究竟是什么呢？是做事实干？态度严谨？是对大局的把握？是对细节的完美追求？还是一招招前辈们总结的宝贵经验和套路？

想来想去似乎都不是，这些都是有人教、有地方学的。我想，只有那些没人教、靠自己感悟尝试的，才是最有价值的吧。比如，我亲身经历的"走后门"。

我在华为的一次"走后门"经历

那一年，我即将结束一年多的培训实习下派海外市场，感觉人生意气风发，直到托业英语考试两次不及格被摁在地上狠狠摩擦。哪怕别的技能都考高分，只要英语不及格，我就拿不到去海外的资格。部门负责统一办理签证的同事也看着我的成绩单束手无策。海外项目吃紧，一线兄弟天天都在"呼唤炮火"，我去不了海外都不敢跟主管解释是因为英语太差。我天天着急,心想第三次要再考不过,会不会被开除啊。

有一天吃过午饭,和同事出去遛了一圈,路过华电大楼时我随口一问:"这华电一楼还挺大,里面哪个部门办公啊?"

同事随口一答:听说是签证科。

有个词叫"电光石火",我一拍脑袋:与其一次次考不过最后被开掉(后来才知道不至于),还不如去"走个后门"!

三天后的下午,我拿着护照走进签证科大厅,几个小姑娘坐在里面忙得脚不沾地。我几句话说明来意,一个小姑娘问我:"咦,你们的护照不是该有人统一送来吗?"

我拿出早就准备的台词:"哦,那个人在休假,我这边时间来不及了,你就帮我处理一下吧,不然这么长时间出不去,再过几天我肯定被一线投诉了。"说完笑着做了个鬼脸。

"哦……那……你把这个表填了,跟护照一起放这儿吧,差不多两周你再来问问,估计该办好了。"

"好的,谢谢你呀。"

真的吗?这是真的吗?我一边装作若无其事地往外走,一边兴奋得直搓手。困扰我两个多月的出国问题就被我这么几分钟的工夫给搞定了。主管才不管你签证怎么来的呢,几周之后,我就坐上了离开中国的飞机。

这件事发生在我职业生涯的开始,像一堂活生生的实践课,它告诉我:没有什么山穷水尽,也不要轻易放弃,目标在那里,就得千方百计自己去争取,自己去"走后门"。

至于后来，刚出去的前三个月，我白天找本地员工用英语聊天聊到口干舌燥，晚上学习英文到深夜才把英语恶补回来，勉强可以应付工作。出去不到半年，我基本可以无障碍交流。毕竟，"后门"可以走，但"学费"不交不行。

在华为，到处都是"走后门"改变的人生

华为这样的公司真的是"英雄不问出处"，你在里面待久了，会发现"走后门"的现象比比皆是。我听到过最离奇的是技术支持部门的一位大领导。

他之前的专业居然是跟通信八竿子打不着的：兽医。

很多年前，默默无闻的华为还在野蛮生长，"农村包围城市"，一名年轻兽医从农村家里走了几十里山路来镇上找他亲戚——电信局的一名普通职工。深夜，他去电信局员工宿舍找不着人，就去了机房，正巧几个华为的技术服务人员正在处理故障。亲戚也在忙活，没工夫管他。他就好奇问了问，这么晚还上班啊，挣得不少吧？技术服务人员吐槽说能有几个钱，才多少多少云云。

言者无心，听者崩溃。这个数字比起乡下兽医的收入可真是多了好多好多倍。他直接傻了，连找亲戚什么事也忘了。等人家干完活，他就拉着人家问前问后，非要搞清楚怎么才能挣这么多钱。

后来就是一个励志故事，兽医埋头苦学通信技术，加上亲戚的一点面子进了华为公司，随着公司一路扩张，自己慢慢成长为一方大员。

我不知道这个真实故事，你是管它叫"传奇"呢，还是管它叫

"运气"呢。借用个时髦词,我管它叫"逆天改命"。

我们回到那个遥远的深夜,在无数个"正常"的人生里,年轻兽医蹲在技术服务人员身边,看着人家令人眼花缭乱的电脑操作。要么心里赞叹一声,不敢再打扰;要么觉得他们很厉害,跟自己无关。

他的人生也会在时间的河道里,顺从地、缓缓地流向一个农村兽医该有的宿命。然而,他偏偏管命运要了一道"后门"来走,站起身子纵身一跳,命运从此改道,汇入激流澎湃的大江大河。

"走后门"需要保持极度头脑开放

看完这两个故事,你怎么想?

依然是"我的生活日复一日,没盼头没希望",还是"这不过是幸存者偏差罢了,与我无关"?

不,不是这样的。

桥水基金的创始人瑞·达利欧在他风靡全球投资圈的《原则》一书中极力推荐一个观点:保持极度的头脑开放。他说,你得战胜自我意识和思维盲点,才能成为一个拥有"极度的头脑开放"的人。

有时候我们遇到事情,不是寻求最优方案,而是不知不觉在证明"我是对的"。这种对原有想法的保护就是自我意识。只有怀疑之前的自己,才能突破自我意识寻找到新的出路。比如,我就是放弃了那个"别试了,肯定行不通"的想法,突破对原有流程的迷信,才想到越过审核部门直接去找签证科,最后轻易解决了问题。

思维盲点,则是指你常常看不到,或者理解有误的地方,你却并不一定知道。

比如，年轻兽医对通信产生兴趣后消除了"跨行业好困难，根本不可能"的思维盲点，成就了另外一个自己。

自我意识和思维盲点会让你以为眼前的道路就是唯一可走的那条路。之所以有那么多人心酸地抱怨"我真的已经拼尽全力了啊"，是因为他们总想靠双手爬上光溜溜的围墙，努力再努力，却根本不去留意拐角就放着一架梯子。

而这，正是我在华为学到的：永远别放弃希望，随时保持头脑开放，总是好奇，总在尝试，你搞不好会发现另一道"后门"。门背后的风景，常常美得出乎意料。

CHAPTER 3

第三章

修炼职场软技能，放大你的硬实力

如何挑选好工作

很多职场人经常为自己拼尽全力却发展缓慢的职业路径陷入深深的焦虑,他们不明白究竟是什么使自己与同龄人逐渐拉开差距,不明白为什么自己做出的选择事后看往往是错误的那个。

比如,这个经典的职场问题"工作要选高薪的,还是选喜欢的",我猜大多数职场人终其一生也没把这个问题想明白。这是因为他们没有把问题的底层逻辑搞懂,所以无论怎么选都会错,无论怎么选,自己的职业路径都会越走越窄。最后从事的工作既无高薪,也不喜欢。

首先我想问,你怎么看这个问题?

在你的眼中,问题也许是这样的:

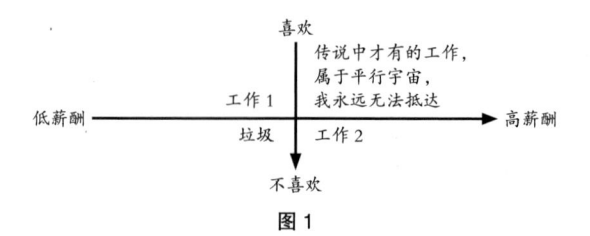

```
                    喜欢
                     │
              传说中才有的工作,
              属于平行宇宙,
       工作1   我永远无法抵达
低薪酬 ─────────┼─────────── 高薪酬
       垃圾   工作2
              │
              ▼
             不喜欢
```

图1

你只有两个选项：工作 1 和工作 2。那么，是选"喜欢但是薪酬低"的工作 1，还是"薪酬高但是不喜欢"的工作 2 呢？就像去超市买巧克力，一盒好吃但太贵，另一盒口味一般但是打折多，买哪盒？

作为职场老司机，我想告诉你：不能这样看问题。

找工作就像买房子或者结婚，可不像巧克力吃完就没了，因为你做完决定以后，是要长期持有的，至少是在相当长时间内持有的，而且选择一份工作，不仅仅是选择这份工作本身，更多的是用你的思考方式去选择一系列的工作组合。

这些工作组合，一步步决定了你的职场生涯。

现实远远比模型复杂，我简化一下，大概是这样的。

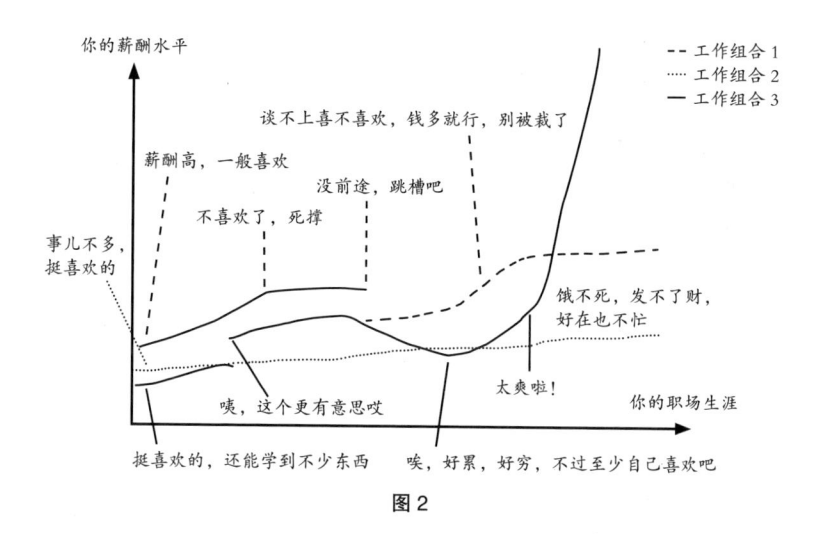

图 2

从图上可以看出，喜欢程度、薪酬高低，甚至工作本身都是会变的，任何一份工作都无法完全决定你的职场高度。工作组合 1 看起来更普遍一些，可你也许会想，我当然是选择现在低薪但喜欢，以后高薪更喜欢的工作组合3了。

问题就在这里，站在今天的时间节点，你不会看到每份工作在未来会呈现怎样的收入轨迹。收入被无数变量影响着，行业、职位、努力程度、甚至运气都会左右收入的变化。搞不好，你选的是工作组合2呢？

那么，应该怎么看待自己的"喜欢"呢？

只有极少数人从一开始就知道自己喜欢什么

从一开始就知道自己喜欢什么的人，真的不多，李安算一个。

1984年，30岁的李安刚从纽约大学电影研究所毕业，毕业作品《分界线》在学校影展中获最佳影片奖和最佳导演奖。他一定想不到，自己下一个高光时刻在整整10年之后。

中间10年里，除了在家里看书、写剧本、煮饭、做家务和接送小孩，他什么事也没有干成。直到1995年，凭借英文电影《理智与情感》获得奥斯卡金像奖七项提名，李安才终于进入好莱坞A级导演行列，从此开启了国际导演之路。

取得这样的成功，你觉得，就仅仅是因为他对电影的喜欢和坚持吗？

不是的。你别忘了在他身后，有一个自始至终欣赏他、支持他的学霸太太——伊利诺伊大学博士毕业的林惠嘉。是林惠嘉赚钱养家，李安才不需要放弃自己喜欢而无薪水的电影事业。

作为大多数人的我们，常常处于这样的境地：要么什么都不喜欢；要么好像什么都喜欢一点。看到别人画插画很好看，于是你"喜欢"上了画画；看人家烘焙觉得有意思，于是又"喜欢"上了做面包；刷了两集《律政佳人》就发誓这辈子非做律师不可了。这些，我都称之为"伪喜欢"。

选择工作时的"伪喜欢"有点像恋爱时的"伪爱情"。伪装成爱情的，其实可能是感激，是同情，是崇拜，是无聊，是新鲜感，甚至是性，都不是真正的喜欢。

那么，我们大多数人怎样才能找到真正喜欢的工作呢？

如果你对"喜欢"的工作的理解是一碰到就觉得自己是"为之而生"的，那么，你真的是想多了。

我特别欣赏经营之神稻盛和夫关于工作的一句话：我通过自己的努力爱上了工作。你要知道，没有一项有价值的工作不是充满了千难万险的，沿途还要遇到嘲笑和不解。包括前面提到的李安，都曾经打算放弃电影改学计算机谋生，是被林惠嘉发现后呵斥"你的长处就是拍电影。学电脑的人那么多，又不差你李安一个"，我们才没有失去一位杰出的华人导演。

注意，我既不是鼓吹所谓的"干一行，爱一行"，也不是要你不停地换、不停地试，而是说，任何一份工作，你如果投入了足够多的努力，承受了足够多的挫折，依然可以在其中发掘趣味和成就，才算得上真正的喜欢。

喜欢和擅长之间，还有 10 万里路要走

因为写文章，我被拉进过不止一个写作群，见证了太多人相似得

出奇的写作经历。

一开始，每个人都兴致勃勃的，"我喜欢写作""哈哈，很快就可以接广告挣钱啦"，然后开了自己的公众号等着别人来看。等写到第五篇、第十篇，差不多第二十篇时，阅读量还是最多只有500，下面是一堆熟人的留言。这时，基本上95%的人会逐渐放弃。

人的"喜欢"是需要正向反馈的，钱当然是很好的反馈。但是作为一个普通人，一开始基本别去想什么挣不挣钱的事。如果你有一项爱好，比如画画，比如踢球，比如跳舞，你能坚持下来，是因为能靠这个挣到钱吗？显然不是。画画是靠你辛苦构图，然后慢慢地把一点点想法变成画纸上越来越精美的人物风景；踢球是靠你一个个进球，一次次成功防守和身体分泌的多巴胺；跳舞是靠从练舞室大镜子里面，你发现自己的动作越来越有力、顺畅，气质越来越好。

有了这些正向反馈，别说不挣钱了，如果有人愿意花钱让你放弃自己的爱好，你都未必同意。这个时候，你的"喜欢"才真正上路。有一天，你才可能抵达"擅长"，"擅长"才能带来高薪酬。

举两个例子，我每次和别人聊起来，都会特别感慨——

孙杨因为每天大量的游泳练习，在水里长时间浸泡、冲刷、拍打，十指的指纹基本上已经消失了，导致他出国比赛时没法靠刷指纹过境。

作为美国职业篮球联赛最强大的球员，詹姆斯曾经在球馆里留下过两道堪称"恐怖"的鞋印，这是他庞大的身躯在运球高速行进中突然急停变向造成的。力量、爆发、灵活度，每一项都达到极限的背后，是强度残酷的训练给他带来的脚趾的永久变形。

孙杨们、詹姆斯们对自己职业的喜欢，不是一般的游泳爱好者和篮球爱好者可以理解的，喜欢和擅长之间隔着十万八千里，是他们一步步用汗水、泪水和血水丈量出来的。

那么你呢？

你想要高薪，先别管喜不喜欢，可不可以也耐心地拼尽全力，先让自己擅长手里的这份工作，先把你的工作成果变成公司里的顶尖水平，把自己变成行业里有名有姓的人呢？

大多数时候，人们是因为擅长所以喜欢。

从因为擅长所以喜欢，到因为喜欢所以擅长

如果能因为擅长，慢慢喜欢、爱上自己的工作，对于一个普通人而言已经非常幸运了。

可是，我们不得不承认，总有那么一些人，好像做什么都可以做得很好。只要他们愿意，只要是喜欢的、感兴趣的事，他们可以迅速擅长。比如，雷军在创立小米之前，在互联网界已经做到了金山软件的 CEO，并主导了金山软件的成功 IPO（首次公开募股），早早实现了财富自由。更早一些，年轻的雷军在两年内就修完了武汉大学计算机系的所有学分，甚至提前完成了大学的毕业设计。

比如，有个叫张小龙的中国人，在欧洲职业高尔夫球巡回赛——登喜路林克斯锦标赛中，和职业高尔夫球手配对，赢得了职业—业余配对赛冠军。他的另一个身份是"微信之父"。

为什么有些人，无论做什么都能成功？

2001年的诺贝尔经济学奖颁发给了迈克尔·斯彭斯等三位美国经济学家，他们在20世纪70年代首次提出了"信息不对称理论"。迈克尔·斯彭斯在他的论文里提到了"信息不对称理论"在雇佣市场的应用，并指出一个人在学校的表现和职业发展之间的关系是正相关的——通常而言，在学校表现越好的学生，职业发展就更加顺利，也更加容易成功。

《脑中的大象》的作者、畅销书作家凯文·希姆勒是这样解释的：一个人能在学校取得不错的成绩，不仅证明他的智力足够高，更证明在高强度压力下，他能够快速掌握一大堆概念、公式和算法，满足考试的需要。他在学校学的东西可能会过时，但是，他收获的才智、韧性、求知欲、好奇心和时间管理的能力，在职场上同样稀缺而宝贵。

我想为凯文·西姆勒的解释做一个结束语：一个人在职场生涯中曾经取得过成功，往前看，是因为他拥有上述能取得成功的性格和品格，往后看，他将收获看待世界的更为成熟、更接近本质的认知方式；他将拥有更加系统的思考路径，并能学会在一团乱麻中找到破题的切入点；他将提炼出适用自己的掌握任何一项技能、接管任何一门陌生生意最快捷的方法；在切换到新领域之后，这些禀赋都可以顺利"移植"，构成我们常说的"底层思维"。

这才是他们无论做什么都能成功的奥秘。

而你之所以纠结选择高薪不喜欢，还是低薪喜欢的工作，是因为无法直接对比两份工作，你只好从有限的两个维度"薪水"和"喜好"去判断。就像你选择另一半时，只参考"好不好看"和"有没有钱"一样。

你只有在思维变得多元，对人的认知更加丰满时，才能看到对方身上那些别人看不到的点，你才会知道面前这个人是不是你的真命天子。

那么职场上，与其考虑选择高薪不喜欢还是低薪却喜欢的工作，不如去思考另一个问题：这两份工作，哪份可以帮你更快地完成上述品格、性格和底层思维的形成？

只要回答好这个问题，无论你选择哪个，我相信总有一天，你会寻找到那个"高薪又喜欢"的工作，而且完全可以胜任。这才是将高薪和喜欢统一起来的唯一道路。要是问题本身就问错了，你将永远无法得到正确答案。

如何识别坏公司

大多数人跳槽的原因都是太累了，钱太少了，主管太渣，公司人浮于事，马屁精太多……说句不客气的，这些都是无病呻吟。

拜托，一家公司怎么可能没有问题？

有个说法是把公司比喻成人体，我觉得挺有道理。

什么意思呢？就是人体本来就是不完美的，体内有各种各样的病毒、细菌、毒素和隐患等很糟糕的东西，但是你怎么还没死呢？因为你还在摄入营养，新陈代谢，你还在成长。

公司也一样。

一家公司只要能不停地成长，那很多问题先不解决，放那儿也没关系，大家照样涨工资发奖金。公司什么时候发展放缓，问题都暴露出来，庞然大物就慢慢倒下了。就跟人体开始老化一样，各种疾病、甚至癌症也都冒出来了，人离死也就不远了。这就是为什么说，公司一有问题你就跳槽，很不聪明。

那有人说，公司都开始拖欠工资了，都不缴纳社保了，这种情况需要跳槽吗？

其实这个时候跳槽已经来不及了。这样的公司通常早就风雨飘摇了，你那不叫跳槽，叫提前失业。

以上这些，我觉得只能叫作"被动跳槽"。被公司渣了，自己却依依不舍，走一步三回头。真正厉害的跳槽都是员工主动跳的，在它渣你之前你要先渣它。我从来没被裁过，都是我主动要走，公司死活留不住，老板和老板娘哭着喊着骂我渣男。

这里和大家分享三点。平时留意这三点的人很少，具备这三点的公司，看起来很正常，但只要有一个点出现，说明风险正在酝酿中。风险不是一定会有，但是你最好早做准备，万一风险成为现实，就可以从容跳槽，不像别的同事那样呼天抢地的。今天渣公司，总好过明天被公司渣。

第一点：多元化发展

之前做投资的时候，每次听对方老板说要"多元化发展"时，我就眉头一皱。一家公司能挣钱是因为你提供给社会的东西有价值。不管是什么价值，这价值一般人给不了，所以你能赚钱。那为什么要多元化发展呢？可能因为主业不挣钱了嘛！

很多老板喜欢把多元化发展包装得特别有情怀，作为员工大家不要上当，要意识到公司主业可能出问题了，公司准备转型了，要提前想我该怎么办。

还有一种可能，就是公司主业发展得好非常好，然后老板膨胀了，觉得自己干什么都行，然后步子迈太大，很快受伤了。不被社会毒打几次，有些老板不会明白还是老本行干起来香。

那有没有多元化发展做得好的呢？

有，一种是新业务本身和主业存在相关性。就像现在很多传统的车企造新能源车，这些车企对于细分领域消费者的理解肯定比你一个造房子、做手机的更深刻吧。当然，我没有不看好恒大和小米的意思，特别是小米，毕竟雷军之前从纯软件的互联网行业到手机行业，是成功过的。

还有一种，比如像腾讯，养了N个团队让团队折腾去吧，做好的产品拿到市场上去厮杀。活下来之前，公司不投入太多资源。新业务、新团队自己玩，玩起来了成为"第二条曲线"，非常好；玩不起来，主业也不需要向新业务大量输血，微信就是这么发展起来的。

总之，公司如果要多元化发展，那你务必小心。发展得好，就又是一条好汉；发展得不好，就十八年后又是一条好汉。

第二点：销售一大堆，研发没人也没钱

不管你是已经在公司上班，还是准备去应聘，我建议你一定搞清楚这家公司在研发上的投入如何。

为什么呢？

因为研发投入代表了公司对未来的信心。只有公司老板认为：我把产品做得功能更强大，效率更高，或者更省电，我就一定可以卖得更好、更挣钱。他才能下得了决心投钱搞研发。舍得投钱，研发更先

进的产品，公司才可能领先对手，赢得未来更丰厚的利润。

很多人觉得销售厉害最重要。作为一个老销售，我只想说销售越厉害，越能证明这家公司的产品可能不怎么样。

短期来看，一家公司的竞争力看销售；长期来看，竞争力还是看研发。大家要留意你们公司研发投入占总投入的比例。同一个行业，这个比例应该差不多才对，如果你们公司的这个比例偏小，那很能说明问题。当然，如果你不知道你们公司每年在研发上投入多少也没关系，查一下公司员工的学历组成就可以了。

为什么很多公司喜欢把公司有多少个博士、多少个硕士介绍给别人呢？这就是在表明，我们是干长久生意的。我们花高价请高学历人才，是为了加强技术攻关、产品更新，我们要持续开发新产品，满足新需求。一句话，我们公司对未来有信心！

反过来，有些公司研发没几个人，销售却一大堆，要么说明行业的技术含量太低，那产品也卖不出高价钱；要么说明老板已经不准备久干了，赶紧把东西卖完拉倒。

第三点：年轻人太少了

你也许会问，这跟一家公司值不值得待下去有什么关系？

太有关系了。

先说为什么一家公司吸引不了年轻人？一般来说原因有这几个。

第一个原因是行业平均利润率太低，给不起高薪水。人家在哪里不是干，这么低的工资不如转行算了，反正没什么沉没成本。中年人不一样，相对来说，他们更在乎稳定。

第二个原因是公司发展滞后，老人们都把坑占了，年轻人看不到希望，而且也没有新的地盘让年轻人去打。

第三个原因是工作太不"酷"了，找不到意义。这一点现在越来越重要了。

什么叫意义？

公司存在的意义，我们通常叫"愿景"。就是因为有你的存在，世界变得更不一样了，更加美好了。飞抵火星和社区团购可能都很挣钱，但显然前者比后者高级得多、酷得多、有意义得多。有一天等年轻人老了，他会拍着胸脯对后辈们说"没有老子当年熬夜写代码，人类殖民火星的时间还得往后推半年"，而不是说"老子当年写代码，逼得多少小商小贩走投无路啊"。

特别是，越优秀的年轻人会越在乎工作的意义，他们更希望把青春交给那个带他们干一番轰轰烈烈事业的老板。

总之，无论什么原因，一家公司如果年轻人比例太低，那它就没有活力，这种公司是没有未来的。它不一定第二天就倒闭，只是跟温水煮青蛙一样，一帮老家伙在里面自嗨，嗨着嗨着哪天就嗨不动了。

不光公司，所有组织都是，得年轻人者得天下。

钱很重要，社会地位也很重要。但是，"没有一个男孩子小时候的梦想是在城里买一套房子。"越厉害的组织，越有生命力的组织，才越会把"意义"这种看似虚无缥缈的东西看得很重。

如何找到高薪的工作

最近有几个 30 岁左右的粉丝咨询我找工作的事,那么今天就来聊一聊 30 岁左右的人找工作,特别是找高薪工作时非常重要、非常有用但你不一定想得到的几点。

二十多岁的你,就是 30 岁的你的原生家庭

2020 年末,有个新闻在网上很火,上市公司游族网络的董事长林奇被人投毒,39 岁遇害。我花了点时间仔细研究了这个林奇,他是温州的一个富二代。父亲从事过制造业,还做过煤矿生意,有一次他还跟他父亲一起下井"参观"过。大学毕业后,林奇找了份工作,但很快辞职创业,前两次创业是做软件工作,都失败了,先后亏了 100 多万。游族网络是他第三次创业的成果,因为一款游戏《三十六计》大火,林奇 32 岁借壳梅花伞业上市,身家上亿,成为 A 股当时最年轻的董事长。

所以，与其说林奇敢打敢拼，不如说他背后的家庭给了他打拼的底气。

我身边有很多中产朋友，有时候聚会大家会讨论孩子教育，讨论家庭对孩子的支持。

我就跟他们讲，任何时代都有无数商业机会，但是你老了，你不一定懂，你给孩子商业熏陶，不是不对，是有点虚。支持孩子最好的方式是给够他们钱，让他们不要因为生计舍不得花钱投入到学习、成长上面去。万一哪天他不想打工了要创业，你能给出真金白银的支持那最好了。

为什么呢？

年轻人想做点事，最怕的不是没机会没冲劲，而是不敢输。因为要打工养活自己，他输不起。更别说有些家庭还要孩子尽快赚钱来反哺。

这里不是想讨论原生家庭，也不是讨论创业，而是你想过没有，普通孩子二十来岁进入社会，爹妈对你的影响可能已经非常小了——不管是正面支持，还是负面阻碍。到了三十多岁你会发现，哦，原来二十多岁的那个你就是自己现在的原生家庭。

那么，二十来岁的你最应该给三十多岁的你，什么样的支持？

钱，足够多的钱。

足够是多少？

如果要我说，最好可以支撑两年不上班。

不是说有了钱，你就可以拿去创业，当然创业也不是不可以，而是说如果你没钱，每次遇到裁员也好，公司破产也好，你就不得不匆匆忙忙地投入新工作，要不然交不起房贷房租水电燃气费。可是万一这份新工作上升空间有限呢？万一新公司很糟糕，但表面看不出来呢？

有了钱，你就可以跳槽再选择。钱是人的胆。你有了钱，就有了犯错的底气，就敢试错，就越容易找到有后劲的工作。林奇一次创业失败不影响他东山再起，也是一个道理。这也是我经常在文章里批评消费主义的原因。

你该吃吃、该喝喝当然没什么问题，谈个恋爱为了约会花钱也是人之常情。但是你若一直存不下钱来，就只能被现在的工作拴住了。

谁能保证手头工作真的可以干一辈子呢？就是正常年份也不敢，更别说现在社会，兜里没钱就是裸泳。

多尝试，多经历，年轻意味着有资本寻找兴趣

接着再聊聊兴趣。

你不一定知道自己喜欢什么，但是一般来讲，你总知道自己不喜欢什么吧。

我还是挺幸运的，很早就知道自己不喜欢什么了。我还在读研的时候，有一天正在实验室看小说《三体》的网上连载——对，我是这本书最早的读者之一，当时它还没火。这时候，一位师兄转过身来对我说："来，你看看，这段程序写得多美。"

坦白讲我当时太惊讶了，我费半天劲才能搞明白这段程序到底是什么意思，而人家居然可以看出美感。

"技术这条路该是走到头了吧？"我对自己说。

这也是后来我哪怕拿了工科的硕士文凭，也义无反顾地干起了销售的原因。

但是绝大多数人，未必有我这么清醒。

我工作这么多年，做项目，带团队，时不时招聘和解雇员工，发现大部分人在20岁和30岁的时候喜不喜欢一份工作，原因其实是不一样的。人在20岁时说喜欢某项工作，也许是一时冲动，也许只是为了逃避（包括去考研），他不一定知道自己喜不喜欢。但是如果到了30岁，他说他喜欢，那一般就是真喜欢；说不喜欢，那就是真的不喜欢了。

任何一个工作超过10年的人，应该有个共识：市面上年薪不超过30万的大部分工作其实多数通过培训都能胜任。但是你想拔尖儿，想成角儿，想拿到这个岗位最高的薪酬，就要把活儿干到极致，还得自己喜欢才行。你一边干活一边想：哎，这事儿拿钱多又有成就感，就是它了！

我见过太多人，都三十多岁了，天天说："我不知道自己究竟喜欢什么。"

工作嘛，还是要点热情，你搞这种冷淡风干什么。

所以，我总是劝二十多岁的小伙伴，不要怕跳槽，你多跳槽甚至多换行都没关系，因为兴趣这个事儿，你得沉浸进去才能知道。如果三十多岁还不去做喜欢的工作，四十多岁就更难了，最后你只能拿着微薄的退休金，回忆自己厌恶了40年的职场生涯，这一点也不美好。

说到底，攒够钱是第一位的。

兜里有钱，你可以换别的工作再试；兜里没钱不敢跳，只好做自己不喜欢的工作。三十多岁的你每天上班像上坟，还干不出成绩，收入也上不去，那不是二十多岁的你自找的吗？

要从 20 岁的单枪匹马，到 30 岁的朋友满天下

我们再聊聊找工作的方式。

不少三十多岁的人找工作也跟二十多岁的小伙子小姑娘一样，喜欢在网上投简历。

我不是说投简历不行，而是还有更好的办法。

我有个华为前同事，这哥们儿离职后回了老家，在当地国企找了份闲差，没过几年家里出了变故，手头没钱了。他给我电话，我说来我这儿吧，你可以来做我的下属，薪水也还凑合，但是咱们不在一个城市，你当初辞职就是为了和家人团聚，所以你能接受吗？

他想了想，说算了。

其实呢，有几个当地的老同学找他，大家一起接点小活儿自己干，因为他在原来的公司也干过技术。但有个问题，他那个地方太小了，在外面接私活很容易让单位的人知道，搞不好铁饭碗都会丢掉，怎么办呢？

我说，你不妨多打几个电话，咱们那帮老同事，好多人都换行了，说不定还有机会呢？

结果他打了一圈电话，还真找到机会了。我们另外一个同事离开华为后，从讲师做起，慢慢做起了自己的培训机构，专门给一些企业讲执行力、项目运作这些东西，做得还不错，也正缺人手。正好讲师

不用坐班，他有活儿了就飞过去，讲完课再飞回来。

最后，我这个哥们儿国企的铁饭碗端着，偶尔出差讲课挣点外快，比以前滋润多了。

所以说，30岁的打工人，你过去这十多年积攒的，不光是钱啊、知识技能啊，还有你的人脉。我常说人一定要善待同事，善待你的上下级，因为哪天你要找新工作甚至换行，目标行业是什么情况，收入到手能有多少，你都不清楚，有信得过的朋友帮忙介绍，比你草率入行好太多了。而且你也不用担心麻烦别人，你进入他的行业，也是给他多了一个助力。大家知根知底，组团打怪，不比他一个人单枪匹马更强吗？

最好的关系，是有情有义还有利

拿我来说，我在工作过的每一家公司都交到过朋友，有的偶尔电话微信联系，有的现在都还在走动。所以，对于"同事能不能做朋友"这种蠢问题，你应该思考"如何在同事中间找到那些值得深交的人"。

不要说同事们全都坏得很，你又不混黑社会，周围总有聊得来的人对吧。20岁时大家都是年轻人，喜欢意气用事；30岁时你就不要做孤家寡人了，要学会织网，织一张利益之网，一张感情之网。

人和人之间很微妙，完全靠利益捆绑不靠谱，因为会被背叛；完全靠感情维系呢，也不行，因为没好处。最好的情况是人和人之间有情义，也有利益，彼此陪伴，一起受益。

最后，总结一下30岁左右，什么样的人更容易找到好工作？

钱攒得够多；有人脉；还知道自己喜欢什么。

如何参加培训最有效

朋友圈里经常刷到这种图：有人参加培训，培训结束后一群人站成几排，凹各种造型，配的方案一般是："真心希望这样的培训再来一打！""日拱一卒，功不唐捐！""感谢优秀的小伙伴们，加油！"

可是，你真的学到了吗？

作为一个偶尔出去客串的业余讲师，我觉得参加培训这种事挺无聊的。老师在上面讲，下面99%的人都在混时间：玩手机的，聊天的，发呆的，光听课不做笔记的……培训结束，公司以为员工学到了，员工本人也觉得自己学到了，人人心满意足。而真相是，讲师收钱走人，大家干活还是老样子。

大家为什么对培训这么无感？我觉得有两个原因。

一个原因是人们不觉得学了有什么用；另一个原因是有些人想学，可是不知道在培训课上该怎么学，收获才会比较大。

今天我就给大家讲讲培训课怎么听才更有收获。

上培训课不要偷懒,现场就要记忆

有一类同学上课喜欢记一大篇笔记,感觉收获满满的,而下来后,他们打开笔记的可能有多大呢?几乎为零。

我要讲的第一点就是:上培训课记笔记没问题,但不能光记笔记,还要现场记忆。

这点是跟我表哥学的,这家伙高中跟我一个班,我俩并称为英语老师的"心腹大患"。他是心腹,我是大患。

有一次我就问他:你英语怎么学得那么好?

心腹说:"你们上课忙着记笔记,但我一边记笔记一边还在脑袋里记忆,效率比你们高多了。"

这个就是我要讲的关键:效率。

上培训课时,因为你的思维跟着老师,所以对知识的敏锐度要比下来自己学习高得多。通过刻意记忆,神经元受到的刺激也比只记笔记要强得多,而且还能节省课后学习的时间。

那么,应该记些什么呢?

记概念、知识点比较好,那些容易记的还可以提升你的兴趣和信心。比如我讲销售技巧,把客户分成"蓝红绿黄"四类,你就记每一类对应的特点;比如我做人力资源培训,你就记住"激励员工的9个小妙招";再比如宏观经济的环境分析里,P、E、S、T分别是什么意思,你稍微用点心,现场记住都不难。

我有一次参加完一个叫"全面质量管理"的培训,下来跟一个朋友聊天,就谈到那个"PDCA戴明环",我说这个PDCA步骤,我们其实一直在用嘛。

你看，培训课现场记忆的附带作用是还能多一些吹牛的资本。

理论要与工作实践挂钩

理论是很枯燥的，这个世界上为什么要有理论？

因为它是对实践经验的总结，所以显得很厉害啊。

我们学习某个领域，经常要学习一群大师的理论，每个大师都有自己的理论。你每次参加培训，老师也会讲一堆理论。理论很好，但光知道理论没用，为了让同学们更好地理解，我们一般会在理论后面加一些案例。

比如有一次，我讲"要说客户听得懂的话"，就讲了个小故事来说明。

"9·11"事件以后，美国人悬赏2500万美元捉拿恐怖分子本·拉登，但阿富汗人民对此无感。经过调查，美国人发现不是人家嫌钱少，而是阿富汗人极端贫穷，2500万这个数字在他们眼里实在太过空洞，对他们来说，每天的生计才是头等大事。于是，美国人把赏金改成了1000只羊。

这一下，阿富汗人都疯了一样地钻山洞找本·拉登，有人说："天啊，1000只！我们村最富裕的人家也就只有10只羊啊！"

大家都哈哈一笑，但我知道，他们并没有真懂。

听完培训就完了，这是参加培训的大多数人的状态，只有把老师的理论和你自己的工作、生活挂钩，才叫作收获。

那天讲完出来,有一个女生找我聊。她说她妈老爱看电视购物,有一次还要买那种老年人穿的鞋子。她说别浪费钱,我在网上给您买打折的阿迪达斯和耐克吧。妈妈一句都不听。

结果她想了想说,这鞋子特别伤穴位,时间一长副作用特别大。她妈说真的啊?那就不买了吧。

你看像这种同学,才是真的学到了。

一边听培训,一边做好当老师的准备

上培训课的最高境界是什么?

即听完课以后,你自己可以上台去讲。这比起刚才说的"现场记忆""理论落地"要困难多了。困难的地方有三点。

第一,对你的知识储备要求极高。

"冰山理论"是说你的知识储备是一座冰山,但通常露在外面的只是冰山一个角。冰山不够大,那个角就会很小很小。

第二,你对课程的理解要到位,逻辑要清晰、通顺。

听课当然爽了,反正学到多少算多少,可如果要求你自己当老师,你就紧张了。课上的每一个知识点,都要听到、听懂、可变成实践。就像品尝美食,当食客是很爽,当大厨呢,灶具、主材、配料、步骤、关键环节……样样都得清楚。

第三,也是最考验人的,是建立起这个领域的知识框架。

大多数人对于某个领域都能讲个只言片语,但是要当众把一个事儿讲清楚,必须要高屋建瓴有个框架,要从源头到支流,清清楚楚掰开。

这真的很难。我不是要求你听完就能讲，而是说每次听课你都要抱着"如果让我来讲，我该怎么讲"的想法，对课程的吸收、消化才能达到最好的状态。

关于参加培训课，我给大家的建议就是这些。

不过，上培训课、看书、听网课、请教他人……所有的学习方法都符合类似的原则，从一个领域到另一个领域，学习方法在本质上其实没有区别。所以人家才说，牛人到哪里都牛，因为他掌握了这些方法。

至于我们普通人，上完课看完书，晒朋友圈当然没问题，但别忘了最重要的，还是要把知识和技能真正变成自己的一部分。

如何放大你的工作成果

好几年前,我和一个好朋友,也是华为的前同事吃饭。聊起往事,我问道:"那个小 L,现在哪儿呢?"

他说:"哦,那个小子啊,好多年前就调地区部去了,现在管一个大部门,是地区部总裁身边的红人。"

"什么?混这么好了,当年没觉得他有多厉害啊。"

然后,他给我讲述了许多以前我未能未闻的情况。

我眼珠子都快掉下来了。

朋友接着说:"你这个人啊,干活儿没问题,就是不喜欢跟领导打交道,什么八卦都不知道,什么好处都轮不到你。当年在海外,你除了加班就是看电影,踢球,拉我们几个打游戏升级,过得跟个大学生一样。你要是稍微有点儿眼力见儿,学学人家小 L,领导身边多待一待,早就飞黄腾达了。"

我说:"嗨,那会儿不是还小,不懂事嘛……"

领导眼中的你 = 你的能力 × 出镜率

其实不是不懂事,我就是不愿意。

人们说一个人受原生家庭影响,通常指的是物质层面,但其实我发现,原生家庭对一个人为人处世的影响更大。我爸妈当年教育我,对有权势者就四个字:敬而远之。

这给我的影响就是:我以为进入社会,只要我肯努力,有本事,就能升职加薪,不需要搞什么破人际关系。所以那会儿,工作上我没事尽量不找领导。汇报也是,一次能搞定的绝不弄第二次;下班了看到领导有聚会,也能躲就躲。

我这一路走来,一边磕得头破血流,一边反省曾经接受过的部分教育。今天我就给大家普及一个知识点:职场人干活越漂亮,越要展示出来。

很多人以为,自己能力10分,在领导眼里就是10分。这就错了。

如果用公式来表示,就是:领导眼中的你 = 你的能力 × 出镜率。

为什么会这样?

因为我们都是人,虽然后天可以训练成理性的机器,但是先天的我们都是有感情的。一个经常展示自己的人,必然会引起更多的关注和更多兴趣,时间一长,就会获得更大的信任。

就拿我现在来说吧,我也做到管理层了,哪个员工常和我一起开会,常给我打电话交流工作,我就比较会关注他。考评,发奖金,或者人事任免,我就是倾向给他高评价、多发钱,委派重要岗位。

我也知道,这对那些不怎么吭声的其他员工不公平,所以,我常常约束自己"极度理性"地思考，才可以不被"出镜率"影响。

提高出镜率

但是别的领导呢？未必。

不少领导觉得自我展示是你的本分。由于我对你没印象，而导致你怀才不遇，是你的问题，不是我的问题。

所以，有些人升迁，跟他起初的业务能力多强关系不大，而是他会在领导面前多展示几次，得到一个小机会，把握好小机会上一个台阶，从而得到更大的机会。

我们经常说，某个员工"用得顺手"。用得顺手，不是一用就顺手，而是越用越顺手。

作为打工人，你对这个一定要有清醒的认识。

当然了，我必须要澄清一点，所谓"展示你自己"不是叫你天天溜须拍马。在不违反法律、道德的前提下，发挥空间其实还是很大的，工作遇到难题，带着选择题去请教他；业务上有什么好思路，可以发邮件请他指正有没有考虑不周；生活里有什么苦闷，也可以找他聊一聊；业余时间有共同的爱好，为什么不参加进去呢？

一个优秀的管理者，本来就该承担起"政委"的职责，解决下属的思想包袱，让他更好地轻装上阵。一个优秀的下属，也应该给领导全方位了解自己的机会。

学会真心实意欣赏领导的优点

很多人说：唉，我对领导除了害怕，没什么想接触的欲望，怎么办？

这个我理解，我之前就是这样的。

后来我调整了心态，一下子就不一样了，我怎么做到的呢？

学会欣赏。

真的，除了极少数领导是靠色相之类很低级的手段上位，大部分人能坐到那个位置都有两把刷子。现在的我喜欢去分析领导有什么优点缺点，然后发自内心地去欣赏他的优点。

当然，我对下属也是这样。

这话听着肉麻，但确实如此。正因为欣赏他，你会不知不觉学习他的优点，让你变得更优秀。

同时，一个人被人欣赏是会有感觉的，领导们也不例外，这是他们领导力的一部分。他会明白，你追随他不仅仅跟他的职位有关，他会更愿意指点你、栽培你，介绍给你更多的资源。甚至，你们可以超越公司、职位的限制，保持良好的私人感情。

2002年华为多灾多难，任正非压力大到差点卖掉公司，甚至一度抑郁到想自杀。身边下属像孙亚芳、郭平这些人都在安慰他。郭平就劝他"多去做些无聊的事"，任老板听进去了，慢慢也走出来了。

写到这里，我相信依然有人会问：我就是不喜欢围着领导转，我就把业务做好，能不能往上爬？

可以，当然可以。

你看上面那个公式：领导眼中的你 = 你的能力 × 出镜率，你放弃出镜率，追求能力提升，也没问题。

拿3亿年薪的"微信之父"张小龙来说，他不仅上班迟到，中午睡懒觉、打游戏，还懒得去深圳参加腾讯总部的晨会。马化腾对他有意见吗？没有。他的能力已经高到不需要什么出镜率了。

你也是一样，你的能力要是比周围人高出不是一点半点，你也不需要围着领导转。但大多数人，我相信就和当年的我一样，业务能力还可以，但谈不上特别拔尖，再加上对领导敬而远之，这样的员工还想往上爬，对领导的要求是不是有点高了？

如何与老板谈涨薪

怎么谈涨薪这个话题,我看过很多说法,很多都有道理,只不过没办法实操。今天我讲一下"实操"环节,可以直接拿来借鉴的那种。

1. 提涨薪的铺垫。

提涨薪还要铺垫?

对。你发现没有,你的领导跟每个下属交流,气氛未必都一样。他对小张很温和,对小李可就不一定了。为什么?有句话不是说了嘛:"别人怎么对待你,其实是由你自己决定的。"所以你要找机会树立你的行事风格。

入职一段时间,主管找你谈话。七七八八聊得差不多了,你说领导呀,我对自己的能力还是挺有信心的,不知道公司涨薪是不是每年都有一定名额呢?

接下来就要铺垫了。

我干脆直接上台词吧:"我一个师兄跟我讲,干得不好要主动向领导汇报,别出了娄子人家才知道;反过来呢,干得好了也要主动提涨薪，领导太忙，有时候不一定想得到。"

把出娄子和提涨薪放一起意图不明显，重点是要让他有个心理准备，有一天他会想起来的。

2. 提出涨薪的时机。

一般来说，公司发展得不错时提涨薪最好，公司年年亏损你提肯定不合适，毕竟覆巢之下无完卵。

最好你刚做好一个大活儿，师出有名。再者呢，也要看领导当时心情如何。

比如我之前写过，吃过午饭人的血糖比较高，愿意花力气听你说话，他人不焦躁，你的成功率才高。别等着快下班了才去找他，他正着急走呢，两句话就把你打发了。

3. 提出涨薪的理由。

你自己生活过得好不好，跟公司没什么关系。

你觉得隔壁小孙能力一般般但工资比你高，很不公平，那也只是你自己的想法。

明面上，涨薪理由只有一个，就是你创造的价值跟收入已经"明显"不对等了。

大家注意，我说的是你创造的价值，至于你多苦多累，那个顺带提一下就行，不要作为主要原因。苦劳没意义，功劳才有意义。咱们要求涨薪又不是要饭，一定要理直气壮。

为什么刚才说明面上呢，因为还有一个理由不在明面上提，就是你的"不可替代性"。

还是直接上台词吧：

"……其实这点成绩吧，也是您指导有方。只不过我觉得，嗯……每项能力单拎出来，像小陈小李他们都没问题，我呢，可能比较偏向复合型那种，要不然，您也不会把这么重要的任务交给我，对吧？"

看明白了吗？

他们有的会 A，有的会 B，你是 ABC 全都会，这才叫不可替代。

记住，这一点你只能暗示。就像我的答案一样，你不可以直接说，直接说就是威胁了——"领导，我就直说吧，这活儿除了我，别人都干不了。"这是电视剧里才有的情节，大家别信啊。

4. 涨薪具体怎么谈。

这个是重点，提前准备充足。

把你手里的活儿列举一下，把对方最看重同时自己完成最出色的，最好是难度最大的，着重准备。有数据尽量呈现数据；有荣誉尽量说荣誉；有难度稍微说得夸张一点；要把短期效益和长期收益讲清楚。

如果你沟通不够好，还担心自己紧张，那我建议你直接打印一张 A4 纸。你一边讲他一边看，没有眼神交流你就没那么紧张了。

并且，等你离开他办公室时，把那张纸留在他桌上，见字如面，会成为你郑重其事的证明，你觉得他还会随便就打发掉你吗？

当然，如果你平时和领导沟通很充分，基本不用说太多，直接提要求就是。

5. 提要求要具体。

"领导，我希望涨薪水"和"领导，我希望月薪从 10K 上调到 15K"给对方的感受是完全不一样的。前者太模糊，面对不确定性，人的本能是拒绝。后者给对方一个具体数字,他考虑的可能不是拒绝,而是这个价格是不是合适,或者要不要给你砍一点下来。

如果他只是对涨薪幅度有看法,那你就已经赢了。

另外,这里还有个重要的提醒:只要他没有把话题转移到涨薪幅度上来,你也不要主动转移,涨 50% 怎么啦?应该的呀!

比如你主动说:"您是不是觉得涨 50% 太多了?那您觉得涨多少合适呢?"说明你本来就心虚。对方一句话就怼回来了:"我没有在考虑涨薪幅度啊,我认为涨薪本身就不合理。"怎么办?你就慌了。

6. 遭到拒绝,不要轻易妥协。

谈判就像战争,决心比什么都重要。

比决心更重要的什么?是让对手知道你的决心。

如果你遭到拒绝就立刻妥协,对方会觉得:"这小年轻是一时冲动吧?算了算了,画个饼赶紧打发走。"

怎么办呢?

喏,台词如下:"刘总,您说的这些我都理解,不过,我还是认为涨薪水是成立的,理由刚才也跟您讲了。嗯……要不这样吧,我下来自己再想想好吗,回头再跟您汇报?"

他会暗暗松一口气,心想终于结束了。

结束了?呵呵,下来以后准备准备再找他,让他知道你不是那么好打发的。

7. 对方如果不马上答应,你要表示理解。

很多时候如果你要求他马上答应,那他多半就不想跟你讲道理了。咱们态度要坚决,但手段要柔和。

大家都是人，你有人情味，他才把你当人。

所以，如果对方很犹豫，你也可以看情况，顺坡下驴给他一点时间，大家都不容易对吧？"其实吧，我跟您提这个事儿，也是思前想后觉得合适才提的，嗯……要不您再考虑一下？我也不着急您现在就答复我。"

8. 如果实在谈不下来，务必让他亏欠你。

一开始我就说了，提涨薪之前要先铺垫。那正式提了，你实在谈不下来，怎么办？还是铺垫，为下一次涨薪成功作铺垫，但铺垫不能带威胁，也不能带情绪。

"您如果真是这么想的，我也没必要非坚持，下来我肯定该干什么干什么，争取能干得更好，这个请您放心！当然，如果下次有涨薪的机会呢，也希望您能考虑到我的诉求，提前跟您说声感谢了。嘿嘿！"

爽爽朗朗，落落大方。

咱们表面爽朗，背地里必须评估一下这领导他究竟地不地道。如果是公司硬性条件卡着，那倒也算了，等到调薪合理合规的时候，咱们再拭目以待。要真是他人不地道，你就得考虑另一个问题了：要不要换个部门，甚至换个公司呢？

如何避免成为大公司的螺丝钉

有一年,我被派驻华为海外某国市场去做某系列产品的销售。在这之前,我在总部远程支持项目,然后在几个国家之间来回跑,项目经验积累了不少。

这一回,因为公司在当地没有该产品的销售人员,所以我作为责任人踏踏实实做完了项目签了单。我刚准备喘口气,找个周末在当地旅游两天,忽然收到地区部直接主管的一封邮件,内容有四点。

1. 恭喜签单。
2. 组织已经决定,由你负责该产品在这个国家的所有销售。
3. 你在当地的工作向××总汇报。
4. 一周之内,提交一份《×国×产品年度市场分析》。

我当时就懵了。

"负责销售"怎么负责?"市场分析"怎么分析?

我实在太无助,想给主管打个电话,既有点怕又有点不想让他小瞧。

好在我做项目期间跟当地同事处得还不错，有个老员工很仗义，手把手教我，说材料内容部分要包括但不限于国家人口总数、人口分布、用户平均贡献收入、国家通信战略、各个客户的势力分布、客户的战略、客户关系现状、公司的势力分布、竞争对手SWOT（态势）分析、突破口和压力点……

旅游就别想了，通过持续加班加点，我终于赶在截止日期来临前的那个深夜，点下邮件的"发送"键，长长地舒了口气……

等我第二天打开邮箱，发现在我发送邮件的半小时后，主管就回了邮件，只有三个字：

还可以。

不想成为螺丝钉，就得拥有深度全局观

我当时挺兴奋，工作毕竟得到了认可。直到很久以后，我才知道这份报告的水平在主管眼里就是垃圾，只是作为一个新手，这个质量"还可以"。也就是在那时候，我才明白为什么人家说，一个销售在华为的海外市场会成长得特别快，尤其是在空白市场。因为，你不得不"一个人活成一支队伍"。

我们说起大公司，最容易吐槽的就是它会将一个人塑造成一颗螺丝钉。螺丝钉只能和旁边的齿轮合作，看起来严丝合缝，效率极高，实际上，一旦离开熟悉的平台，离开那些你合作无间的齿轮们，你就什么也不是。

大公司通常拥有成熟的市场、成熟的内部管理体系，有你一个不

多，少你一个也不少。但是从那段海外经历中，迫于压力，我不得不从熟悉的"项目运作"中抬起头来，看看前面的路应该怎么走，应该怎么做"市场分析"。

曾经，我眼里只有面前这一亩三分地，但是那封邮件要求我看到远方还有更加肥沃的良田，我必须去思考它们在哪里、有多肥沃、该如何占领。

我不能只做一个听命于人的士兵，只练习瞄准、扣动扳机，我还得像个将领一样制订计划：往哪里行军、怎么赶去、什么时候进攻。

所以，在大公司打工，想要逃脱螺丝钉的宿命，就得培养分析全局的能力，又叫全局观。

我们常说的学习能力、沟通能力、组织能力等，这些当然重要，但不是最重要的。最重要的只有一个——全局观。

比如上面要求的市场分析，比起运作项目，就多了一个全局观的能力要求。

不想成为螺丝钉，还得拥有广度全局观

如果你职场经验丰富，而且逻辑敏锐，一定能看出来这种全局观依然是建立在某个职位之上的，然后再往深处看。这是在"深度层面"的全局观。

这已经很不容易了，不过，还不是全部。

多年以后，我已经离开华为。有一次和一个前同事聊天到深夜，我们聊起认识的朋友们都什么去向，然后总结跳槽时我们在华为学到

的东西对自己的职业生涯有多大帮助,得出了这样的结论。

第一种,跳槽以后,去同行业其他公司的相同岗位,在华为学到的东西对新岗位有帮助的成分大概在80%。

这80%是你可以沿用原来的行业背景、人脉积累、思维框架和专业技能,只有20%的公司风格和企业文化的差异需要你重新适应。销售还干销售,研发还干研发,除了换个公司品牌没什么区别。这样风险最小,但是对个人能力的全面提升几乎没有帮助。

第二种,跳槽以后去同行业的不同岗位,有帮助的成分大概在50%。

不同职位常常有相通性,从研发跳到技术支持,从文案跳到市场是可以的,但从程序员跳到财务可能性就非常小了。这种时候,另外50%是思维框架和专业技能需要从头学起,风险较大,不过对个人能力的提高帮助也很大。

第三种,跳槽以后去不同行业的相同岗位,有帮助的成分大概在30%。我自己就是这样的情况,跳槽以后,行业、专业知识需要重头学起,人脉完全谈不上,只有自己的思维框架和少量技能可以沿用。风险极大,非常痛苦,但是个人成长也极快,对行业的依赖也变小了。

第四种,跳槽以后,去不同行业的不同岗位,这种操作是个例。

你可能会问,上面这些分析,跟"全局观"有什么关系呢?

当然有了。

我们重点对比下第一种和第二种。

第一种,同行业同岗位。

这是职场里最常见的情况,最后的结局就是那些新闻标题提到的,"35岁华为员工的中年焦虑""中兴工程师含恨跳楼"……因为大多数人都变成了"螺丝钉"。

第二种，同行业不同岗位，当然，你也可以理解成同一公司的不同岗位。

陆续经历公司不同部门的岗位是很多大企业锻炼接班人的传统路径。比如 IBM（国际商业机器公司）内部一直就采用著名的"职位轮岗"来培养和检验接班人；李嘉诚的长子李泽钜也在回国后加入父亲旗下的长实、和黄公司，轮岗过各类重要职务。

在不同部门经受历练后，你对行业、对公司会有更加宏观的认识，你能暂时抽离自己的身份，站在"上帝"视角来看待问题。

这就是我想说的"广度层面"的全局观。

这种全局观的培养，对于理解行业变迁、公司发展方向和节奏、团队之间冲突、管理方式调整，特别有必要。

再简单举个例子。

为什么说大公司的 CEO 通常是销售出身，或者财务出身呢？

销售不多讲了，因为一个公司的存在价值就是将自己的产品和服务销售出去，CEO 理应是公司最大的"推销员"。而公司经营状况的好坏最终都将体现在财务报表的一个个数字里，长期研究下来，对公司的整体理解必然更加透彻和全面。这种财务视角的全局观也是任何一个 CEO 必须拥有的基本功。

如何建立深度、广度层面的全局观

可见，要摆脱在大公司里打工逐渐成为"螺丝钉"的命运，最重要的是你要拥有深度、广度两个层面的全局观。

可惜大多数人是既没有深度，也没有广度的。

原因是他们的工作动机属于压力导向。就是公司要求你做什么你才做什么。公司要求你写好代码，你就一心一意写代码。公司要求你卖好产品，你就心无旁骛地搞客户关系。

这没有错，而且非常重要，但是还不够。因为大公司管理的方式就是让所有人都仅仅专注、熟练自己的本职工作，最后成为离不开公司的"螺丝钉"，所以你必须在本职工作以外多做一点别的。

当然，你不需要、也不一定有机会在职业生涯初期就独立承担有一定高度的任务，或者被公司当作接班人那样培养，但是做到下面这些总不困难。

一方面，在深度层面，多思考一下你的主管思考的问题。你不需要替大老板思考，因为你没有足够全面的信息输入，也没有足够强大的思维框架。比如我收到那封邮件，领导是让一个普通销售像销售总监一样思考，而不是让我考虑地区部总裁的事，更不是让我替任老板操心。但是你直接主管的事多半你是了解的，如果你代替他的位置，你会了解哪些信息？给到怎样的评估？做出哪些决策？下达什么命令？经常这样思考，多和别人交流，也会让你的深度全局观飞速成长，这对你的本职工作也会有极大的帮助。

另一方面，在广度层面你能做得更多：梳理价值观在公司内部从进入到输出的流动、了解自己工作相关的上下游细节、参与到公司关键事件中去、主动跨部门"交朋友"……

举几个反例，下面这些话，你是不是也很熟悉？

"不好意思领导，我只负责产品推广，至于维修保养这块儿，要不明天我请我们公司相关的人来一趟？"

"这个活动是公关部策划的，我是临时来支持的，所以具体的安排也不清楚呢。"

"好了快下班吧，你一个做设计的帮她们整理什么文案啊，人家也不给你发工资。"

现在你明白，为什么有那么多的螺丝钉了吧。

让你成为螺丝钉的，哪里是什么大公司，分明是你自己。要知道，华为系、腾讯系、阿里系……从大公司里出来创业成功的、在新赛道打工同样有建树的，名字可以列上一长串。

人无远虑，必有近忧，这话反过来也常常正确：你一天到晚都在为手里的事儿忙得焦头烂额，有近忧，往往就无暇远虑。

但如果总没有远虑，你就会永远陷在一个接一个的近忧里，逐渐成为一颗如假包换的螺丝钉。

如何避免被裁员

"网易暴力裁员"刷屏朋友圈没过两天,"华为离职员工被羁押"又被推上热搜,各种信息不断发酵。

这两件事情我不想评价,但不得不说,裁员本身不是最可怕的,裁员带来的公司和员工关系的变化才是最可怕的。一旦公司把你放进了裁员名单,你就从可以放心的"自己人"变成了需要防备的"外人",甚至"敌人"。公司平时隐藏的恶意会毫无顾忌地施加给你,你这个时候的处境才最危险。

所以,以下我要讲的与裁员有关。更准确地说,与被裁有关。

我想让你知道,当下面这5个征兆出现时,大概率说明公司准备裁掉你了。如果你能提前知道,就能着手做好防备和准备。

老板突然变得温柔

之前有个小朋友跟我讲,一直拉着一张脸说话的顶头上司,这些天忽然对他和蔼可亲了。他很高兴，跑过来跟我分享。

我说朋友，你可长点心吧，这个世界没有无缘无故的爱。人家为什么要突然对你好，你想过吗？也许是你被董事长女儿看上，马上要做乘龙快婿了；也许是你跟某政府官员吃饭，主管知道了你们的亲戚关系；再或者他人到中年才发现对异性不感兴趣，挑中了你这块小鲜肉？以上情况，可能性趋近于零。

也许答案只有这个：你已经上了裁员名单。

作为一个管理者，一个人精，你的主管为什么要跟一个即将离开的人过不去呢？万一你一个想不通把气撒在他身上，他岂不是帮公司背锅了？面对将离开之人，脸带笑容，心怀怜悯，是一个管理者的自我修养。

至于混在职场的我们，要知道什么都不是白来的，包括顶头上司反常的温柔可亲，咱们且行且珍惜。

你突然变得很清闲

"老大，这个项目我得飞一趟上海，出差申请您批一下呗？"

"小张啊，这个项目客户那边跟我们打了招呼，有点变化，你暂时不用去了。"

怎么样，这样的对话熟不熟悉？

不要因为可以少跑一趟而窃喜，因为你可能已经在裁员名单上了。公司的业务永远不会因为缺了谁停摆，但因为一个人的离开导致业务进度受损是管理者最头疼的事。最好的方式是什么？让要走的人慢慢空闲下来，什么时候该动手了，一刀下去，补偿金算是流点血，但业务上一点阵痛都没有，利索又干净。

所以，越忙你其实越安全，越清闲你就越要小心。

别以为领导不知道你很闲，让你拿着钱不干活。你以为公司很傻，其实是你很天真。

莫名其妙的考评垫底

职场上有一个普遍的误区，很多人以为奖金、考评是看之前你做过什么，"论功行赏"。

干得好自然奖金高考评高吗？不是这样的。

所谓"论功行赏"，其实是依据你之前的表现来预估你之后的表现还能给公司创造多大价值，再决定发多少钱。未来的效率永远比过去的公平重要。

看明白了吗？这就是管理者之间心照不宣的秘密。

我们来看一下具体场景：这一年，你在团队中尽心尽力，帮助团队取得了极大成绩。结果回头一看，年终考评垫底，奖金忽略不计。

为什么会这样？

也许是你已经要调到别的部门了，也许是你无意中透露过年后要请假生孩子，也许你哪次说话得罪了小心眼的他，也许他就是单纯看你不顺眼准备把你换掉，或者是你生病了，他们准备裁掉你。总之一句话：他们不再用得上你了。这个时候，如果必须有人承担低考评，不找你找谁呢？

未经同意就调换岗位

职场中裁员，其实很普遍也很正常，铁打的营盘流水的兵嘛，但我有个老同学常说一句话："不怕没好事，就怕没好人。"

裁员不是好事，但并不可怕，可怕的是干这个的不是好人。

有些人既想裁员还想省掉赔偿金，他们会把裁员这种事干得很下作，调换岗位就是一种常见的手段。换了新岗位，你是新手，考评自然不容易达标，这样他们就有理由裁掉你还不用给赔偿金了。让研发去做销售，让销售去写文案，让写文案的来做内勤……当他们跟你说要培养你，所以才调换你去轮岗时，你心里一定要打起十二分警惕。

怎么办？

争取多一点的免考核时间，至少三个月，最好半年。时间越长你越容易上手，公司的裁员成本也越高，或者你干脆提要求，当你无法满足新岗位考核时有权回到原来岗位。

如果这些要求被拒绝，一方面，你就要开始准备搜集证据，当因考核不达标裁员那一刻来临时，你才能勇敢摊牌，争取劳动仲裁部门支持，拿到属于你的赔偿金；另一方面，你要开始找下家，这样你才有足够底气，头也不回地离开这个薄情寡义的地方。

事出反常必有妖

上面这几点，是公司专门针对裁掉你时可能出现的征兆。

还有的时候，是整个项目组、整个部门、甚至整条产品线直接被干掉。员工们一个个被叫进洽谈室，出来时低着头、含着泪，带着私人物品离开。这种场景出现之前又有哪些征兆呢？

比如：老板很久没来上班，而且茶水间开始有人悄悄讨论了；公司高层连续几天封闭开会，连日常业务也无暇顾及了；老板在各种场合给大家打鸡血，高管们表面附和，私底下却保持沉默；财务开始找碴儿，抠报销发票的各种细节；销售导向更加明确，甚至提出"全员销售"；许多福利被砍掉，甚至就像人家说的，"办公室的抽纸都不再供应了"……总之一句话：事出反常必有妖。

人总是渴望安安稳稳的，总是愿意选择相信噩运都是别人的，轮不到自己。但是，你是不是也该把头从繁忙事务中抬起来，多看看周围，多听听周围人的说法呢？不会有公司提前公开宣布：大家注意了，三个月之后我们要裁员了，都早作打算吧！

以前不会，以后也不会，永远都不会。

但大厦将倾，巨轮沉没，是一定会有征兆的。保持对外界敏感，随时做好预案，才是一个合格职场人该有的样子。

我不妨再问一个问题：公司里，谁会比你更早知道裁员消息？

答案你应该能猜到：HR（人事、人力资源）部门。

任何一个岗位都会有和 HR 打交道的机会，那是 HR 的职责，也是他们忠于公司的本分。但和 HR 保持良好关系，甚至超越正常同事关系，在裁员官方消息到来前提前知晓，是你忠于自己的本分。

好了，该说的我说了，不该说的我也说了。其他就看你自己了，加油。

如何决定换行业

老家有个侄子给我打电话，聊关于工作跳槽的事，聊了一个多小时。

我平时在关注新闻、关注新兴产业上花的时间可不少，我自以为很懂现在的年轻人。打完电话发现，我还是太幼稚了。这个侄子跟我之间隔的不是代沟，简直就是银河，我有点后悔每次回老家我都太低调了，显得自己不够厉害，现在说的话人家根本不听。

在电话里，我主要跟他讲了两件事：一个人为什么要换行业？多久是换行业的最佳时间？

为什么要换行业

首先第一个问题，为什么要换行业。

这个问题对一些人来说不是问题，特别是对那种3年换10份工作的人来说，他们的问题反而是换太勤了。然而对我们大部分人来说，潜意识里对"换行业"充满恐惧。可能一开始想换又不敢换，还不知道该怎么换，慢慢地，就连想法都没有了。

之前做投资，我去过不同行业的很多公司做调研。和我一起去的都是一帮搞财务搞金融的，那帮人只对数字感兴趣。

说句题外话，对数字敏感当然是好事，但是走极端了容易变成"匠人"，缺少对公司全貌的理解。

我倒是喜欢跟对方各种人聊天，而且我有工科背景，技术问题总能问到点子上，对方技术人员很愿意跟我聊。我发现某些技术人员其实非常厉害，比我想象的还厉害。不是说他对技术有多懂，而是他对技术背后的原理，对技术和技术之间的关系，还有对技术发展的敏锐度，理解得非常深刻。这种深刻，你甚至可以叫作"直觉"。

我还在华为时，听过"太子"李一男的故事。有一次中国区精心准备了一个方案去跟中国移动的大佬汇报，需要副总裁李一男亲自来讲，恰好李一男飞机晚点，只来得及在会议开始前几分钟内把材料浏览一遍，问几个问题。

下属们本来还有点担心，但是会议一开始，所有人都傻了：李一男把PPT讲得像是他自己写的一样。他不光讲PPT上的内容，还发散开来讲相关的，讲得大佬频频点头。

很可惜，李一男后来创业很不顺，但是业界没有人否认，这人绝对是个技术天才。

我想说的是，我偶尔也能碰到一些厉害的技术人员。他们即使不像李一男那么天才，在自己的行业里绝对也是非常厉害的。

他们不光厉害，而且极度努力，属于天天泡实验室抽空去结个婚的那种人，但是一打听他们的薪酬，低得我都于心不忍。

没办法，行业就是这样，薪酬普遍低，去打听他们的竞争对手也差不多。

我拿技术人员举例子，是因为技术比较好理解，但实际上不光是技术岗位，任何一个岗位的薪酬都受限于所在行业。你可以想象一下，不同行业同样努力的两个人，拿到手的钱可能相差一两倍，甚至三五倍，极端情况甚至差十倍，令人唏嘘。

这是普遍现象，只不过大家通常只能接触到自己行业的人，对别的行业不了解，所以没感觉罢了。

前两年有个新闻，抖音的母公司字节跳动的资深程序员郭宇通过期权实现身价过亿，28岁就退休了。你敢说传统行业里，和他一样聪明一样努力的技术人才就没有？

不可能嘛。他是优秀，但是他所在的行业、所在的公司更优秀。

现在来回答这个问题，为什么要换行业？

一个人误打误撞进入一个行业，你对行业之外的认识是匮乏的，甚至是空白的。不管因为什么，你没有干过几个行业就坚持留在一个行业，那你的收入真正配得上你的才干、你的努力的概率其实很低。

什么时候换行业比较好

那问题紧接着就来了，什么时候换行业最好？

这个问题当然因人而异。拿毕业生举例，毕业生毕业之前的经历相对单纯，我觉得大约毕业3年就可以考虑换行了。因为待得太久了你就出不来了。

毕业后3年，基本工作你已经很熟练。虽然绝大多数人3年内是做不到高层的，但这个行业的门道都该清楚了。最重要的是，你应该知道了以下几个问题的答案。

这个行业是个大行业还是小行业？

行业里最大公司的销售额你该知道了，即使不知道，金额量级你总该知道。行业大小决定公司规模，用财经作家吴晓波的话说就是："水要大，鱼才大。"公司规模不够，你在职业能力和职业通道的提升方面，收获就有限。

这个行业处于什么阶段？新兴阶段？成熟阶段？还是夕阳阶段？

这个不用多讲，越新的东西做的人越少，机会越多，空间越大，当然，风险也越大。

最重要的是，这个行业的利益分配有什么特点？

有些行业遵循"强者恒强"的原理，像演艺圈就很明显。一线二线演员就那么几个，颁个奖一屋子人全来齐了，所有资源都向他们倾斜，拍个电影动辄几百万上千万的薪酬，但更多的十八线演员、群众演员，连汤都喝不到。王宝强这种人算是被历史选中，所谓的拼命只是入门条件。

另一种就相对公平，大家都有钱赚，差距不会那么大。像我之前所在的华为就是，应届毕业生和高级副总裁薪酬最多相差百倍，但别忘了中间还有10多级。这种现象一般存在于在智力密集型行业。大家不要误会，我不是说拍戏可以不动脑子。

当你知道了上面几个问题的答案，差不多到第三年，你就该做出选择了。要么想明白，好好继续干下去，要么赶紧换行业。3年是个槛，毕业3年都不换行业的，后面换行业就越来越难，越来越不划算。

一般人觉得不划算是考虑到了沉没成本："我已经付出那么多了，为什么要换呢？"所以即使大部分人换工作，一般都还是留在原来的行业。一来是沉没成本太高，二来在老行业有技能、人脉、行业背景知识的积累，跳槽适应起来难度没那么大，这是人之常情。

但我说的不划算，是指当你未来有一天发现一个之前跟你差不多的同事，因为跳到别的行业拿了你的三倍薪水时，你可能会怪自己：我明明也可以的啊！

那个时候你再跳过去做他的下属，或者下属的下属，划算吗？

换行前，要培养起可迁移的底层能力

有人要问了，既然换行业不能太迟，那为什么不干个一两年就换？早换岂不是更好？

首先你得明确一点，行业非常重要，但再好的行业你也得够厉害才行。如果你换行太频繁，意味着你在新行业永远处于职场最底层，你根本没有机会去挑战高难度任务，打磨自己可以在不同行业迁移的能力。

无论在哪个行业，职场对一个人能力的要求其实是相似的，有几项能力可以说是底层能力，是可以迁移的。

比如当众发言、甚至当众演讲的能力。你可以理解成前者坐着说，后者站着说，站着说要比坐着说难得多，虽然有人坐着都说不清楚。

比如协调资源的能力，包括但不限于搞定客户、和同事处好关系、跨部门解决问题和说服上司投入资源精力。

再比如，建立起思考问题的框架，甚至不止一个框架。这一点说起来很虚，其实非常重要。人家说"花半秒钟就看透事物本质的人和花一辈子都看不清事物本质的人，注定会有截然不同的命运。"为什么有人可以花半秒钟就看透事物本质？因为他建立起了思考问题的思维框架。

查理·芒格说："手里拿着锤子的人，看什么都像钉子。"这句话是在嘲笑那种只有一种思维框架的人。但我觉得有一种思维框架也比没有思维框架要强，更别说当你有了不止一种思维框架时，你手里就不是锤子，而是一个工具箱了。

还有很多底层能力，就不一一列举了。

所以说，别以为我说"毕业3年换行业时机最好"，你就天天什么也不干，就等着3年一到好换行。这3年里，你要着力打造自己的竞争力，才能为有可能到来的换行做好准备。

要不然等3年一到，你就算发现老行业不怎么样，你又拿什么来换呢？

很多人都是这样，不换行业不是不想，而是不敢罢了。换行业是主动追求自己的价值最大化，而不是对老行业的逃避。

刚才说了，3年只是一个大约数，已经在职场打拼多年的老人其实也可以思考：我刚才提到的对行业的了解，你了解没有？底层能力你掌握没有？

搞清楚这些，自然就知道到没到换行的时候了。

成为一个什么样的人，主动权在你手里

最后，澄清三点。

一、我只考虑了"钱"的因素。

换行业找工作跟谈婚论嫁一样，你不能只看钱，还得谈感情。谈感情放到行业选择上，就是所谓的兴趣。不过我发现一般钱给够了，很少有人会没有兴趣，除非真是挣够钱了，28岁就能退休。所以结论就是，如果你不知道自己对什么感兴趣，那就看钱好了。如果你明白自己感兴趣的事情，就去做自己感兴趣的事情。

二、不要迷信行业。

这句话有点拗口，什么意思呢？就是有很多烂人机缘巧合地进入好行业，拿到了高薪酬。

我说的烂不是人品，而是能力。他挣的钱是比你多，但你不必因此而自卑。如果他不踏踏实实干活，一天天就想着混日子，高薪酬大概率不能持久。而我们踏实干活的人也别太封闭，在人生选择上要有战略思维。

如何把一份工作干好？这是一个战术问题；这份工作值不值得我干？这个行业值不值得我待？这就是战略问题。

三、不要被行业塑造了。

我接触过不少行业，有些行业的人普遍鸡贼，有些行业的人普遍厚道实在。这很正常，有一句西方谚语："You are what you do."（你干

什么，就会成为什么样的人）你在哪个行业，就容易沾染哪个行业的习气。

虽然造化弄人，我们在命运面前常常有无力感，但是，成为一个什么样的人，主动权一定要握在自己手里。你看巴菲特和那些玩期货玩到跳楼的大作手，同样是社会精英，在同一个大行业里发展，但塑造了不同的人生。

都说厉害的人到哪里都厉害，我更希望你们，正直的人到哪里都正直，有趣的人到哪里都有趣。

CHAPTER 4

第四章

普通打工人，
上升路径怎么走

年薪百万，绝不是年薪 20 万的工作干五份

年薪百万难不难？

难，非常难，作为一个传统行业的资深打工人，我认识的年薪超过百万的打工人朋友，有，但确实不多。

很多人问我，职场人怎样才能拥有年薪百万？

我说，首先你得搞清楚一件事儿，所谓年薪百万，不是你现在干的活儿值 50 万，然后再多干 50 万的活儿，或者你干了 5 个人的、每个人 20 万的活儿，真这样你早累死了。

年薪百万的人，工作量也就值 10 万。但是在这 10 万基础上，他们用了杠杆，用 10 万直接乘以 10，变成价值 100 万的活儿。这才是年薪百万的真相。

当然了，所谓年薪百万，只是我举的例子，其实任何拿高薪的职场人都用到了杠杆，不是说只有百万年薪的人是这样做的。看完这篇文章，我保证不了你年薪百万，但至少你可以知道跟别人比你差在哪里。了解到差距，努力才会有方向。

第一个杠杆：突破职位限制

这里要讲的关键词，是"职位"。

现代企业分工已经非常细密了，写代码的、做账的、卖东西的、写文案的、接电话的……这些都是职位。

为什么单一职位想拿高薪不容易？

因为你突破不了职位的限制。

越是分工明确的公司，特别是大公司，越喜欢强调"专业性"，就是要让一个人把手里这摊活儿做细、做精。

我不反对专业，但是无论多细多精，你毕竟只有一个。

那么，什么叫"突破职位限制"呢？

我前面讲过当年我在国内华为想去海外岗位但是托业英语成绩差，直接找到签证科妹子把签证搞定的事。以我的职位本来没有权限这么做的，这算一个小小的突破。

后来我在海外某国，有一次项目签下来了，居然搞错了发货。身为项目负责人的我，只好跟技术服务、工程、研发、采购和生产的人开会，天天开，天天吵，吵了整整两周，终于搞定了，大家都很开心。

过了没多久，我回国培训，就拉上一同回去的供应链领导，请国内当时负责这个事儿的生产部门一个小领导在旁边万科城吃了顿饭。这顿饭吃完，我算是完全搞明白发货的事了。

而且，该国有一些特殊的清关政策，包括里面的一些潜规则，之前我只是了解，现在也算是彻底弄明白了。后来只要发货有问题，哪怕跟我无关，大家都会找我出主意。

这个事儿,就是典型的"突破职位限制"。

很多人都说,在公司打工就是做一颗"螺丝钉"。

拜托,不要因为别人说你是螺丝钉,你就真把自己当螺丝钉了。

你的职位确实是螺丝钉,但是只要你愿意,可以把齿轮、钻头的活儿都装进脑子里,没人能拦得住你。一个流程有5个步骤,如果你负责某个步骤,还能同时指挥其他4个人,那很好,说明你可以做一个5人团队的领导了。公司不需要再派一个人来管你们5个人了,就算派,也未必有你管得好。

你对其他职位的理解,对整个流程的把控,就是杠杆。

你拿到的钱,一定会比单一职位更多。

第二个杠杆:多重技能傍身

关于职场技能这个事儿,我先做个自我批评。

我是销售出身,一直以来都觉得销售最厉害,其他职位的技能都不过如此。后来换行去做投资,被社会毒打了,我才开始恶补财务、金融的知识技能,虽然比不上人家科班出身的,但至少够用了。

财务为什么重要?

洛克菲勒第一份工作是记账员;

皮尔·卡丹第一份工作就是会计;

耐克创始人菲尔·奈特曾经是会计学教授;

全球100强企业中,55%的CEO都有财务背景,其中23%还持有会计证。

我有个体会，当一个市场刚开始还比较混乱，群雄并起的时候，销售技能特别重要。但是等市场逐渐稳定下来，各自占好山头，从遭遇战转成阵地战时，那财务的重要性就开始凸显了，比如像阿里巴巴创始人马云做过销售，现在的阿里 CEO 张勇就是财务出身。

除了销售和财务，职场中还有许多技能要掌握。有些跟行业相关，比如制造业中质量管理的技能就很重要，有些认证是必须要考的；外贸行业英语是硬技能，你会多国语言最好；像通信、芯片，高端制造这些技术含量高的行业，你最好有一定的理工科背景，任正非之前明确说，他女儿孟晚舟不可能做华为 CEO，就是因为孟晚舟没有技术背景，这回孟晚舟在加拿大待了 3 年，历经劫难回来，也不知道任老板改主意没有。

还有一些技能跟行业无关，比如刚才提到的销售、财务，是任何行业都需要的通用技能。

还有个通用技能用得比较多，就是演讲。

最近听说我的一个高管朋友，要求他 15 岁的儿子在家人面前演讲，站在客厅中间讲，任意话题都可以，当众讲满 10 分钟，每月一次。

我有点吃惊，想了想也不意外。网上有个话题：为什么来自不同家庭的孩子，气质不一样呢？和人相处，一个木讷胆小，一个从容大方；一个有事憋在心里不敢找人商量，一个满脸写着"你们都得听我的"。这气质能一样吗？

当然，演讲这种 15 岁孩子能做的事，许多职场人未必都能做得多好。其他的，像换位思考、写作、信息搜集，甚至抗挫折能力这些，就不多说了，说过很多次了。

那么，多重技能傍身为什么是第二个杠杆？

因为公司的任务都是以目标为导向的，越复杂、越困难的任务需要具备的技能就越多。

我们说"不可替代性"，往往不是具备某种单一技能的人才不可替代，而是同时具备多种技能，能解决复杂问题的人才太少了。

你的本职技能值年薪 10 万。其他技能可以帮你的年薪乘以 2、乘以 3，甚至更多。

第三个杠杆：理解行业

虽然被毒打过，我还是特别感谢曾经有过的投资经历。这段经历让我学会了从整个经济循环的角度去看一个行业，再从整个行业的角度去看一家公司。

你的行业，在经济循环中处在什么地位？

有些行业"创造"价值，比如说农业这一行会生产白色的大米、工业这一行会生产黑色的钢铁，我们看得到、用得着；有些行业也创造价值，但你不一定能看得到，像常说的服务业，街上捏脚搓背的、美甲整容之类的。还有一些行业本身不创造价值，但是它们"链接"价值，最典型的就是金融业和互联网行业。

上面这个分类非常笼统，我建议大家没事儿的时候可以去国家统计局的官网上看看。

人家说"读史可以明智"。历史在哪儿？

官网这些公开信息，就全是历史数据。

你把某类数据制作几张表，看一看，对某些城市、某些行业，国家做出了什么判断？国家最关心什么？你所在的省份和城市，政府是怎么想的？这些都一目了然。

顺带说一句，刚才说职场的通用技能，"数据分析"也得算一个。

之前有人说，要把一份工作吃透，没3年根本不可能。

我说："对，有些工作技术含量很高，很讲究一万小时定律，但是对自身行业的理解用不了那么长时间。"

投资领域有个说法，叫作"一周弄懂一个行业"。你作为该行业的从业人员，条件比外人便利得多，同行的沟通，行业论坛，技术峰会，咨询报告……你差的不是条件，而是有没有这个想法。

那你问："我理解行业是为了什么？理解行业真有这么重要吗？"

我想说：是的，无比重要。

理解行业，只为了把两件事做好：寻找机会和预知风险。

你看那些总经理、副总经理和总监，每天不过就是开开会，出差见见客户，做做汇报，这有什么难的？他们干的事本身不难，坐飞机住酒店嘛，讲几句话嘛，确实不难。要不怎么说，他们工作量也就值10万呢？最难的东西，是他们的脑子里那些经过多年沉淀，长久思考，反复试探的那些东西：机会在哪儿？风险在哪儿？如何决策？

做决策才是最难的事，比你做了几个文案，装了几个标书，签了几个订单要难得多。因为具体执行只影响赶路的快慢；但是决策决定公司赶路的方向是不是正确的，是路越走越宽，还是一条窄路走到黑。

如果你一个决定就能帮公司多挣三五千万，那你的年薪百万在老板们眼里不过是毛毛雨。

职场里你什么都想要，往往什么都得不到

这一篇我们来聊一个非常有意思的话题：工作中的"不可能三角"。搞清楚这个，对你找工作、做职业规划特别有帮助。

大家对"不可能三角"可能比较陌生，这个定义来自经济学。即一个国家不可能同时实现这三个目标：资本流动自由、货币政策独立和汇率稳定。

很拗口对不对？你只需要知道：某些事情有三个重点，你最多只能抓住两个，不可能同时三个都抓住。这就叫"不可能三角"。

工作的"不可能三角"，指的是收入、成长性和稳定。

三个角你不可能同时拥有。什么都想要，搞不好最后什么都得不到。

这里我要特别强调一下，我们说的工作"不可能三角"是这份工作本身具备的特点。比如说你想找份"钱多事少离家近"的工作，这里"离家近"就不是工作本身的特点。"钱多事少"的工作是有的，如果碰巧你住在附近，那就满足了"钱多事少离家近"。

那么，为什么说收入、成长性和稳定，是一份工作的"不可能三角"？

收入高的第一种情况：行业高速发展

一份工作如果收入高，一般有两种情况。

第一种，是你处在一个高速发展的行业。行业高速发展，人才缺口大，收入自然高。典型就是互联网行业，阿里巴巴、腾讯的码农们收入都不是一般的高。我认识一个在腾讯做人工智能的人，前几年他说要搬家，从上海搬到深圳，想买一个大一点的房子，150多平方米吧。

我们都想，置换房子不是件小事，就问他："那你上海的房子准备什么时候卖？"

人家回答："我没说要卖呀。"

华为也属于这种情况。华为进入的任何一个领域，包括之前的电信，现在的手机、云系统、人工智能和车载操作系统，都在急速扩张。其他行业，像过去30年的房地产、过去20年的外贸，也处于急速扩张的状态。

大行业比如房地产、建材装饰，教育领域的海外留学等发展了20年、30年。小行业比如我之前调研过的，能源细分领域里的液化天然气，节能发电，大部分小型制造业，也发展了三五年、九年十年。

再夸张一点，像2019年新冠疫情突然爆发时的口罩和酒精行业，如果你在这一行，收入就一定会高，工作的成长性也会非常强，因为抢地盘的时候最磨炼人，但是非常不稳定。竞争激烈，压力超大，成长性强，所以公司发展极其不稳定，赢的时候一飞冲天，输的时候就要卸甲归田。

大家不要以为进了大公司就意味着稳定。大公司工作时间996、007，员工都是拿命在换钱，至少是拿头发来换，不愿意换你就滚蛋。在这个"不可能三角"里，如果你拥有了收入和成长性，就不得不放弃稳定。

收入高的第二种情况：垄断

垄断分两种，其中一种是经营权垄断。经营权垄断的意思是不会有人和你抢生意，那你的效益自然好，员工收入自然高。

当然，普通员工收入也一般，通常职位到了一定位置，收入才会有大幅提升。比如国企，像三桶油（中国石油天然气集团公司、中国石油化工集团公司、中国海洋石油集团有限公司）、两大电网（国家电网和南方电网）、三大运营商（中国移动、中国联通、中国电信）；或者地区的特许经营公司，比如地方天然气公司、烟草公司之类，都是这样的。而且，垄断企业通常有"工资总额"的说法，哪怕你干得再好，收入也有上限。当然了，某些行业因为利润丰厚，那个上限的收入也不得了。

第二种垄断是技术垄断。典型的是外企，特别是一些高科技企业。前段时间甲骨文裁员掀起了轩然大波，这家美国公司在过去20多年里靠着先进的技术几乎垄断了中国企业数据库的所有生意。在阿里巴巴和华为的云计算崛起之前,甲骨文就有点国企的意思,员工收入高、福利好,日子好过得很,甲骨文号称"中关村最大的养老院"。当然了,甲骨文的门槛也不是一般高,名校毕业只是起步。

不管是哪种垄断,收入高又稳定,但是成长性怎么样呢?

不能说没有,只是相比真正残酷的市场竞争,成长性偏弱。

所以,国企下岗和外企裁员都是非常残酷的事,因为员工成长比较慢,来到社会心里都是虚的。

你看,这就是"不可能三角"的又一个版本:你要高收入和稳定,那就会失去成长性。

收入低,但稳定、成长性尚可的工作

什么工作稳定,成长性还可以但收入低呢?这种工作一般在体制内。

比如一些对"技术""经验"要求非常高的工作,这种工作没有什么爆发不爆发的,千百年来都有,公立学校的老师和公立医院的医生都属于这类。

因为在体制内有编制,所以稳定,但相比付出,收入真的不算高,可事情一点都不少,只要你愿意学,成长性是很强的。还有一部分人在类似军工行业的大型研究所和科研院所工作,这类工作技术迭代非常快,成长性很强,但受制于体制非常稳定,他们收入也上不去。

我们可以把这两类工种统称为技术工种。

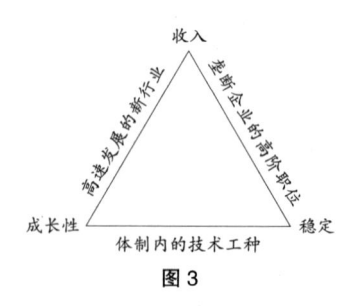

```
            收入
     ╱       │       ╲
   高速发展的新行业  垄断企业的高阶职位
   ╱                       ╲
 成长性 ──── 体制内的技术工种 ──── 稳定
```

图 3

总结一下，上面这张图，就是一份工作的"不可能三角"。

收入、成长性和稳定，你最多只能占两个。

有人可能会说："我现在的工作是一个都占不到啊！"

没错，我说的是"最多"占两个角。有些工作只能占一个角，比如某些行业的小公司，成长性还可以，但是收入、稳定都谈不上。而一个角都占不到的工作实际上也不少。

介绍完工作的"不可能三角"，那么问题来了，收入、成长性和稳定，我们究竟该要哪几个，放弃哪几个呢？

你说，那还用说吗，当然是要收入了。

如果真那么简单，我也不用写这篇文章了。

关于三个角如何取舍这个话题，我们留到下一篇文章来写吧。

在下一篇你会看到，一个没学历、混底层的小白在一个新兴行业里如何翻身暴富；还有，一个体制内有稳定工作的公职人员如何跳出体制，变现他的经验。

太阳底下无新鲜事，如果他们可以，那么你也可以，而且他们只是因为机缘巧合改变了命运，你现在已经知道了里面的底层逻辑，就该更能把握自己的人生才对。

成长性是职场人一辈子的事儿

这一篇我们来谈谈"不可能三角"之间如何转化，或者说如何取舍。特别是当你从职场的年轻人慢慢变成成熟的职场中年人时，如何顺应这个"不可能三角"做出改变会更加合理。

先讲两个真事儿吧。

帅小伙赶上行业爆发期，老教师靠专业变现

第一个故事的主角是我同学的表弟，学历很低，在饭馆里帮过厨、当过楼盘保安、还卖过保险，都没干太久。年近30，几年前被家里逼回了老家，在一个事业单位混死工资。后来有一天聚会，我听说这孩子最近发达了，在二线城市都买了两套房子。

我很惊讶，连忙问是怎么回事。

同学说，他在事业单位待不惯，没多久跟家里吵了一架又出去了，在一家医美公司做销售，干了3年，钱挣得哗哗的。

我平时比较关注资本市场，知道最近几年医美大火，像丸美、朗姿、新氧这些医美公司一个接一个地上市，但是干医美销售，赚钱也这么快吗？

同学说，医美销售竞争非常激烈，零底薪，完全没保障，但是架不住提成高呀，普通项目比如割双眼皮、垫鼻子，提成比例能达到30%，像隆胸这种大项目提成在50%以上。隆胸一次花几万块太正常了，所以医美销售的收入100%看业绩。

我现在还记得同学这个表弟的样子，有点少数民族血统，脸上刀削斧凿，挺帅的。

这个帅小伙，就是我们常说的赶上了行业爆发期。

多说一句，我不是推荐大家花钱去做医美或者整形。毕竟在我看来，最性感的还是人的头脑，可是架不住许多人不这么想，真是该人家挣这个钱。

第二个故事的主角是我认识的一位小学老师。他在公立小学教了二十多年语文，一年多以前被一家私立学校挖走了，薪水直接乘以三，年底奖金丰厚，还送了他当地一套房子。说实话，这种事在如今这个年代，其实一点不新鲜了，多的我也就不说了。

稳定也有稳定的好处

好了，我们用"不可能三角"来评价一下这两人的工作变化吧。

帅小伙是从低收入、成长性差但是非常稳定的事业单位，换到了高收入、成长性强但一点都不稳定的医美销售。而这位小学老师，从收入一般、成长性还可以也非常稳定的公立学校，换到了收入高得多、成长性更强但是稳定性差的新工作。

看出来了吧，除非你在垄断企业，否则，想要"收入"大幅度提升就必须要放弃"稳定"。而且，高收入工作对你的"成长性"要求会高很多。

我特意问了一下，小学老师被挖过去后，不光自己有教学任务，还得和另外的老教师一起天天加班熬夜，输出各类教学模板。这些模板就成了学校培养年轻教师的教材。

她跟我讲，公立学校虽然辛苦，但不至于像现在这么累，特别是刚去私立学习那段时间，她吃住都在学校，家都没法回。

你也看出来了，放弃"稳定"追求"收入"，其实是工作变动的方向之一。

关于"稳定"我想多说两点。

首先，放弃"稳定"是得到高收入的必要条件，不是充分条件。不是说你放弃稳定就一定可以增加收入，但是你不放弃稳定，连机会都没有。

其次，"稳定"这个词，仅仅意味着不会失业、退休金有国家保底吗？不是的。在一些传统行业比如教育、医疗行业，一家公立机构的"稳定"常常意味着：你可以利用平台资源快速完成自身成长；可以利用平台在行业的地位最大范围扩大你的影响力。

比如，因为这次新冠疫情而为大家熟知的医生张文宏，就是复旦大学附属华山医院的感染科主任。张医生是对事业有追求的人，但大概率来看，他不会离开华山医院。我们假设，如果有私立医院或者私立医疗机构想挖走他,会出多少钱呢?这个数字一定会很惊人。

我还认识一个在国内某著名医院营养科的年轻医生,他的副业是在"在行"APP上给人提供付费的专业保健咨询服务,此外,他还写文章发表到了专业刊物上。后来,他副业收入屡创新高,现在已经出来创业了,干得风生水起的。

所以说,当你有一份"稳定"工作的时候,与其天天抱怨收入低,还不如花点时间研究一下如何利用平台成就自己的能力和影响力。

成长的两种情况

讲完以上几个例子,我更想说的不是高收入,不是稳定性,而是成长性。因为,大家都在意的高收入不过是成长的结果。一个人之所以会成长,通常来看分成两种情况。

第一种情况比较普遍,外部环境让人成长。像做医美销售的小伙子,因为行业井喷,要考核业绩,他被迫自我成长。我接触过的几乎所有这类型行业都是这样。行业一旦过了爆发期,里面大部分人,特别是钱挣够了的老人,基本都开始吃老本了。当然,人家或许有这个资本,不过能不能在爆发期进到这种行业,说实话,就有点看运气了。

第二种成长是个人主动寻求成长。在公立学校干20年,并不是每个老师都有能力、有名望被私立学校挖走的。像这位小学老师,业务能力强,年年评先进,多次代表学校去市里、省里做业务交流,是学校的学科带头人,教出来的学生个个成器,桃李满天下。这就是同样环境里人和人之间的差别。

所以，我经常跟大家讲，无论在哪里，你都要抓紧时间成长。如果你真觉得学不到东西，就赶紧换个环境吧。

成长性是伴随职场人的永恒课题

最后，我们再聊聊职场新人、成熟中年人如何顺应"不可能三角"做出改变。

我曾经说过，30岁之前要放弃"收入"追求"成长性"。这并不是说放弃高收入，比如金融行业的毕业生月薪上万的大把，其他行业得三五年后才赶得上。但那个行业的人收入之所以高，只是因为行业本身而不是因为你个人。无论是否稳定，"成长性"才应该是你最在意的。因为随着个人成长，收入必然会攀升。

那么，当你进入成熟的中年呢？

我的建议是：保持"成长性"，放弃"高收入"，追求"稳定"。

你一定奇怪，一个职场类公众号的号主居然建议大家追求稳定？

是的，人到中年，追求稳定其实是理性选择。因为你有了家庭，需要花大量时间去经营和照顾，一份太不稳定的工作有可能会让你腹背受敌。

那你要问了，追求稳定，岂不是容易被裁员？

不会的。

其实你有没有想过，一个人为什么会被裁员？

除了那种整个部门被一刀切的裁员不提，一个人被裁的原因通常只有两个：一是你没用，二是你太贵。保持"成长性"就是为了解决

"没用"的问题；放弃"高收入"就是为了解决"太贵"的问题。

疫情期间，我看到网上有研究生隐瞒学历找本科生的工作，还有员工主动申请降薪的新闻。其实已经有人这么干了，毕竟低收入总好过没收入。

你可能会问，刚才那位跳槽去私立学校的老师，为什么要放弃"稳定"追求"收入"呢？我想说，你看到的是她翻番的收入，但你看不到她无暇照顾家庭承受的压力和痛苦。当然，这是人家的个人选择，自己掂量清楚就好。

一个人的职场生涯一般有三四十年。"收入应该一直上涨"是不少职场人一厢情愿的想法，我称之为妄念。

当初我离开华为跨行业跳槽，收入锐减，我没太在意。因为我放弃高收入的同时，也摆脱了几年海外（代表处）、几年北京（中国区）、几年深圳（总部）、几年国内某省会城市（办事处）到处跑的那种身不由己。换句话说，我得到了常驻地的"稳定"。

"不可能三角"里，"收入"和"稳定"都是可以阶段性放弃的。只有"成长性"才是伴随职场人的永恒主题。公司赚到钱，是因为帮社会解决了某个问题。解决的问题越大、越难，公司赚到的钱就越多。我们职场人也一样，只有不断成长，解决更大更难的问题，才能赚更多钱。

真正的努力是你要"千方百计"

作为一个自以为混得还不错的职场老手,上个周六,我遭受了一万点暴击。

喝茶时听朋友 A 说,他手下有个"苏明玉"(电视剧《都挺好》女主角)。这个叫小 M 的女孩不到 30 岁,专科毕业,8 年前还是个普通的前台妹子,最近刚晋升大区经理,是他们公司冉冉升起的新星。

听 A 总讲完小 M 的事,我更加坚信:普通人永远都有机会,逆袭的路都是自己走出来的。

如果你还在抱怨"我已经很努力了,但就是没法成功",看完小 M 的故事就会明白,为什么你的努力只能卖白菜价,她的努力却比黄金还贵。还有,你会明白什么才是真正的努力。

真正的努力不是把事做完,而是"千方百计"

前台妹子小 M 第一次给 A 总留下印象,是一件普通的不能再普通的小事：加急印名片。

当时的 A 总还只是个部门总监，要坐晚班飞机去外地参加展会，临行前一天才发现名片用完了。他很着急，只好守在小 M 旁边听她给文印店打电话。在 A 总印象中，一般前台都这样打电话：

"请问你们家可以加急印名片吗？最迟明天下班前就要。"

"不行，没那么快。"

于是再换下一家，直到打完所有的电话。

小 M 打电话，和其他人不一样：

"请问你们家可以加急印名片吗？我最迟明天下班前就要。"

"不行，没那么快。"

"为什么呢？那你们要多久？"

……

"明天下班前我必须要，你们怎么样才可以做到呢？价钱什么的都好谈。"

……

"我们之前没合作过，这次你们能印的话，以后大家多合作嘛。"

……

"不能这么讲啊，你跟你们老板申请一下行不行，或者我来跟他谈？"

……

小 M 打完很多很多个电话，终于，A 总在出发前拿到了新印制的名片。

A 总说，他听小 M 打电话，感觉这哪里是个前台妹子，分明就是个国王，在自己的领地发号施令。"她这么拼地帮我搞定了名片，我感觉去展会不多谈几单都不好意思回来！"

看到这里，我想问一个问题：你觉得其他前台把电话号码一个个拨完，这样打电话，算努力吗？

你可能会说，算。

那么，有用吗？

很遗憾，没什么用。

这种努力，就是"我已经很努力了"的那种努力，即大家常说的"尽力而为"。一百个电话号码，打到第六十个一个靠谱的都没有，那就给自己打鸡血吧。"再坚持一下，说不定会有奇迹出现……"这样的例子太多了，不肯动脑筋的人总把希望寄托在"再坚持一下"。

因为坚持，所以有奇迹出现？安慰自己罢了。

小M呢，当然也很努力，可是和别人比，她身上多了一股"闯劲儿"。目的必须达到，弄清困难有哪些，要解决困难，没办法就想办法，没条件就创造条件，没资源就搞资源。这种努力，叫作"千方百计"。

"尽力而为"给人的感觉是"我只能这样了"，"千方百计"则是"天上就算下刀子雨，我也要借把钢伞来撑"。

每次都"千方百计"，你的努力会被所有人看到

小M做事的"闯劲儿"让她在公司口碑越来越好，A总当然也有耳闻。她再一次带给A总惊喜是在半年后，这次她处理得更巧妙。

A总常驻区域的员工G来总部出差，阴差阳错，在小M已经帮他

预订好酒店之后，他又在同一家酒店订了房，还预付了一天房费，酒店不给取消重复订单，G没辙了。A总本来想找行政主管帮忙，转念一想，让G把小M请进了办公室。

小M仔细问G："什么时候订的？什么渠道？什么房型？价格如何？用的谁的名字？……"

然后，A总看着小M若有所思地走出办公室，心想：这回有点棘手了，小姑娘能行吗？

半小时后，小M走进A总办公室，说搞定了。

看到A总一脸惊讶，小M笑眯眯解释说，这其实很简单。

原来，她让酒店确认这两个订单都用的是G的名字，酒店只好承认订单重复了，但耍流氓，咬死了说房间是你们订的，"按规定"就是不能退。其实，酒店以为房费已预付，小M拿他们没办法。

小M给了他们两个选择："我们领导很生气，叫我马上打12315投诉，但我觉得不至于，我问了一下，公司下个月还有个同事要来出差，要不这样，G住他自己订的房间，我订的那间房呢，推迟到下个月，让来的人住行不行？房费可以先不退。不然，我就只有打12315了，你看呢？"

如果说，印名片的事还算是运气好，碰上可以接单的文印店，那么酒店订单的事这样处理，我真是头一回听说，不服不行。

A总说，他也有同感：小M的努力，不光是老老实实做事，还是开动身上每个细胞主动思考之后的努力。一般人总是"尽力而为"，看似辛苦，实则廉价，而"千方百计"实现目标才贵比黄金。这才是真正的努力。

找工作，也要"千方百计"

经常有粉丝在公众号后台留言聊自己的困惑，而找不到工作是常见的问题。

我记得一个毕业3年的粉丝，留言说自己已经很努力了，可还是找不到工作，很焦虑。

我问他："你是怎么找的？"

他说："在网上投简历，再问问同学老师，我又没别的社会资源，怎么办？我从辞职那天开始，一直在各大招聘网站投简历，面试机会很少，进入二面就更少了，找了快两个月了。"

我又问："你准备了几个版本的简历？"

他反问我："还要准备不同版本吗？"

我有点无语。

网上海投简历只是基本款好吗？

你知不知道你的同龄人为了拿到offer（录取通知），会针对每家应聘的公司做专门调查，研究公司历史、发展战略乃至创始人和高管的履历？

你知不知道，他们会提前"沉浸式"预习，解读岗位职责，寻找和自己经历的交集？

知不知道，他们针对每个公司的每个岗位，都会独家"定制"简历？

知不知道，他们为了吸引HR眼球，会绞尽脑汁想简历上的第一句话，想得都挠破了脑袋的一层皮？

更不要说，他们只要有机会坐在面试官面前，一定能把对行业、对公司和对岗位的理解，讲得对方眼睛都不眨，全程无尿点。

在这背后，你知道拼的是什么吗？

是和小 M 一样，那种"千方百计"也要拿到这个 offer 的"闯劲儿"啊！

成为拥有"千方百计"思考力的少数人

工作这么多年，我越来越发现，看一个人做事，一眼就能看出来他职业生涯的边界究竟有多远。差劲的，只能完成简单工作，空闲时间上班摸鱼，还以为可以占公司便宜。这种人会永远停留在最底层，扶都扶不起来，当然，也没有人去扶。

好一点的，普通工作没问题，但是如果指派给他们新任务，任务难度越大，他们信心就越小，办法就越少。他们擅长把脑力劳动变成机械的体力劳动，不去想、也想不到还能不能有更好的办法，更好的效果。职场上，这种人真的是不要太多，可以用，也可以不用；他们能走远，但走不太远。

只有少数人，拥有那种"千方百计"的思考力。

他们总能发现问题，但绝不回避问题。他们有清晰的目标，但思考问题并不局限于达到目标。即使一个芝麻大小的任务，他们总能牢牢抓住，呕心沥血，不要命地想办法解决，像在飘摇的职场汪洋里死死抓住一根救生的浮木。哪个前辈、哪个领导不喜欢这样的人呢？

于是在别人眼里，他们总是"运气好"，到处都能遇到贵人，从浮木爬上木筏，再从木筏跳上快艇，最后稳稳地登上万吨巨轮。

可量化思维和习惯，让你从平庸变优秀

你身边有没有这样的人：活干得不少，却长期得不到认可和重用，经常听到他抱怨这儿，抱怨那儿。真的是老板瞎了眼吗？

不，大多数情况是，他真的很平庸，而且，被人家一眼看出来了。

一个职场人是优秀还是平庸，对我来说，看这一点就够了：可量化思维方式。

什么叫可量化思维方式？有那么大作用吗？

今天就来说说，你为什么要培养自己可量化的思维方式和工作习惯。要知道，职场上微不足道的细节最见一个人的真功夫。

什么叫可量化

我们先看一个工作汇报的例子。

有一天，你和同事小敏一起被派去参加一个论坛，回来主管问："会开得怎么样啊？"

你说:"挺好的,来了好几个大咖,有×××,还有×××,其中××的观点对我特别有启发。竞争对手也来了几个,比如××,我了解了一下他们最近人事有变动……"

你讲了一堆,主管说:"哦,还不错。"

小敏却这样回答:

"如果按照咱们top 10的客户排名,这次来了8个大咖,分别是×××……其中有6位的发言都谈到了咱们公司最重点的突破方向,可见我们对客户需求还是挺有前瞻性的;

"茶歇的时候,我和7位客户做了交流,对于客户比较关心的问题记录了5个要点,全部是售后问题排名top 10里面的,建议公司加强关注;

"如果按照上半年市场的遭遇次数排名,5大主要竞争对手都来了,A公司和B公司来的都是总监级别,所以咱们下半年多半也是和这5家竞争,得早做准备;

……"

主管一边听,一边微笑点头。

你俩的汇报水平谁高谁低,谁在主管心中思路更清晰更有条理,已经不言而喻。

为什么这么说呢?不就是多了几个数字吗?

有的新人不理解,就是很多工作了5年10年的职场老人,对数字、对可量化思维的重要性也并不清楚。

为什么可量化思维如此重要

可量化思维之所以重要,首先,是因为人们天生对数字敏感。你说"最近的市场份额我们占压倒性优势",远不及说"我们市场占有率高达82.7%,另外两家只能瓜分剩下的"来得更让人印象深刻。

其次,数字更具有说服力。2019年初,微信之父张小龙作了4个小时的微信公开课演讲,朋友圈都刷屏了。其中有一篇广为流传的文章,没有主观评价,只对张小龙4小时演讲里出现词汇的次数作了统计:"思维模型"0次;"底层逻辑"0次;"商业模式"0次;"认知升级"0次;"流量池"0次;"黑天鹅"0次⋯⋯以上2018年年度热门词汇张小龙一个都没说,他说的最多的是:"用户"114次;"朋友"105次;"时间"43次;"希望"37次;"真实"18次⋯⋯另外,"底线"这个词,说了4次。

微信的创造者是希望微信成为一款价值观远大的伟大产品?还是追逐时髦、吸引眼球、毫无底线地赚取利益?张小龙公开演讲使用词汇的频度说明了一切。相比其他占用时间的APP,微信才是真正关心用户、希望成为用户的朋友的,是有底线的。

这就是可量化思维背后数字的说服力。

最后,只有可量化思维才能满足商业世界对确定性的需要。"大概""差不多有""应该是"⋯⋯这样日常生活用词会给一项生意的决策、一个项目的执行造成不可接受的模糊性。只有冰冷的数字才能精确反映真相。只有抵达真相,才能带来商业上的成功。

可量化思维无处不在

有人会建议刚毕业的年轻人要尽可能进大公司，这是因为在大公司，从入职第一天开始，你就必须把工作成果按照规定流程填写进一大堆标准化图表里。填写这些图表有时候真的很烦，但这其实是公司在"强迫"一个毫无经验的职场人学习如何使用可量化的方式来总结自己的工作成果。这是一种职业化的训练。

就像上面工作汇报的例子，你究竟是给出似是而非的信息，还是尽可能提供精确数字和对比之后的准确比例？这决定了别人判断你够不够"职业"。

除了工作汇报，员工的能力模型、职责划分、考评比例，管理者的精力分配、时间管理，公司的战略规划、业务演进，所有这些，都得靠可量化的数据来体现。

在一架庞大的组织机器里，量化之后的数据，就像人体的血液一样，在部门和部门、上级和下级、内部与外部之间，被挖掘、传递、汇总、分析……从第一笔生意开始，到最后一笔生意结束，贯穿一个公司的生老病死，也贯穿我们整个职场生涯。

无处不在的数据也要求我们尽早掌握可量化的思维方式，只有这样你才能真正理解你的工作，理解行业如何演变，公司如何运转，直到有一天，可量化思维成为你工作的习惯，你工作时就会变得像鱼在水里呼吸一样自然。

最高级的可量化

别以为所谓的"可量化思维"就是把数字摆出来统计完。这只是入门,你的可量化进阶之路才刚刚开始,后面还有高阶课程。

举个例子,每一个合格的HR应该都知道"1-3-6-12-36-72"这组数据的含义:这代表了大数据统计中,员工的离职月份和离职原因的关系分析:

入职1个月内离职,大概率是HR的原因。因为员工没有得到HR对企业、对公司流程、对工作基本条件的指引;

入职3个月离职,大概率是主管的原因。主管的工作风格、交流方式乃至人品,都可能导致员工失望离开;

入职6个月离职,往往是因为企业文化不合员工心意;

入职12个月离职,多半与工作晋升有关;

入职36个月离职,更多是因为公司发展不怎么样;

入职72个月离职,集中表现为个人自身的发展需要,比如离职深造,转行,创业,等等。

看到了吧,这些统计数字可以很好地帮助一个公司分析判断员工离职的主要原因,对留住员工这项任务更好地加以改进。可量化的数据呈现了现象背后的规律。

再讲个最近的事儿。我一位客户,始终打不开市场,不得已空降了一位有经验的销售总监,当然,薪酬也不低。

半年后,他告诉我最近几次投标打了不错的翻身仗,全仰仗这位空降兵总监。他们公司之前价格、竞争数据都有,但一直都没怎么用,报价全是靠经验。这位总监来了之后，除了日常的管理工作，还分客户、分对手、分产品、按时间做了好几个图表，把对手的报价特点，客户的中标价格趋势，讲得清清楚楚的。知己知彼，不赢才怪。这就是我想说的，最高级的可量化是呈现规律、呈现趋势。

  已经发生的事情无法改变，但过去的数字可以在一定程度上体现未来的趋势。如果你的工作成果不光可量化，还能为今后的工作提供有价值的建议，那么这一个个数字才能真正活起来，这才应该是一份工作在可量化上努力的方向。作为职场人，你才担得起"优秀"这两个字。

学历家庭都普通，拿什么实现职场逆袭

写职场公众号两年多来，很多人，特别是年轻的职场人，都在问我类似的问题：我中专学历怎么和大学生竞争？或者：我一般本科毕业，怎么和985、211学校的名校毕业生竞争呢？

这其实是同一个问题，他们都想弥补自己的"学历弱势"，追上那些遥遥领先的对手。

有些人还特别委屈地说："我的能力其实不弱，为什么招聘会上人家连简历都不要？难道那些名校的学生个个都优秀得能上天吗？"

作为一个985、211学校毕业的硕士研究生，我可以负责任地告诉你：当然不是。

写公众号是我的副业，但在我现在的主业上，如果和清华、北大、复旦、上海交大的毕业生或者和哈佛、耶鲁、牛津、剑桥等大学毕业的海归们面对面讨论交锋，我照样不怵。

我想告诉你的是，"学历弱势"究竟是怎么回事？

还有，家里没矿学历又低的普通孩子，你该靠什么逆袭。

什么是"学历弱势"

我供职过世界 500 强企业,也有过一段创业经历,现在重返职场,是一家公司的管理层。

平时,在一大堆简历里筛选人来面试,我大致是这样看的:如果是应届毕业生,学历的重要程度占 70%,社会实践占 30%;工作五年以内,学历占 50%,工作经历和业绩也占 50%;工作超过 5 年,工作经历和业绩占 80%,还有 20% 是其他,学历几乎忽略不计。

当然,不同行业和不同岗位的招聘标准相应会有变化。但是,随着工作年限增加,学历会越来越不重要,这一点趋势是不会变的。

为什么会这样?

因为,你未来的表现会怎么样,我只能用你曾经做过什么来预测。比如你刚刚毕业,我就只能用你读的是不是名校、有没有奖学金、社会实践怎么样来预测你以后行还是不行。

另外,你最近做过什么比你曾经做过什么更加重要。比如,你读的高中是全国顶级的人大附中,但是你最终读了个南方某地的二本大学,我不会因为你是人大附中的就觉得捡到宝了,反而会奇怪你的人生怎么走了下坡路,选择你的时候,也会更加谨慎。

我时间有限,面前简历一大把,不可能挨个儿都面试一遍,最好的方法就是直接在招聘的时候设置学历门槛,这就是所谓的"学历弱势"。它带来的后果就是中专生的职业起点相比本科生确实要低,普通学校毕业生的职业起点不如名校生。

这是你必须接受的现实,下面讲我的建议。

股神巴菲特的老搭档查理·芒格说过一句话：反过来想，总是反过来想。

在思考许多重大问题时，我常常用这句话来提醒自己。那么，我们讨论普通人逆袭战胜"学历弱势"这个话题，反过来想就应该是：具有"学历优势"的精英们都有什么弱点？

我的三个答案是：

因为有学历加持，他们自我感觉良好，所以精英们"往往"不接地气；

因为"学历优势"，他们占尽眼前利益，所以精英们"往往"不愿意冒险；

因为选择太多，算计太精，所以精英们"往往"不够忠诚。

我加上"往往"，是想说普遍现象，不是所有精英都如此。而这三点，就是普通孩子的机会。

活得好不好，就看你接不接地气

2019年，科技类巨头亚马逊宣布退出中国。

2004年，亚马逊收购雷军创办的卓越网，使卓越亚马逊成为中国本土唯一可以和当当网抗衡的电商网站，那会儿，像淘宝、京东都只算是小打小闹。

2019年，亚马逊中国的市场份额已经下降到可怜的0.6%。行业人士指出，亚马逊的失败操作之一就是对中国市场了解不够。换句话说，就是不接地气。比如，亚马逊网站的页面设置、购买流程完全复制亚马逊美国,并不符合中国人的习惯。像"双十一""六一八"这种电商最佳销售日,亚马逊也没什么反应。

相比之下,小小的腾讯在2000年发展初期,考虑到中国用户个人电脑普及率非常低的特点,特意让用户数据可以在服务器端下载,而不是存储在终端,这使得OICQ(即QQ)迅速普及,最终成就霸业。

这两个小故事说明,只要接地气,小小的本土公司也能一点点成长起来;如果不接地气,再高大上的外企也很难活得下去。我们职场人更是如此,活得好还是不好,就是看你接不接地气。

我之前和一个供暖公司有过合作,他们负责冬天给居民楼供暖气。公司老板给我讲了一个小故事:一个二十多年的老小区里住着很多鳏寡老人,有户人家一直打电话来投诉,说是屋里温度太低把老人都给冻坏了,于是公司派了一个本科学历的员工去了解情况。

这个员工排查了楼上楼下两家的情况,又进屋摸了摸暖气片,温度挺高的,就说不是供暖公司的问题,是对方"要求太高,没事儿瞎折腾"。结果,不光他被轰出来,那家人投诉得更厉害了。

第二次,他们派了一个刚毕业的、只有中专学历的小姑娘去。小姑娘待了一个下午,投诉就撤销了。原来,小姑娘去了先聊天,一边聊一边看,发现那家的老头子喜欢抽烟,一抽烟就开窗户,屋子里暖气片就算温度再高,哪经得起老开窗户呢?正好老人的儿女过来看望父亲,一看室内温度这么低,直接就投诉了。老人喜欢热闹,巴不得家里来人,所以也不跟儿女解释,只悄悄一个人嘿嘿地乐。

后来,这个只有中专学历的小姑娘成了本科生的上级。每次路上遇到老头儿,小姑娘就跟他孙女儿似的撒娇:"老张头儿,你就不能少抽点儿烟！"

老头嘿嘿一笑，开心得不行。

什么叫接地气？

少一点公事公办，多一些换位思考；少一点高高在上，多一些打成一片。

落后的一方，就应该主动冒险

我的粉丝有不少出身名校，他们的问题具有普遍性。

一个985、211学校出来的孩子，毕业往往就能拿高薪，他们起点高，也总是盯着那些最靠谱的机会，一步一步稳稳当当向上爬，以为自己一路的选择都是最正确的。直到有一天，公司垮了，部门裁撤了，身体垮了，遇上中年危机了，发现自己就像诺基亚前任CEO约玛·奥利拉说的那样："我们并没有做错什么，但不知道为什么，我们输了。"

万维钢在他的《精英日课》里，专门谈到了"博弈论"里一个经典论断：领先者总是喜欢确定的东西。因为他们领先，如果一直确定，就能一直领先；恰恰相反，如果你是落后的一方，就应该主动冒险。

跟你相比，那些具有"学历优势"的精英就是领先者。人家出身于好学校，受公司重用，那么一旦有摆明的好东西，按照"强者恒强"的马太效应，好东西就一定会落到他们的身上。而你呢，只能在一旁空空看着，长此以往，差距越拉越大。

所以，你的注意力一定要更多地放在那些别人还不屑关注的事情上。

  一个空白市场前景吉凶未卜,你不如跳进去探探水深水浅,情况可能并不像人们担心的那样差劲;一个任务吃力不讨好,别人都躲着,你不妨试一试,没准可以和某些重要人物产生链接;高大上的大公司进不去,不要紧,去试试和这些公司有业务往来的小公司,迂回接近,先做一个旁观者;新兴行业正在野蛮生长,比速度,比力度,比灵活度,唯独不比学历,你为什么不考虑去试试?

  就像大家一起排队,别人排在队伍前面,你在后面,你的注意力就要放在旁边的窗口。一旦新窗口有了动静,排在前面的往往犹豫不决,你就该趁机切换位置,都已经光脚了,还担心失去什么呢?

  你不是没优势,只是没看到自己的优势。你也不是没机会,只是自己没去找。

  不要用你的软肋去碰人家的刺刀。

越往上爬,忠诚就越重要

  我想说,在职场上忠诚一直是刚需。忠诚不是要你盲目追随,而是要给对方一个互相理解的机会。真正"带兵如子"的管理者,每一个都求贤似渴,而且心怀爱惜之情。

  《都挺好》里的苏明玉,就用她的经历回答了职场上的一个重要问题:能力和忠诚,哪个更重要?

  当然是忠诚。

  说句扎心的,如果你还没有意识到这一点,是因为你的能力还不够，层级也比较低。作为一名管理者，我负责任地告诉你：当你越往上爬，在上司对你的要求里，忠诚就变得越发重要。

苏明玉被蒙总慧眼识珠带入职场，从最底层的销售干起，一步步升到销售公司总经理。蒙总"病危"时，她把自己职业生涯的安全放在一边，挺身而出成为中层的核心，保全公司在两派高层互斗时不成为牺牲品。为了探听蒙总病情，也是为了确保公司的前途，她冒着生命危险，踩着四楼外墙的窗户边沿一步步摸到了蒙总的病房。

面对同事也是朋友的柳青，苏明玉说："我必须替我师父守住他几十年的心血。"

像这样的员工，老板不感动、不放心她，那就是良心被狗吃了。

相比起师范学校毕业的苏明玉，名校毕业的精英们要精明得多，反正他们有名校光环，光鲜亮丽的简历让他们有的是地方去，所以他们跳来跳去，成为一个心里全是算计的"理性人"。

人们常说，选择比努力重要。精英们挑来选去，是因为他们有得选，但是他们的选择却可能会成全没得选的普通人。

人们也常说："小胜靠智，大胜在德。"对我们职场人来说，"智"就是你的能力素质，体现出你能为公司创造什么。"德"呢，就是忠诚。

如果你有幸遇上一个"蒙总"，那么你是做一个给多少钱干多少活的职业经理人柳青呢，还是做一个让老板不光认可你的能力还信任你的苏明玉呢？这才真正决定你的职业生涯可以走多远。

学历很重要，重要到我们奋斗十多年，只为了那一页薄薄的证书。

学历也没那么重要，我们毕业之后，才真正开始在"社会"这所大学里，继续深造，继续成长。

  人生漫长，漫长到你的任何一个优点或者任何一个缺陷，都会在岁月的光影里慢慢放大或者缩小。所以，你不必妄自菲薄，虽然道阻且长，只要找对方向走下去，路必然越走越远，越走越宽。

技术路线和管理路线，你该怎么选

"格总，我该走技术路线呢，还是管理路线呢？"

这个问题在我公众号后台出现的频率特别高。

我高中分在理科班，大学就读于理工科学校，学的也是非常"硬"的通信专业，毕业以后去了华为公司。本来按这样的理工科出身，不出意外我应该成为人家常说的技术男，偏偏我进入职场慢慢做到了管理岗位，也有好些年头了。所以，我对这个问题特别感慨。

都说我们的人生其实就由那么有限的几个选择决定的。走到职场的分岔口，谁不在意自己的选择是对是错呢？

今天就来聊一聊，所谓的技术路线和管理路线究竟意味着什么？你该如何选择？

一个华为老专家的故事

先聊聊技术路线吧。

很多年前我还在华为海外市场。有一次，一家欧洲的跨国运营商收购了当地一家私营电信公司。欧洲人对技术确实很有钻研劲儿，要求也很严格，新上任的 CEO 要求我们做一场技术交流，详细介绍该国通信网络的情况。公司很重视，派了一个老专家和一个助手来现场，这在华为内部是惯常做法。

作为项目负责人，我请他俩吃饭，专家矮个子，背一个双肩电脑包，背有点驼，说话慢条斯理，细声细气，一副怎样都行、都无所谓的样子。用现在的话说，就是比较佛系。

当时华为已经 10 万多人了，我一问专家工号才 3000 不到。华为是有"工号文化"的，工号越小当然越有资格嘚瑟，可人家对我这个工号排到了几万、进公司没几年的新员工特别客气。坦白讲，我对他的技术能力是放心的，但用英语沟通这个事儿，一开始我心里还是打鼓，毕竟你技术再好，如果口语结结巴巴的，沟通不顺畅那也是白瞎。专家很淡定，轻轻地说："英语没问题。"

果然，那天的技术交流会成了他一个人的舞台，他从早上 10 点开始一直交流到下午 5 点。自由交流环节，几个欧洲人围着他叽叽喳喳聊个不停，从网络聊到专利、标准，甚至技术演进那些几十年前的老皇历。

我和两个销售还有当地客户都觉得索然无味，反正听不懂，就走出会议室去抽烟。最后的效果，自然是客户满意，我们满意，总部也满意，大家都满意。

第四章 普通打工人，上升路径怎么走

搞技术，说到底是自己和上帝的对话

这位专家的工作很辛苦，虽然他是技术大牛，但对工作从来不掉以轻心。为了这次交流，他在国内已经把交流内容翻来覆去地研究过好多次了。飞过来后，我和几个同事轮番上阵，把几个重要客户的关注点挨个做了介绍，老专家光是做正式的模拟宣讲就做了三遍，好几个晚上都工作到凌晨一两点。

当然，在华为没有人不辛苦，但是你要问，他工作开不开心？他亲口告诉我，他是真的开心。

在华为，有很多很多这样的技术专家，在某个领域有十多年甚至几十年的造诣。从模拟通信、数字通信到今天的互联网、移动互联网，还有云……华为经历过不止一次技术变革、行业周期。这让这些专家对行业历史、技术演进的理解像自己的掌纹一样了然于胸。再加上一路征程国际化，他们虽然英语口音依然很重，但早就已经在把英语当作工作语言使用了。

最重要的是他们对技术的痴迷。

这有点像武侠小说里那些视武功如命的顶尖高手，他们一心一意想夺得武功秘籍，固然是为了称霸武林，更多的还是因为单纯喜欢。这些专家也是这样的，技术就是他们的孩子，是看着一天天长大的。他们生活很平淡，有些小爱好，跑步啊、钓鱼啊，看看书听听音乐啊，跟普通人没什么区别。但更多时候，他们坐在电脑前，待在实验室，一待就是一整天，996、007是常态。此外，华为内部还有一个说法叫作"封闭开发"，重大紧急的项目来了，员工几十天吃住在公司，连家都顾不上回。

如果你说你想走技术路线,这当然很好。只是,你对技术有多痴迷呢?

当你全身心投入钻研时,能感受到那种发自内心的渴望吗?

当你听说哪里有新技术新产品时,心里会涌起那种孩子般的好奇吗?

当你把手头的活儿一点点打磨,能感觉到那种和上帝交流、臻于至美的愉悦吗?

搞技术,说到底是自己和上帝在对话,你要足够敏感,足够细腻。你的乐趣来自对打磨产品这个事本身的热爱,来自你的创造力有地方安放。

我一个理科男,是如何下决心走管理路线的

这么来看,做技术的确不太需要考虑别人心里的想法——"我跟上帝的对话,你们凡人怎么会懂?"

这也是做技术的人常给别人留下"情商低"印象的原因。

我倒觉得,不是他们情商低,而是他们觉得和人沟通根本不重要。所以,想跟搞技术的人沟通,你就得学会使用他们的交流方式,你得容忍他,让他发挥他的天赋和才能。就像人家评价《泰坦尼克号》和《阿凡达》的导演詹姆斯·卡梅隆,说"他是那种懂得如何与穿白大褂的人(技术专家)交流的人"。

你看,一不小心我就说到管理了,因为沟通交流是管理的核心能

力之一。现在我们聊聊管理路线。

我先讲讲我是怎么从一个理工男慢慢成长为管理者的。

这其实是一个悲伤的故事。

我高中时是学霸，进了大学才发现自己是个学渣。像北京理工大学这样的学校对玩技术玩得不好的人一点都不友好。大学4年，我拼死拼活上自习才终于拿满学分毕业，因为找不到好工作逼着自己考研。考研的苦有多酸爽考过的人都知道，但我最不怕的就是吃苦啊，最后居然考上了。

但我知道，事情并不对劲，于是本科毕业那个暑假，我去中关村做了2个月的柜台销售，体验真实社会之后开始读研。

比起本科，读研更辛苦。研究生课程有一门数学课，叫作《应用泛函分析》，这门课是干什么的呢？百度百科对"泛函分析"的解释是："它是研究拓扑线性空间到拓扑线性空间之间满足各种拓扑和代数条件的映射的分支学科，运用几何学、代数学的观点和方法研究分析学的课题，可看作无限维的分析学。"

你看不懂了吧？看不懂就对了。

可是我不光要看懂，还要学，还要考试，而且还得及格。

当我凭着几乎把复习题背下来的方式，终于拿到60分，涉险过关时，听说隔壁有人考了100分，还是提前交的卷。这就是传说中的"考100分不是因为人家只能考100分，而是因为卷子上只有100分的题"。

卷子就算有1000分的题，人家也能拿满啊！

在那一刻，我的心在滴血。

我爱技术，但技术不爱我，就像单恋了10多年的女孩子，最后人家跟你说，你是个好人，但咱俩不适合。作为一个从小对自然科学顶礼膜拜的小朋友，我终于对自己走"技术路线"彻底死了心。也是在这个时候，我开始一天又一天找人喝酒，跟同学，跟导师，跟师兄师姐们聊天，一晚又一晚孤独地痛苦思考，自己何去何从。

研究生最后一年，我一边准备毕业答辩，一边找了一大堆有关销售、管理类的书来学，下载了一大堆课件和视频来看。我还一本书一本书地记笔记，哪怕没有考试，也不用修学分。

在周围一帮玩技术玩得够嗨的同学中间，我是个异类，不敢也不好意思跟人说。那个时候我就笃定，如果今后想混出个样子来，只有"管理路线"这条路可以走。

然而，没有谁会平白给你管理岗位，那么，就从销售开始吧。

最后研究生毕业参加工作面试时，当大多数同学都只有学生会活动可以聊一聊时，我却能拿出中关村那段实战经历，讲得周围人一愣一愣的。

于是我顺利通过五轮面试，进入华为从销售做起。

管理到底是干什么的

再后来，我离开华为，到现在已经换了3个完全不相关的行业，在民企、国企都做过管理层，途中还创业了一把。现在，我对"管理路线"的理解比起研究生时期不知高出多少个段位，但那个时候的我就已经在为今天做准备了，不是吗？

来，现在我们聊聊所谓的"管理"意味着什么。

"管理学之父"彼得·德鲁克对管理有一个很精确的定义：管理就是界定企业的使命，并激励和组织人力资源去实现这个使命。

这个说法有点拗口，但确实指出了搞管理和搞技术完全不同的一点：管理，更多的是通过激励和组织人来完成事情。相比事，人才是最丰富、最奇妙、最复杂的。管理最难的地方就在这里；管理的价值也在这里。同样一群人，放在你这儿可能是一盘散沙，换个人来管，秒变超能陆战队。

如果你决心要走管理路线，现在有一项任务和一群人摆在你面前，怎么通过他们去搞定这项任务？

首先，你得了解业务，也得了解每一个成员。考虑好工作怎么安排，权力怎么划分，如何分钱。你既要考虑他们的安全感，也要激发他们的潜力。

其次，还要考虑团队培养和梯队建设，怎么才能有后劲。长期来看，管理者要引导整个团队逐渐形成良好的氛围和良性的价值观，激励团队能打胜仗，能打硬仗。

这就完了吗？这才刚开始呢。

为了完成任务，你得学会争取内部资源，学会处理组织内部的协同问题，把零和游戏玩成皆大欢喜。

你还得了解整个行业，学会制定战略，寻找机会，而不是等着上头给你安排任务。你还要成为行业里的专家，注意我说的不是技术专家，而是懂行的"行家"，在同行中赢得影响力和话语权，引入外部资源。如果组织足够庞大，你还要留意自己每一个动作都在牵一发动全身……

所有这些,都非常难,非常非常难。

管理难在哪里

为什么难?因为这里的每一项任务,都需要极强的思考能力和沟通能力。

这个世界上,比马里亚纳海沟更深的,是深不见底、沟壑遍布的人心;这个世界上,比珠穆朗玛峰更高的是人的斗志和情绪。是人的热爱和执着,是一个人明知道万劫不复依然头也不回的决心。

你要思考,去琢磨一个人或者一群人,学会共情,学会站在对方的立场去考虑。同时,你还要隐藏自己的本性,跟各种各样的人沟通,学会成为他们的朋友,教练,导师,去影响他们,指导他们和引领他们。

我曾经工作过的一家公司,有一次出了安全事故,整整一个月我都在做善后工作,跟好几个部门的负责人和员工打交道。那么多人,我得一个个安抚,一个个打气,简直就是居委会大妈附体,整天心力交瘁。没办法,承受各种各样的委屈,快速修补内心,是管理者的基本功,戴着镣铐跳舞是管理者的天职。

可是,到这里依然没有结束。管理最难的还是人格的分裂。

先举个例子,就拿最常见的裁员来说,你想想,一个善良的普通人不得不手起刀落,裁掉跟自己朝夕相处的同事,裁掉亲如兄弟姐妹、一起打过硬仗的战友,他会经受怎样的内心煎熬。

我承受过。

那种滋味真是一言难尽，裁过员的人都懂。但没有办法，想成为一个成熟的管理者，裁员是必经之路。

再比如，每一个部门、每一个管理者，都有一个共同的天性：把自己的人搞得多多的，把自己的影响力搞得大大的，但这对组织来说是噩梦。作为一个职业管理者，你必须克服这个天性，克服不了，你就会成为公司的癌细胞。

还有，随着你的位置越来越高，可以掌控的资源也越来越多，面对的诱惑和威胁也越来越大。该怎么办？

你必须管理自己，让天然的欲望和内心的恐惧服从组织需要，要公私分得清清楚楚的，要有智慧，更要有勇气。

所以，你会发现很多管理者越成功，越是"活成了自己讨厌的样子"。抑郁的有，自杀的有，出家的有，亚健康状态更比比皆是。这些真的是没办法的事。

你的一切选择，都是在回答一个终极问题

那么，你是该走技术路线呢还是管理路线呢？

我在和员工聊天时，常常说这样一句话：我们的每一个选择，归根结底都在回答这样一个终极问题——我想成为一个什么样的人？

你是更愿意和上帝对话，在孤寂无眠的夜晚完成杰作呢？还是带领团队去享受攻城拔寨的快乐？你是更愿意千雕万刻，在指尖上和天使跳舞呢？还是想爬到山顶，欣赏行业、市场、纵横交错的利益格局在你面前像画卷一样徐徐展开？

努力固然重要，我也总是在鼓励大家一定要去尝试去体验不同的事情。尝试的时候，还要非常努力才行。因为同一件事情，努力和非常努力，你的体会是不一样的。

但我们也不得不承认，人和人真的不一样。就像我拼死也只能让《应用泛函分析》勉强及格，有人就能轻松考满分。

所以你得认识你自己。我可以把对技术、对管理的理解尽可能清楚地讲给你听，但有没有感觉你自己才知道。

有人说，工作就是最好的修炼，这句话我很赞同。

无论选择技术还是管理路线，都是一种自我修炼，只是途径不同而已。到最后，无论是你的产品，还是管理风格，都会留下深深的个人痕迹。

你的产品，或者你的管理方式，就是你向这个世界表达自己的手段。技术当然是科学，但走到极致就是艺术。管理呢？大家常常说它是一门艺术，但管理同样是科学，这已经是共识。

那么，科学和艺术走到最后，是什么？

是哲学。

它能回答你如何看待这个世界、如何看待你和世界的关系、你想从这个世界寻找到什么答案这样一些问题。

你不得不选择某种方式，然后用一生来回答。

三步操作，再普通的人也能分享时代红利

3年前，我去普洱市出差，抽空和同事逛了一次茶叶店。我不懂茶，也不想买，去逛茶叶店纯属好奇。我们去了几家店，售货员们个个无精打采，直到走进一家小茶叶店，售货员二十来岁，脸晒得黝黑，面对我一大堆入门级问题，他都笑眯眯地耐心讲解了。

生茶熟茶有什么区别，有哪些禁忌，比如生茶一定不能空腹喝，尤其是血糖低喝生茶会引起身体不适，所以要配方糖；生茶只洗一次，熟茶要洗三次，因为从生茶到熟茶要么经过人工加工，要么需要六七年自然发酵，灰尘之类的比较多；普洱茶制作有几个步骤：采摘，萎凋，杀青，揉捻，晾晒，压饼，这里面还有哪些注意的点，该怎么把握；采摘的"一芽二三叶"是指一个芽头带两三片叶子；什么叫上等生茶的"苦尽甘来"，和熟茶的口感区别在哪里。

……

他讲得又清楚又有趣，我听得既轻松又津津有味。

虽然他连半句卖茶叶的话都没有，我还是兴致勃勃地买了两饼他

推荐的普洱茶，心满意足地离开了，临走还互加了微信。

半年后，一位对茶挺有研究的客户来我办公室，品尝了我从普洱带来的茶，赞不绝口，一问价格，连连说好便宜。我很高兴，就把售货员的微信名片推给了他。

他叫阿定。

阿定在茶叶店打工4年，像我这样的客户越来越多，我不光买他的茶，还不停介绍朋友买他的茶，没有一个不满意的。后来他离开茶店，靠着自己对普洱茶的专业研究和一大波像我这样靠谱的客户资源搞了一个微店专门代理普洱茶销售，一年有大几百万收入。

普通人分享时代红利的"三步曲"

人际关系大师戴尔·卡耐基说："成功者，总是不约而同地配合时代的需要。"

在阿定的故事里，时代的需要是什么？是像我这样的顾客买普洱茶吗？

是，但不完全是。

答案是，我需要买茶，只是我厌烦了被人推销、被人灌输，我宁可不喝茶。如果有人给我讲讲普洱茶的知识，让我可以放心大胆地买到质量有保障且价格公道的普洱茶，那我一点儿也不排斥。

一天到晚被推销人员骚扰的你肯定非常认同这一点。阿定正是用他的热情和专业，外加一点趣味，为我提供了除茶叶之外的"附加价值"，这才是我买茶的真正原因。

所以，普通人享受时代红利的第一步是，提供附加价值。

附加价值的本质是带给人安全感。我需要的是茶叶，但同时我更需要安全感，在安全感没有得到满足之前，我宁可不买茶叶。这就是阿定与其他售货员所提供的服务的区别。

但附加价值还只是开始。你设想一下，我高高兴兴地带着阿定的茶叶回去，如果客户告诉我，茶虽好喝就是价钱太贵，我还会继续买他的茶吗？当然不会，我只会自认倒霉。

很多从业者喜欢干的事，就是靠着自己的专业和权威说服客人下单，然后狠宰一笔。

阿定没有，他知道赚大钱必须细水长流。这就是他的第二步：建立信誉。

信誉的本质是安全感的延伸。

你为自己着想是本能；为每一个客户、每一个合作伙伴着想才会有信誉。我一介绍，客户就愿意买阿定的茶，客户信任我，我信任阿定，我们都没有辜负对方。最后的结果自然是双赢、多赢，就这么简单。

第三步则很好理解：复制。

如果没有互联网，没有微信，阿定也能成事，也能发财，但他不会做得这么大。互联网让阿定的附加价值和信誉可以得到快速、高效的复制和传播。这就是时代赋予我们的独特机会，是你也可以分享的丰厚红利，但没有第一步和第二步，这第三步，你根本走不动。

一个月薪8万的快递员的故事

普通人分享互联网时代的红利的三步是提供附加价值、建立信誉和复制。仔细分析，这三步分别对应的是能力、人品和运气。

相比别的时代，互联网时代的我们确实多了一点运气，但是能力并不单纯指工作能力，还指提供附加价值的能力；这个时代也不要求你人品要多好，道德要多高尚，但是需要你懂得拒绝短期暴利，要有目光放长远的共赢思维。

最怕的是，你沉浸在每天简单、机械的工作里，身体累得要死，大脑却几乎空转，根本没力气思考如何才能实现工作的附加价值，为你的客户、你的合作伙伴提供安全感。更可怕的是你总想着"狠宰一笔"，不按照细水长流、建立信誉的思路来分配利益、复制成功。

下面，我们来看一个月薪8万的快递员的故事。

京东快递员黄少波的事情曾经在网上传得沸沸扬扬的。他只是京东物流华南区一名普通快递员，2019年2月底到3月底的一个月时间，他总揽件数达到了13万件，按照京东的揽件提成，3月份他的收入竟然接近8万元。

他是怎么做到的呢？

快递这个行业，门槛低、规模大，从业人员素质有高有低，正常收、寄件还好，就怕遇到意外。有时候下了单，没人上门来取件；有时候寄达时间不保证，急件没法儿寄；还有时候一直显示在站点，好几天没回应；或者东西还没收到，就显示已经签收……

总之各种各样的问题很多，要是碰到重要的公司资料、合同文件，更是寄得提心吊胆的。

黄少波对待快递工作总是仔细、小心又及时，非常负责，而且他还有一个独特的习惯，很多快递员给企业送快递都是送到前台，而他每次都把老板的个人件直接送进去，时间一长，他和老板就熟了。

他不光送快递效率高，还认真靠谱绝不出错；他第一时间递给老板而不是让前台转交。这些都是他提供的"附加价值"，能为对方带来安全感。

利用这层熟络关系，再加上京东的价格优势，有一次，黄少波和对方老板做了一次深入沟通，争取到了一个月揽送所有快件的试用机会。在他出色完成试用后，老板指定把公司所有的发件业务交给他一个人。

这就是黄少波用"质高价低"建立起专属自己的"信誉"。

通过这样的方式，他手里大大小小的企业客户慢慢越积累越多，等到媒体开始关注时，他的客户已经积累了十多个。他说："平均每个月揽件3万件，月收入最少1万多，春节期间我负责的企业单量猛增，每天光发件就要四五辆车，收入一下子接近8万元。"

这就是"复制"。

"成功者，总是不约而同地配合时代的需要。"

最后，我们再一次重温戴尔·卡耐基的那句话——成功者，总是不约而同地配合时代的需要。

请你从阿定和黄少波的故事里走出来，站到更高的位置，重新回答刚才的问题：什么是时代的需要？

看起来，人们一直需要的是吃穿住用行。但实际上，这个高速发展、竞争激烈的社会背后，人和人、人和组织、组织和组织之间越来越缺乏安全感。谁能为别人提供，而且必须是可靠、持续、大范围地提供这种安全感，谁就能满足"时代的需要"。

这样的人不成功，谁成功？

所以，不要总是抱怨累一天都没时间看书，抱怨公司把人变成了螺丝钉，抱怨爹妈没给你一手好牌。好牌就在那里，你去摸了吗？你不摸，拿什么来打？

熟悉时尚潮流、穿搭风格的商场导购；接受过儿童心理教育培训的篮球教练；了解各国风土人情，精通各类代购、退税流程的导游；熟悉大学生心理、PPT颜值一流的高校老师；接受过系统培训人体工程学、环境心理学的民宿老板……

还有像我这样，从就职世界500强、到个人创业、到公司管理层，现在每周固定输出两篇职场文章的公众号写作者……你觉得我们这样的人还会担心失业？还会有那么多职场危机？中年焦虑？

时代发展如列车飞驰，滚滚向前，如春笋拔节，肉眼可见。那些只是用脚奔跑的人无论他们多么努力，最好的情况只是停留在原地。

我真心希望你能完成一次思维方式上的"基因突变"，让自己生出翅膀或者在背后安上火箭助推器。

我希望你能完成"进化"去分享这个时代丰厚的红利，而不是依赖本能，在日复一日的困境里慢慢失去作为一个人最宝贵也是最高贵的特权——一个是思考，一个是信念。

CHAPTER 5

第五章

给自己一个好人缘，
轻松行走职场

混职场就是拼刺刀，无招胜有招

自从开了粉丝群，人们总是前来咨询职场问题，其中有一类特别普遍，就是和人打交道。

其中，最常见的问题是对方太强势，不讲道理。领导、前辈甚至同一个部门的伙伴都有可能是这样的。很多前来咨询的粉丝都善良得事事被动，处处忍让。

混职场，身段柔软一些是有好处，但是就像人们经常说的，你的善良要有锋芒。没有锋芒的善良，就像你脸上写着几个字：任君宰割。

下面我就来教你怎么有锋芒，准确地说我来给你递两把刀子。这两把刀子是两句话，我教你怎么用，至于敢不敢用，看你自己。

第一把刀："还有吗？"

大家不要小瞧这平淡无奇的三个字，这是谈判的一个常用技巧。比如，对方抛出来一个苛刻的条件，你不正面回答，而是问他："还有吗？"注意声调不要下沉，要往上，带点挑衅。

这样提问会打乱他原有的节奏，对手要是没经验，要么会把其他条件一个个列出来，要么会说"没了，就这个"。

这句话的奇妙之处在于局面主导者的切换。

"还有吗？"一说出口，表现出的既不是弱者"为什么是我"的无奈，也不是"我怎么知道"的忙乱，而是强者对于局面的掌控。力量可以弱，但气势不能输。

我举个例子。你去参加一个面试，本来你是弱势的一方，回答完所有问题后，你微微一笑问："还有吗？两位还有什么问题吗？"这句话的潜台词是"好的，现在轮到我出招了"。这是强者才有的自信。

这三个字不光适用于职场，也适用于任何需要你燃起斗志的时候，因为你最大的一个对手叫作生活。生活给你制造了一个麻烦，接着又一个麻烦，又一个，再一个，你怎么办？

我会把麻烦一个个写下来，然后问一句：还有吗？就这些？

第二把刀："那又怎样？"

用"还有吗？"打断对方节奏，等对方说完，你该怎么回答呢？

亮出第二把刀，说四个字："那又怎样？"

这句话伤害性很大，侮辱性很强。

我们模拟一个场景。你是刚入职的小白，公司有个老员工特别事儿，喜欢指使新员工干活儿。

老员工："小张，我中午要休息，你下楼吃完饭别忘了帮我带个盒饭啊，回头给你钱。"

你："还有吗？"

老员工："哦……盒饭我要猪脚饭，没有就别的。"

你："还有吗？"

老员工："你什么意思，你……你是不带是吧？"

你："那又怎样？"

"那又怎样"出口就是翻脸，类似东北话"瞅你咋地"，意思是"我今天就不讲道理了，你能把我怎么样？"说这话最好挑人不多的时候，这样他不会没面子，更好下台。

我们挑衅是为了保护自己，不是为了鱼死网破。

"那又怎样"的神奇之处在于你告诉所有人，面对任何糟糕的情况你都不怂不虚。

生活才是你最大的对手，我就用这句话来还击生活：面试失败那又怎样？我照样继续投简历；工作丢了那又怎样？我还可以再找；失恋了那又怎样？还有朋友陪我喝酒；朋友都不理我了那又怎样？我一个人跑步看书就是……

记住了，逆来顺受是弱者的墓志铭，拼死反抗是强者的通行证。"那又怎样"应该成为你的口头禅。

我们常说"光脚的不怕穿鞋的"，"那又怎样"表示你不害怕回到光脚的时候：不就是失去吗？我本来就一无所有，大不了从头再来好了！

这样的人，没有谁可以打败的。

你太弱，职场就是屠场

最后，我想问两个问题：一个人的性格是不是天生的呢？我觉得是。但是性格中的某些特质是不是就改变不了呢？我觉得不是。

人毕竟不是动物，我们有主观能动性。你知道自己性格的缺陷，因为这个缺陷吃过亏，受过辱，你就一定要改。向已经解决了这个问题的人学习，把别人的行为习惯学过来，练习再练习，直到成为肌肉记忆。

我说的肌肉记忆，不光是嘴巴说出的话，还有思维惯式。

大家不妨好好揣摩一下。特别是性格比较软弱的人，找两个朋友互相练习，过过招，说出这两句话。这种主动出击、主动挑衅、主动刺破人际关系伤口让脓水流出来的勇气，要成为你作为强者的起点。

职场如战场，你太弱，职场就是屠场。

文明社会的交锋，往往在电光石火几句话里，大家就拼过刺刀了。而且，越往上走对手越强，你只有在下层练习得足够多，到了上层才能知道怎么应付。

哪句话该说清楚，哪句话该含糊，哪句话好像什么都说了又好像什么都没说……混职场就是拼刺刀，但是无招胜有招。

当然，不是你的不要眼馋，该是你的撕破脸面抢回来，哪怕不成功也要让对方掉一层皮。被人逼到墙角才鱼死网破，虽然可歌可泣，但毫无意义。

无能的人说话啰里啰唆，厉害的人话从来不多

如果我们搞一个投票，选人和人相处最痛苦的十大时刻，我不敢说这项能得第一，至少也能排进前三，那就是：对方说话啰里啰唆，而你毫无兴趣。

海明威说，我们花两年学会说话，却要花60年来学会闭嘴。我觉得，有些人一辈子都在学说话，而且一边学一边把周围人当陪练。

最夸张的一次是许多年前我参加一个行业论坛。论坛一般都非常高级，还有茶歇，一帮互不相识的人交换个名片，假装对彼此好奇。我端着咖啡坐在一位大哥边上，旁边还有一位女士。

这位大哥，如果聊聊技术前沿或者介绍产品，哪怕聊聊新闻，我都觉得没问题，可他倒好，聊他刚上班时的经历，几十年的老皇历了一个人不停地说，没重点也没笑点，极度无聊。我是个小白，不想听，又不好意思起身走，倒是对面的女士看起来还挺感兴趣，边听边点头，时不时还哈哈一笑。

等到茶歇终于结束，会议开始，我和那位女士起身往大厅里走，

走到门口,她忍不住朝我甩过来一个白眼:"他怎么这么能讲啊……"

问题是,我和她根本不认识,她这是有多难受才会向一个陌生人吐槽啊。

混得差的人,才喜欢自己说话没完没了

现在只要我碰到有人一顿狂讲,根本不在意别人愿不愿意听时,我都会礼貌地频频点头,并在心里"称赞":你怎么这么能讲啊?

这样的人一点都不少。为什么他们喜欢说个没完没了,根本不在意别人呢?

我觉得,第一是因为快乐。

不停讲话其实是一种自我展示,展示自己的经历、优势和见识,然后在人家貌似专注的倾听里获得一种虚无的快乐。这种人一般都混得很差,当然像一些必须靠讲话来传递想法的人除外。他因为混得差,平时讲话没人愿意听,所以逮到机会就不停地讲。问题是,别人凭什么要花自己宝贵的时间来成全你的快乐呢?

第二,寻找存在感。

特别是在那种大家初次见面的场合,彼此不了解,你聊一点自己的事不是不可以,但是要注意分寸,给别人也留点说话的时间。这种人大概觉得,如果话说少了就没把存在感刷够,不管什么话题都要插嘴,说点有的没的,而且他们的废话还特别多,往往是些没什么营养的个人经历。

讲个故事吧。有个人觉得自己演讲很厉害,但人家告诉他,跟苏

格拉底相比，所有人的演讲都很差，于是这个人找到苏格拉底讲了一大段，说："我可以交学费，请你教我演讲吧。"

苏格拉底说："可以呀，不过你要交双份钱。"

那人问："为什么？"

苏格拉底说："一份钱是学习演讲，还有一份嘛，是学习如何闭嘴。"

厉害的人，都把成长当作快乐

跟啰里啰唆的人相反，真正厉害的人话从来不多。

我发现一个人越厉害越懂得克制。克制什么？克制不停讲话的冲动。

很奇怪，他们克制自己也是为了快乐。就像我的一位客户说的，每次他和别人交流总是让人家多说，自己好好听着，然后就能从中学到不少东西。他把每一次交谈都当作一次学习的机会，在学习中反思、成长、提升，然后变得更厉害。

感受到成长所以快乐，这就是厉害人的逻辑。和那种自己爽就好的快乐不同，这种快乐真的高级太多了。这有点像刷抖音和看书的区别，前者是获得当下的快乐，无所谓收获；后者是在意自己的长远收获，哪怕当下需要克制冲动，需要反人性。

厉害的人在社交中不多说话，保持安静倾听也是为了和别人相处。这很好理解，你喜欢说话那你就说，我耐心点听，因为你开心了，所以你对我的评价也不会差。

即使谈话对我没有帮助，至少，我不会引起你的反感，成为你的敌人。

卡耐基有一次参加一个聚会，一位漂亮的小姐和他聊起了在非洲的旅行见闻，整整聊了45分钟，卡耐基几乎没有说话。聚会结束时，小姐忍不住跟别人说，和卡耐基聊天太有意思了。

厉害的人向下兼容，差劲的人被人兼容

关于人和人之间的相处，有段话特别有道理。

如果你和一个人聊天觉得特别舒服，那并不意味着他是你的知己，很有可能他只是在向下兼容你。

因为他的情商和知识储备都远远超过你，所以你抛的梗他都能接住，他夸你你不觉得是敷衍，怼你你不觉得是刻薄。只要他愿意，跟每个你这个段位的人相处都能达到这种心有灵犀的程度。

同样，我也有一段原创的话，建议你抄三遍贴在墙上：

如果你和一个人聊天觉得特别舒服，想一想是不是你不停地讲，对方只能倾听。搞不好当谈话结束时，你在心里赞美对方"厉害"，对方心里出现的可能是另外一个词。

沟通不说真实目的,就像睡觉不闭眼睛

有人说人和人之间的问题,70%都是沟通造成的。

这句话我深以为然。

工作这么多年,我发现任何一个出色的老板、管理者或者员工,都是沟通上的高手。大家觉得难缠的问题,到了他们这里不过是几句话的事情。

其中很重要的一点,就是他们会在合适的时候讲出自己的真实目的,把许多沟通化繁为简。那么讲出真实目的有哪些好处呢?

讲出你的真实目的,可以节约沟通时间

朋友在一家初创公司工作,有一次她跟我吐槽,话题是"最糟糕的沟通可以是什么样子"。

那天她正忙得焦头烂额,上司带着一个人过来,说这是新来的财务,有事来找她。她心里一惊:"哎呀财务来了,难道我的报销有问

题？还是备用金流程没走对？"

两人进了一间单独的会议室。

谁知，财务根本没问她报销和备用金的事，而是问："你能不能给我讲讲你现在负责的是哪块产品？还有流程是怎么实现的？"

她不敢怠慢，站到白板边开始一边画图一边仔仔细细地讲解。财务也很认真，开始掏出小本本记笔记。一个讲得专注，一个听得投入，还时不时提问讨论，可以说沟通非常成功了。

忙活了一个多小时，终于讲完了讲透了，两人也不那么拘谨了，她终于忍不住问对方："了解这些，你是想做什么呢？"

财务很开心地说："我需要计算一下你这个产品的预算。谢谢你提供的信息，非常有用呀！"

朋友"啊"了一声，皮笑肉不笑地默默回到工位，把一个名叫《产品预算分析V3.0》的文档给那个财务发了过去。这个文档是两个月前她组织部门员工和财务人员一起花了一周时间整理的，也得到了包括CFO（财务总监）在内的公司高层的认可。

明明张口就能要到的材料，花了她们一个多小时。

朋友一边吐槽一边哭笑不得："我很想骂她一顿，为什么一开始不直接说目的是什么？但是我一想，我要是一开始就问她，同样可以省下时间啊！"

我一直以为自己沟通能力很强，现在看来，有些最基本的原则我都没有掌握。听完她的吐槽我也特别有感触。

原来我们一直认为，沟通要讲究真诚，也要讲究铺垫、倾听和给予对方适当的认可。总之一句话，沟通要讲技巧。但是，有一个最基本的沟通原则常常被我们忽视：让对方明白自己的真实目的。

沟通不说真实目的，就像睡觉不闭眼睛，无论你怎么使劲都是白费功夫。往往忙活了半天，沉浸在"沟通顺畅"的错觉里，互相都在耽误对方的宝贵时间。

讲出你的真实目的，唤起对方的同理心

我之前在一家公司做销售总监也遇到过类似的事。

有一个大项目，我带着团队终于啃下来了，到了起草合同的阶段，下属把法务起草的合同发过来，我一看就拍桌子了，上面多了好几条保护条款，把客户防得跟骗子似的。起草这样的合同不是成心找骂吗？项目还要不要做了？

没办法，开会吧。果然，两个团队在会议室吵了起来，一个个都红了眼。

销售说："这种条款客户绝对接受不了，太伤感情了，人家肯定说，不信任就别跟我合作了！"

法务说："客户要是不打算违约，干吗要怕这些条款呢，万一违约，这个责任你们担得起吗？"

吵架声太大，惊动了走廊上路过的公司老板。老板推门进来问清缘由，然后转头问我："客户关系怎么样？"

我说："客户关系还不错，韩总也是讲道理的人，就是这些条款太'小人之心'了，人家肯定会抵触。"

老板想了想说："这样吧，你私下和韩总谈一谈，把法务的顾虑都说出来，既然是讲道理的人就该理解对方，要不然，法务的担心万一成真了呢？你谈成了，我请你们两个团队吃饭。"

既然老板发话，我也不好说什么。

两天以后在咖啡馆和韩总谈，我还挺感动的。最后，韩总拍着我的肩膀哈哈一笑："我还以为是什么大不了的事，把老弟搞得这么紧张。我认可你这个人，也是真心实意跟你们公司合作，所以加不加那些条款我都无所谓。你能告诉我真实的想法是信得过我，所以我必须得理解你。"

很久以后，我在《沃顿商学院最受欢迎的谈判课》里读到一个章节，里面说："某些时候，直接告知对方你的目的，可以更好地表达你的信任，对方会因为这种信任产生想'帮助你'的动机。"

我觉得这个说法用来解释那天韩总的反应再恰当不过了。如果我当时选择了悄悄装作没看见，让法务增加了条款，客户看到后即便是签约了，多半也会反感。但是我直接告诉他我的担心和增加条款的目的，这让他觉得必须充分顾及我的感受。

直接说出目的可以唤起对方的同理心，让看起来博弈的双方站到同一边来解决问题。

讲出你的真实目的，跨越分歧，达成一致

除了节约沟通时间唤起同理心，很多时候讲出你的真实目的还能有效地跨越分歧达成一致。

我上大学那会儿，有一次学生会组织一场晚会，我和两个同学被

分配去买一些服装道具。

我们在离学校挺远的一个批发市场转悠了一下午，找了一家还不错的商店，但是手里预算有限，好话说尽了人家也不愿意低价卖给我们。

眼看着天色不早了，我们失望地准备往回赶，这时候系里面一个师姐打来了电话，她听完我们的情况，简单指点了几句。我们返回商店直接告诉店主："我们这是拿去办晚会的，可不可以便宜一点，在晚会上我们给你家店做一个赞助广告？"

店主的反应是：当然可以啊！你们为什么不早说呢？

参加工作后，我听说了营销界的一句名言：客户需要的，不是一把有四分之一英寸钻头的钻枪，而是墙上的一个四分之一英寸大小的孔。

我这才懂得，沟通的时候，一定要直截了当把要求背后的目的交代清楚，免得大家在表面的分歧上来回打转。

当我在职场人的道路上越走越远时，慢慢发现，并不是所有人都懂得把自己的真正目的讲出来。这个时候，就需要有人启发他说出"你要的究竟是什么"。也许，他要的并不是墙上的孔，而是要给孩子安装一个小书架；也许他要的并不是小书架，而是给孩子一个很棒的生日礼物；也许他想送的不是礼物，而是想告诉孩子，他心里有多么爱他。

目的的背后有时是利益，有时是情绪，有时候是心底最真实的感情。你需要告诉对方你的真正目的，你也要去追问对方的真实目的是什么。学会这样沟通后，你会发现其实你想要的和他想要的距离并不遥远。你会感到和别人相处其实可以更加和谐。你的路才会走得更远，走得更顺。

掌握三大黑暗法则，行走职场不怕坑

今天我们来说说黑暗法则。

黑暗法则不是潜规则，潜规则是上不得台面但在行业内部大家心知肚明的规则。不同行业的黑暗法则是相同的，因为黑暗法则来自人性最幽暗处。

理解人性，理解黑暗法则，我觉得对每一个职场人都是一节必修课。

只有懂的人才会跳过这些坑，不懂的人，死都不知道怎么死的。但我更希望别人的经历成为你的教材。

狼吃肉，狗吃屎，不表示狼就可以不尊重狗

很多年前，我的朋友老季还是一个血气方刚的小伙子，跟着主管做了几单后有了信心，开始觉得公司里有几个人怎么看都不顺眼。

比如，有两个家伙，一天到晚什么也不做，大家还对他们客客气气的。老季心里不爽，脸上、嘴上自然就会流露出来，人家对他倒是

挺和气，直到有一天老季被主管叫进办公室。

原来，那两个什么也不做的家伙其实是大客户公司某个高管的亲戚，算是关系户。有这层关系在，保证了公司三分之一的业务。

我讲这件往事，是因为很多职场人和老季一样是冲锋陷阵的狼，不懂得为什么有人会像狗一样靠吃屎活着。他们不懂得，为组织创造价值从来就没有单一的方式。

像狼一样高喊口号、冲锋陷阵，靠"打仗"抢单，当然了不起；像狗一样忍受屈辱，为了长期价值牺牲局部利益，靠"结盟"确保胜利，也值得尊重。关系户就是结盟。

再后来我自己创业，也加入过别的团队做高管。当我站在决策层的位置去思考问题才更加明白：一个组织永远都活在它的价值生态里，"打仗"争夺资源当然重要，但要想长久生存，你必须学会"结盟"。越是庞大的组织，越应该着眼于长远，在"打仗"和"结盟"之间寻找到资源投入的平衡。如果你是一头狼，却只知道通过打仗来创造价值，理解不了价值生态，理解不了结盟的意义，那就只能不停地打下去。打下去，才能继续生存。

这就是职场黑暗法则的第一条。

请记住，只有对组织有用的人才会得到组织的保护。什么时候你老了，残了，打不动了，就是你该离开的时候了。

权力的奥秘，跟职位没什么关系

职场新人小文最近升职了，却开心不起来。她部门有两个老员工，业务能力不怎么样，但年纪比她大，资历比她深，人脉还比她广。看着晚辈做了自己的领导，这两个老员工自然是脸上笑嘻嘻的，但安排的事一点儿也不配合。

小文想求助领导，又觉得这是无能的表现，而且治标不治本。

她面临的困境是"你有职位怎么样，我们就是不听你的"。这种情形在职场上其实很常见。

正式职位尚且如此，更别说有些时候，部门之间临时成立个项目组，连个任命都没有，你就得带领大家干活。既然有没有职位都使唤不动别人，究竟什么才是真正的权力呢？

美国人约翰·麦克斯韦尔在他的《领导力的五个层次》里，把领导力从低到高分成职位、认同、贡献、个人培养和领袖五个层次，其中最低级的就是基于职位的领导力：员工听话，仅仅是因为他们不得不听。如果你连职位和任命都没有，那就什么也没有了。这样的工作氛围会不会好，管理者能成多大的事，大家可想而知。

我先不谈"个人培养"和"领袖"这两个层面，大部分人其实可以在"认同"和"贡献"方面做得更好。

"认同"体现在员工和你相处愉快，交流顺畅，而且能感到你对他的尊重。这背后的人性是：人们往往把感性的喜好放在理性的对错之前。这需要你花时间、花心思和他相处。他喜欢你，认可你，就会听你的。

"贡献"则体现在你可以为组织、为部门创造切实的利益。换句话说，就是员工跟着你能打胜仗。他愿意听你的是因为钦佩你，跟着你干活儿有信心。这背后，是人对安全感、对强大权威的天然向往。

在认同、贡献这两点上取得突破，也是我对每一个年轻管理者的提醒。

当他们在感情上喜欢你，在业务上敬佩你，在前进的方向上依赖你时，你才能成为真正的领导者，这就是职场黑暗法则第二条。

我们经常说，某人是"天生的领导者"，并不是因为他长得帅、肯花钱、酒量好，而是他在连职位都没有的时候，就懂得主动理解他人、激励他人，为人们指明方向，带领大家打胜仗。

"领导力"这三个字的含义，首先是责任，然后才是权力。

你不必补齐短板，但绝不能有致命伤

下面是我自己的一段惨痛经历，大概是我职场生涯中为数不多的竞争失利。

故事的主角叫老贾。当年，我和老贾竞争一个重要职位，自我感觉赢面还挺大。有一天晚上他找我喝酒，说已经答应了猎头的 offer，很快要跳槽去竞争对手公司了，大家场面上是对手，以后还是好兄弟，要好好珍惜。

我太意外也太感动了，心里甚至有些过意不去，要不是因为和我竞争，一山不容二虎，他也许不需要离开呢？

过了几天顶头上司请我吃饭，我思前想后觉得事关重大，就把老贾的事汇报了。很快，意外一个接一个地到来：老贾迟迟没有离开，也没有任何传言；竞聘结果出来了，我输了，老贾胜出。

故事讲完，现在问你们一个问题：职场上竞争靠什么？

专业能力？理解能力？学习能力？做事靠谱？大局观？还是别的？

这些都没错，但都太初级了。当你的段位足够高时，你的对手每一项能力都不会比你弱。这个时候，高手们比什么？难道比运气吗？

答案是：比谁没有致命伤，谁不会犯错。

我的致命伤就是"太容易轻信别人"了。

这种善良的性格来自我的原生家庭。我的父母从来没有经历过这样的险恶，或者说，他们也许经历过，但没有从中吸取教训再传递给我，加之我一路走来，虽然辛苦也算是顺畅，根本没有做好承受这种激烈程度的竞争的准备。

这件事只有我和老贾两个人知道，但当我背着一个为了上位不惜造谣诋毁无辜同事的骂名离开公司时，我什么也没说。

我不怪老贾，也不怪自己，更不怪父母，所有的经历都是财富，不是吗？

我想给你的启发是：也许你现在身在低位，还在为能力上的短板发愁，但从现在开始，你一定要留意自己的致命伤。

它常常来自一个人的品德和性格，而非能力，所以非常隐蔽。

我们常说，一个人越往上走越要懂得自我修炼，为什么？因为普通人拥有的那些缺陷在你这里会被无限放大。你拥有资源越多，你的对手就越强悍，他能支配的资源也和你一样多，甚至更多。你的任何一个缺陷都可能成为致命伤，让你一击即溃，倒地不起。

黑暗法则第三条：最了解你的永远是你的对手。

你可以有短板，但致命伤不要有。

高情商，就是温柔善良又不怕硬刚

"高情商"大概是人人都想有的。传说中，高情商的人内心强大，做人做事有分寸还自带社交外挂。你面红耳赤都争不来的，人家轻飘飘地几句玩笑话就摆平了。你傻不拉唧地以为谈话非常融洽，人家早就发现气氛不对，包袱一抖话锋一转，就能避免陷入大型尬聊现场。情商低，开口就是错；情商高，不开口都能赢。

那么，怎样才能拥有高情商呢？

我平时喜欢观察周围的人，发现很多高情商的人其实各有各的性格，但下面这五条基本上是他们的共性。这五条操作性特别强，你看完不妨试一试，会发现练成高情商也没那么难。

不熟的人，让他多说

我曾经和一群朋友聚会聊天，其中一个是刚认识的，离开的时候他对我说："哎呀格总，跟你聊天真是一件愉快的事啊！"

我一边笑着说："这么巧啊，和你聊天我也有这种感觉啊！"一边心里想"大哥你当然爽了，从头到尾都是你在吐槽，能不愉快吗？"

我们都知道，倾诉是人的本能，和不熟的人在一起，你只需要主动问起他自己的事，特别要聊那些他拿手的、得意的事，一般人是把持不住的，会自动进入话痨模式。然后，你只管重复这三句话："嗯对""啊？""哈哈就是就是"，再配上时不时一脸疑惑，时不时恍然大悟一拍桌子："我怎么没想到！"效果更佳。

总之一句话，他来讲，你来确认、引导、附和，高情商的标签你想丢掉都难。

至于和熟悉的人在一起，另当别论。

不吝惜赞美别人，也不非要别人来赞美

有一个让我痛心的故事是这样讲的：女生约会之前早早起来认真洗头发，精心抹上护发素，涂好指甲油，认真选衣服，化妆比平时更上心，做好发型，喷上香水……只为了见面后，你的第一句话是"你今天好可爱呀！"

但是你没有。你看她来了，连忙关掉王者荣耀，还自以为有礼貌地问："来啦，我们一会儿吃什么呢？"

高情商的人懂得关注对方，尤其是对方的优点和用心之处，会毫不吝惜自己的赞美。

为什么有人让你感觉如沐春风？因为春风让人舒服。反过来，女生要是没有听到赞美是不是就会失望呢？高情商的女生不会这样做。

她会掂量你是不是还有闪光之处，判断是继续忍受你这个木鱼脑袋，还是看完电影回家给你发张好人卡。

你吝惜赞美人家，人家不会非管你要，换个人来赞美自己就是。

关注那些不被关注的人

上面两条都是讲人际交往的，下面这条不是你做不到，而是你想不到。你一旦意识到了，很容易就能学会。

一位物流公司的区域经理跟我讲，如果不是有利益关系，她平时很少主动跟"大人物"们搭讪打招呼。因为大人物们得到的尊重和关注太多了，他们不稀罕。你的示好不光是徒劳，很可能还是在自我贬低。你的生命也有限，不要浪费在不美好的事情上。

而公司里的保洁阿姨、路边发传单的大学生、奔波在电梯口的快递小哥、寒风里摆馄饨摊的中年大叔、刚进格子间的实习生……如果你曾经主动和这些很少得到关注的人搭讪示好，他们眼里的光一定让你感动过。

一方面，这种感动可以带给你高自尊心理活动；另一方面，哪怕是从非功利的角度来看，你的善意会大大激发另一个善意，你是在让环境变得更温情、更融洽。

当然了，从功利角度看，说不定在未来的某个时刻，小人物也会帮上你的大忙。

高情商有时候要用脑，有时候要用心。

坚持一项非功利的爱好

如果你问我在人生低谷的时候最需要什么？是朋友，还是家人？

我想说，朋友有自己的事，家人也会力不从心，一项非功利的爱好，才是属于你的。它能陪伴你，帮助你一个人撑下去。

就像我一个创业的老哥，他生意滑坡的时候，偏偏赶上了妻子出车祸。站在病房的窗户边，身旁是一直昏迷不醒的妻子，债主就在来的路上。他好几次都想干脆跳下去一了百了。一次偶然的机会，窗外的梧桐树引起了他的注意，他心念一动，请护士拿过来铅笔和纸，一笔一画地画起了素描。

后来他说，自从开始画画，他每天就不东想西想折磨自己了，真的就是靠这项既不专业也不受关注的爱好，熬过了那些蹲守病房的日子。

按照你想象的版本，是不是他现在已经小有名气，靠着画画吃饭了呢？

完全没有。坦白讲，到现在为止，他的画不过也就比我们普通人强了那么一点点，不过，那又有什么关系呢？只要还活着，你就还有机会，还能留在牌桌上不出局。

你看，我们不光要想通一件事，还要去做、去养成习惯，最好是有"瘾"了，才能让自己沉浸其中，忘掉俗世烦恼，度过人生难关。

一般不惹事,从来不好惹

我觉得"高情商"被黑得最惨的一次,大概是有人说拥有高情商的人任何时候都不会生气,和每个人都能和睦相处。

请你听我一句劝,高情商绝对不是"不会生气",而是:能不生气解决的我不生气;要靠生气才能解决的,我生起气来连自己都怕。

平时和邻居多打招呼,电梯里多关心关心小朋友,如果楼上下水管道漏了,人家主动来道歉,你不需要生气;有时候出差,带点当地特产回办公室,主动送给每个人,别漏掉嘴巴最损那个,也要记得不怎么说话的那个;360度考评出结果要是不怎么好,你也不需要生气。

如果有男同事老是咸猪手,小区的熊孩子总是一脚踹在你新车上,你该发飙就发飙,该吵架就吵架。

生气不是目的,是手段,是为了让不知好歹的人明白边界在哪儿,你容忍的限度在哪儿。

有些人特别是有些女生,在内心深处害怕和人发生冲突。其实,你吵一回就知道了,只要你有理有据,冲突没那么可怕,甚至吵出成果时你还会觉得很痛快。反倒是你想发火又不敢,一直压抑在心里,会长期处于亚健康状态,甚至造成心理疾病,你对好人好、对坏人好、对所有人都好,唯独不对自己好,这不就是搞反了吗?

高情商的人,一般不惹事也从来不好惹,他们的个性是温柔善良,不怕硬刚。

每一个职场人,都要给自己攒口碑

有一次,公司一个离职员工小 W 给我打电话,说想介绍一个项目给我。

这个小 W 之前在别的部门,业务上和我有过交集,接触几次下来,我发现她的能力和职位要求存在差距,很多时候项目组讨论,她跟其他人都不合拍。但是作为项目负责人,有一次向大老板汇报工作,想着女孩子脸皮薄,我给她留了情面,轻飘飘一句话带过了她的失误,看得出来,她是明白的。之后,小 W 跳槽去了行业里另一家公司。

聊到最后,我挺奇怪地问:"项目怎么不留着自己做呀?"

她解释说,这个项目不在现在公司做的细分领域。

我又问:"那为什么要介绍给我呀?"

电话那头,她大概有点不好意思地笑了:"这个项目挺好的,不做可惜了,介绍给别人我又没信心,我觉得您接过去做成的可能性要大很多,万一真成了,您以后有了好项目,肯定能想起我来。"

听她讲完,我真的蛮欣慰。一为小 W 还能记得我这个前同事,专门介绍项目来合作；二为我一直奉行的一点：口碑的作用远比我们想象的大得多，混职场就是混口碑。

职场是典型的重复博弈，混职场就是混口碑

经济学上有一对非常重要的概念：单次博弈和重复博弈。

什么叫单次博弈呢？

2015年爆出的"青岛天价大虾"，2017年爆出的"雪乡宰客事件"，就是典型的单次博弈。在旅游景点，商家的目标客户是第一次来当地的外乡游客，他们绝大多数人这辈子不会再来第二次。所以，商家面对游客，抛开道德层面不谈，利益最大化的博弈方式就是一次狠宰个够，反正游客爽不爽也不会来第二次。

不爽的游客离开，新来的继续挨宰。要不是有游客在网上曝光，他们的日子过得舒服得很。

重复博弈呢？

你家楼下的面馆就是。不管是口感不佳，还是卫生条件堪忧，或者服务态度太差，任何一点做得不好，这家面馆就别想继续干了。因为它的目标客户是周围居民，需要回头客，它是需要"口碑"的。

职场是典型的重复博弈，混职场就是混口碑。

投身一个行业，加入一家公司，进入一个团队，可不是大家合伙宰客户，单次博弈干一票，一辈子就不愁吃喝，而是在给你的职业生涯慢慢积攒"口碑"。你接活儿挑不挑，出活儿快不快，人好不好沟通，不光只有直接主管知道。就像那位离职员工小W，我只开两次会，

就能摸到她水平的八九不离十。

至于你公务有没有私心，品格有没有瑕疵，性格直爽还是说话阴阳怪气，跟你在一起待久了，身边人自然都清楚。哪怕那些看起来和你打交道不多的，就不知道吗？多半是知道的，只是业务往来不多，人家不说而已。

年终考评、升职加薪、任务分配……主管和老板跷着二郎腿叼着牙签，考虑来考虑去，他们不光考虑你的业务能力，还要看客户怎么评价你，你和同事协作是不是通畅高效，有没有人对你所谓的优秀不以为然。不信你想想，周围的同事在你心里，是不是评价各不相同呢？

这就是口碑。

口碑不好，能力再强，领导会用他但是不太敢重用他。而口碑好的人常常是团队的压舱石，是公司裁员名单上最不容易出现的人。

每一个职场人，都要多往口碑账户里存钱

口碑听起来挺虚，看不见摸不着。但是，既然它这么重要，就有人打它的主意，把它变成一个看得见、摸得着的东西，用在团队管理和公司运营上面。

我要说的就是"罗辑思维"这家公司，他们搞了一个听起来很没有节操的制度，叫作"节操币"。每个月，每名员工可以获得10枚节操币，每张币有对应的面值。

有意思的是，节操币不能自己使用，必须公开赠予同事，而且必须要说明你为什么赠予他,比如他沟通态度特别好,他帮了你什么忙,他教了你什么知识技能……每个月月底,公司会公示当月的"节操王",看看每个人在团队协作里起到了多大的作用。每年收到节操币最多的人被称为年度节操王,可以获得多发三倍月薪的奖励。

这节操币其实就是实物化的口碑。这是每个员工用一张张实打实的选票给公司里的所有人做了一个口碑排名。这个公开的排名直接施压给那些在协作态度、协作能力上欠缺的人,他们必须要改进自己,否则就不得不离开。

看到这里,如果你平时不太注意自己的口碑积累,是不是有点庆幸自己不在这样的公司?

如果这样想,那你就错了。

你公司的同事,你行业里的同仁,心里都有一个专属你的口碑账户。你做事靠谱,你帮了他,你对他好……都是在给这个账户里"存钱"。反之,你就是在透支自己的口碑账户。

只不过,跟罗辑思维的节操币不一样,这种叫"口碑"的钱没有人会拿出来给你看,所以你平时不会知道在别人心中你的口碑怎么样,直到某些关键时刻。比如人们常说,35岁以后找工作,靠简历找就是失败。

不靠简历靠什么?靠口碑。

你帮H公司搞定了客户,签下大单,用不了三天,全行业的新员工都会当你是战神。你在A公司时,背后捅了同事M一刀,他的朋友N离职后,会把这件事带到B公司说,至于怎么说,全凭人家一张嘴。

我经常说要拉长时间来看问题,口碑就是一个典型的"长时间维度"的东西。它攒起来很慢,靠你一天天用心,一年年积累,可是失去它却很容易——某次无心的不负责任,或者一场小意外,都会让你的苦心经营打水漂。所以,这来之不易的口碑自然宝贵。

那些职场上混得好的人,能力强当然是前提,但是如果你问他怎么那么值钱,他会一边敷衍你,一边在心里暗暗得意:"那是,我年薪100万,20万凭能力,80万都是靠口碑啊!"

CHAPTER 6

第六章

修炼你的心智,
无惧困境与危机

即使面对千军万马,你要斩杀的也只有面前一人

你生活中遇到的那些困难,那些看起来不可能完成的任务,真的有那么难吗?

其实不是。

熟悉我的人都知道,我大学时英语非常差,四级考了四次才过,六级至今没过,但是考研英语一次过关。下面,我就从考研时背单词讲起。

单词怎么背呢?

我在当时是个不自量力的学渣——要面对考研英语的第一个难题。

一个师兄跟我讲,很多人背单词记不住,不是因为单词难背,而是会忘。师兄说,最好的记忆方式是在你"快忘但是还没有忘"的时候再背一次,你的记忆就得到强化了。一个单词要真正记牢,需要背七遍。

那个夏天,我把一本256页的单词书分成26组,一组10页,每

页大概有 25 个单词。按照师兄的提醒，我制定了一个横跨三个月的计划，让每一个单词都能被背 7 遍。

实行这个计划一开始难度并不大，但是后面逐渐加码，直到第 16 天需要连续 10 天，每天背 5 组，也就是 50 页，大概每天要记 1250 个单词。虽然其中 4 组之前背过，但有些单词毕竟会忘，得花时间重新记，这就痛苦了。任务量最大那几天，我从早上背到中午，背到饿得前胸贴后背。

我记得那会儿坐在自习室，给自己各种心理暗示——加油，背一个就少一个！加油，背一个再少一个！中午，食堂都关门了我还在背，没完成任务就死活不让自己吃饭。

终于，魔鬼一样的连续 10 天背单词结束后，后面就越来越轻松了。三个月后，我最喜欢的游戏变成了和同学互相抽背单词，然后轻松赢过对方。

完成一件事，其实只需要两个步骤

你们看，是不是很简单？

总结一下，如果完成一项任务需要管住自己，那其实只需要两步：第一步，科学地制定计划；第二步，不折不扣地完成计划。

这里只讲"不折不扣地完成计划"。后来，我考研成功、毕业、工作，在很多年后听到了一句话，是日本战国时代的剑圣宫本武藏说的："即使面对千军万马，你要斩杀的其实只有你面前的一人。"

我当时一惊：这不就是我当年背单词的诀窍吗？

所以说，大家完不成难度大的事不是制定计划有多难，而是看着厚厚一本单词书才背了两页，你就害怕了；减肥才三天，看着体重秤上的数字毫无波动，你就退缩了。

其实，如果你只把注意力放在"每天做两组运动，跑3000米"上，减肥目标是很容易达到的。如果你觉得跑3公里很难，不要紧，可以先跑400米。

不要小瞧400米，完成它可以给你一种强烈的心理暗示："我可以的。"这个心理暗示或者说这种心理优势，才是你真正的收获。有了400米的成功，就可以有500米、1000米……1万米，一直到完成马拉松。

从心理优势到精神血统

关于心理优势，再给大家讲两个例子。

第一个例子，是关于美国海军海豹突击队的前任指挥官杰克·威林克的。

威林克退役后，有一次在朋友家做客，留宿了一晚。第二天早上，朋友的女朋友发现威林克很早就起床了，一直在看书，因为他实在起太早了，她都不知道怎么招待他。

威林克后来解释说，每天清晨4：45起床是他在海豹突击队养成的习惯，即使现在已经退役了，他也总觉得世界上某个地方有个敌人正手拿武器等着跟他交锋。早起，能让他获得一种在心理上战胜了敌人的感觉。这种感觉就是一种心理优势。

第二个例子是中国女排。

看完关于女排的电影《夺冠》后,我和朋友聊起了这部电影。有个朋友说,所有的球队都以能参加奥运会为荣,因为参加奥运会本身就是一种荣誉。还有一些球队,她们曾经品尝过冠军的滋味,在那以后,除冠军以外的其他名次都不能被称作荣誉了。

我一听就懂了。我完全可以想象,这一批女排姑娘被招进国家队,看着荣誉室里摆放的一个个冠军奖杯,看到前辈们创造的"五连冠"奇迹和老女排的漳州基地,她们会怎么想——"前辈们是冠军,我们怎么可以不是呢?"即使拿到了很多球队梦寐以求的亚军,她们也只会感到痛苦,感到深深的挫败,这也是一种心理优势。这种心理优势甚至会成为一种"精神血统"。

拿冠军,而且只拿冠军,就成了中国女排的精神血统。

血统,是可以一代代继承的。

别人可以,你一定也可以

我讲"不折不扣地完成计划"是想提醒大家,完成计划的时候不必着急,即使是面对千军万马,盯着"眼前你要斩杀的这一人"就可以了。

人都是血肉之躯,别人可以,你也一定可以。

更重要的是,我希望大家可以建立起心理优势。这个优势不是你要跟谁比,或者产生什么优越感,而是要跟曾经的那个"你"比。你要超越自己,就得努力完成一件困难的事。你完成了,获得心理优势,才会有勇气去挑战下一个困难,心理优势才会越来越大,直到融入你的精神血统。

如果把每一天的你看作前一天的你的延续,那么现在的你就已经继承了少年时代、青年时代的精神血统,承受过的苦都写在脸上,战胜过的难都已经融入气质。

这种人看上去平平无奇,可你和他聊上几句,就能感受到强大的内在力量。他一旦出手,力道就像千军万马,延绵不尽。

陷入困境，普通人应该怎么办

有个小伙伴去公司实习，跟不上节奏被辞退了；有个女生，爹妈一把年纪还要离婚，自己夹在中间两头不是人；还有一个男生，热恋期间居然发现还有人在追他女友，心里很崩溃……我们遇到不顺心的事心情自然差，更别说打起精神应对了。

那今天我们来拆解一本书吧，就是我最近读的《逆商》，作者是美国的保罗·史托兹。

我们遇到不顺心的事一般都会打鸡血鼓励自己，讲一大堆名人励志故事，但热血沸腾之后起不了什么作用。而《逆商》的作者保罗·史托兹就专门研究这种情况，做了一套模型出来，解释为什么有人能从逆境中走出来，有人则躺在泥坑里动都不想动。

书里的模型主要有两个：一个是逆商的四维度，叫作CORE；另一个是LEAD工具。

今天先来说说CORE。

什么是逆商

在这之前,我先说说什么是逆商。

保罗·史托兹讲了一个例子。大家都知道所谓全球四大最厉害的会计事务所,其中有一家叫"德勤"。

德勤这种大公司层级森严,精英云集,干得足够好才能晋升为合伙人。这个公司选拔合伙人的最后一关设计得特别巧妙,或者说特别刁钻。他们把六到八个人分到一个团队,给每个团队定一个课题,然后让他们在短时间内制定策略、收集数据,最后做一个报告出来汇报。精英们一直干到最后一个通宵,离截止时间只剩两个小时的时候,所有人都已经心力交瘁,累得要死。这个时候,会有一个大领导走到这个团队面前,宣布一个新消息,让他们之前所有的努力都白费。

看出来了吧?课题什么的都是幌子,真正的考验是这个。

他离开后,有人当场就崩溃了,开始抱头痛哭;有人会愤怒地摔杯子;还有人会一直发呆,不愿意接受现实。

场外的大屏幕上,领导把每个人的表现都看得清清楚楚。

这里面,只有极少数人会迅速冷静下来鼓励团队,引导大家抓紧时间调整方案来适应新情况。最后,这种人会胜出成为合伙人。

这种考验方式考的是专业能力和行业经验吗?能走到这一步的全都是精英中的精英,根本不缺能力。它考的就是逆商。

书上是这样说的:"德勤意识到,在持续不断的逆境面前,只有那些仍能坚持不懈、创新并始终坚持的人才会获得成功。"

那下面进入正题,讲一下 CORE。遇到坏事了,你应该怎么思考?

第六章 修炼你的心智，无惧困境与危机

逆商，首先是"掌控感"

CORE 的第一个字母 C 指的是 Control，意思是"掌控感"，即你要坚信什么事都难不倒你。

这有点像杨笠说的："明明那么普通，却能那么自信。"这话虽然是在讽刺男生，但我一直都在讲，不管男女都要这样，你哪怕普通也要自信。大多数人都想："我太普通了，所以我不可能获得自信。"如果你要获得掌控感，就要反过来想："自信不需要理由，只有首先自信，我才可能变得不那么普通。"

说到掌控感，我职业生涯中遇到过一次跟德勤考核几乎一模一样的事。我那会儿还年轻，当场就现出原形了。

那次我们在华为海外投了一个标，标很大，接近 3 亿美元，而且战略意义重大。总部专门派过来一个投标经理，据说经理经验非常丰富，负责组织我们几个报价，还指导着整个项目组二十多人。大家连续奋战两个月，直到最后一个通宵。凌晨 4 点了，还有一个多小时就要打印标书了，这时有人忽然发现总表价格和分表价格居然对不上！按照投标要求，这是要废标的。当时我一听到这个消息立刻崩溃了，脑袋里就剩三个字：完蛋了。别说丢标，连辞职我都开始考虑了。

投标经理是个姐姐，她把我们几个叫过来说："小伙子们，不要紧张，我之前遇到过比现在更糟糕的情况，照样能搞定，所以你们要相信我，也要相信自己。来，我们分一下工，重新把报价检查一遍，肯定能找出问题来！"

我们聚集在一个屋子里，手机关机，不准说话，屋里只有鼠标声

和敲键盘声,大约用了半小时就找到错误了。

我刚才写的那段话几乎是投标经理的原话,因为她对糟糕局面的那种"不由分说"的掌控感给人印象实在太深。

现在遇到麻烦,特别是要救火的时候,我都会去卫生间用冷水洗个脸,让自己清醒一下:事情肯定还有挽救的余地,来来来,看一下还能再做点什么。

逆商,还有"担当力、影响度、持续性"

CORE 四维度的另外三个,分别是担当力(Ownership)、影响度(Reach)和持续性(Endurance)。

担当力,按照《逆商》中的说法,就是"你在多大程度上能担起责任,改善现状,不管起因是什么"。

我觉得这句话的精髓,在于"不管起因是什么",这事儿哪怕不是你的错,但只要影响到你,你就得把它担起来,而不是抱怨、委屈或者责怪其他人。一句话:除了讲对错,还要讲结果。

我一个朋友就遇到过这种事,他有一次刚搬进出租屋住了几天,换锁师傅和房东就在家门口吵起来了。师傅说锁有问题,安不了,收上门费 100 块;房东说锁是你弄坏的,没让你赔就不错了,上门费免谈。他在里屋关上门,吵架声还是很大,大厂的视频面试马上要开始了,真是要命啊,怎么办?

他自掏腰包把两人打发走了,没耽误面试。

你说这不傻吗,这 100 块跟他一点关系都没有,凭什么要掏?他的想法就不一样,他说:我相当于多掏 100 块,买了个年薪几十万的好工作,很划算。

这就是担当力。

至于影响度和持续性,就是你要去判断,这件不顺心的事的影响范围究竟有多大,会持续多久?千万不要夸大。

领导批评你,就是一次批评,你表现好了他也会表扬;车子被贴罚单,罚你 200 元就认罚,用不着跟交警记一辈子仇;工作丢了就丢了,就是一份工作,这个职位本来你也没多喜欢。哪怕跟伴侣吵架,也不代表生活会四分五裂。

另外,也不要给自己贴标签:哎呀,我就是有拖延症;我就是记性不好,这是遗传我妈的;我没有学习的基因,特别是理工科;我们家都是 5 分钟热情,我也没办法……贴标签就表示你已经认命了,你都认了,能改变才怪。

不要用一个早晨的挫败毁掉一整天。

不要因为一年两年的低谷就否定自己一生。

逆商的根本,是要学会情绪控制

掌控感、担当力、影响度、持续性,我看这所谓的四维度其实也没那么玄乎,有些道理你可能听过,只是不一定这么全面且操作性强。

那为什么还是有人逆商低,遇到事儿容易犯傻呢?

就像爬山的时候,你忽然失足挂在半空的树枝上,树枝吱吱呀呀响,随时会断裂。恐惧、惊慌、错愕,你一通挣扎,结果本来还能撑几分钟的树枝几秒钟就断了。

归根到底，还是在于你的情绪控制力怎么样。

幸好在生活中，挂在树枝上只有几分钟留给你的情况并不多见。遇到不顺心的事儿，你一时间接受不了很正常。别崩溃，也别胡思乱想，等稍微缓过神来，再用这个 CORE 四维度来看，情况通常没你想象的那么糟。搞清楚局面了，脑筋动起来了，离想出办法也就不远了。

当然，这个肯定需要历练，就像那个投标的姐姐，人家是经历的事多了，才能那么从容。

她可以做到，你也可以做到。

做到这四点，成功逆转职场危机

如果你是一个有进取心的职场人，请一定要小心所谓的"重复性劳动"，这可是大多数职场危机的罪魁祸首。

什么叫重复性劳动？

你也许会以为，重复性劳动是指那些主要通过体力完成的工作：送外卖、发传单或掺杂少部分脑力的工作，比如测绘，采购，天天和供应商谈判，节约成本控制预算等。

其实不是。即使是某些高强度的脑力工作，依然算重复性劳动。比如，被大家认为重复性低的销售，其实时间长了，销售员也会按固定套路把销售流程当作例行公事走完。日复一日的重复性劳动使他工作越来越熟练，但成长却越来越缓慢。

现在，轮到90后、00后面对职场了。

我的侄女小姜，1990年出生，毕业后在一家电力设计院做造价咨询。前些年国家大力投入基建，她活儿多加班多奖金也多，可现在基建投资萎缩，她没活儿干，只能拿个基本工资。小姜说，时间倒是有一大把了，可惜扣掉房租剩不了几个钱，平时看个电影吃个饭还要犹豫半天。她本想跳槽，偷偷面试了几家后，发现去每家面试都是第一次面试就结束了：人家觉得她会的东西太少，薪水要得还挺高。

电话里，小姑娘对自己无比失望："叔，其实我自己都知道，就像人家说的，我真的是把一年学会的东西用了整整五六年啊！"

小姜这样的职场人，你也认识很多吧？反正我认识的大多数90后，没网上讲的那么佛系，他们也像80后那样相信个人奋斗，对事业有追求，对生活有盼头。

可是，残酷的现实让他们慢慢意识到，自己正在像当初的80后那样，在"重复性劳动"的温水里慢慢变成"青蛙"。行业有动荡，或者遇到公司变革，甚至跟直属领导关系恶化，他们会分分钟面临降薪裁员，远大前程秒变职场危机。

那么，应该怎样破解职场"重复性劳动"呢？我总结为需要回答的四个问题：劳动是否有外延性？方案是否有系统性？能力可否被工具化？价值是否能资源化？

看完之后请你仔细观察周围，同样的活儿，有人完成得中规中矩，有人完成得出其不意。

同样是打工，有人成长必然遭遇天花板，而有些人的职业发展轨迹是一条斜率陡得多的曲线。

请你耐心看完这四点，以便不重蹈前辈们的覆辙。

第六章 修炼你的心智，无惧困境与危机

劳动是否有外延性

我经常买书，慢慢地，书柜放不下了。有一次在小区附近的地铁口找了一个看着挺憨厚的小伙子帮我在墙上钻孔装隔板。我听见屋里"轰轰轰"一顿电钻响，一会儿没动静了，又过了一会儿，我走进去看见他在扫地，再抬头一看，他不光把隔板装好了，还拿着毛巾把隔板擦干净了。我本来在地上堆得乱七八糟的书也被他放在隔板上，码得整整齐齐的。

我开玩笑说："小伙子可以了，地不用扫了，不然我还得付你扫地的钱。"

他笑笑，说："地已经扫干净了，大哥您不用付我扫地钱，下回还有钻孔的活儿，还有抹泥子、打墙砌墙什么的，直接找我就行，这是我电话。"

他说着还递过来一张名片。

虽然后来没找过他，不过有一次听小区邻居说要重新把阳台的防水做一下时，我就推荐了他，听说做完后邻居也很满意。

这个小伙子做的是不是"重复性劳动"？

当然是了，而且技术含量并不高。

可是，在本职工作（钻孔）已经很难和其他人拉开差距的时候，他选择了为自己的服务扩展外延，给"重复性劳动"添上了体贴度和个性化服务，也给自己的手艺和品牌带来了附加价值。

我经常说，这个世界属于有心人，人和人的区别大多数时候并不是谁比谁有背景，谁比谁更聪明，而是谁比谁更用心。有的小保姆，从简单的工作到帮雇主买菜、记账、冲茶、泡咖啡，再到学会做饭菜，辞职时主人用市场价的两倍工资挽留。有的前台小妹，除了日常的行政工作，还积极学习产品知识，争取实践机会，慢慢成为销售部门的明星员工。

你看，如何在一点一滴的"重复性劳动"中用心思考对方究竟要什么、关心什么、担心什么，尽可能为自己的产品或服务增加外延价值，才是积极面对"重复性劳动"的正确态度。

方案是否有系统性

做公司内部培训时，我曾经向员工推荐过管理大师彼得·圣吉的经典商业教材《第五项修炼》，要求他们一定要精读里面关于系统性思维的一章。

什么是系统性思维？

一名员工的课后总结，我觉得很到位："意识到事物之间的相互联系，并学会在系统之外的更大系统中去寻找解决途径。"

刚才谈到的外延性，是立足自己的单一工作，同时增加外延服务的价值。系统性则是聚焦工作本身，不按常规的重复性流程行事，加入更多系统外的变量，盘活系统内的资源。

我刚买房那阵子在同一个小区租房子，打算花一年时间装修和敞新房。房产中介小孟是个黑黑瘦瘦的小女孩，她帮我找了一套房子，房东在小区里有两套房，自住一套，出租一套。我们很快看完房，价格、车位和付款方式都谈妥了。

第六章 修炼你的心智，无惧困境与危机

临签约前两天，小孟忽然给我打电话说，房东儿子从外地开车回来，需要地方停车，所以车位不能租给我，从房子租金里扣掉车位那部分就行。

我当然不同意，当初选择他家房子的一个重要原因就是房子带车位（我们小区车位紧张），而且车位就在房子下楼的电梯旁边，非常方便。

小孟只好去回复房东。

又过了两天，小孟打电话通知我签约，我问她车位的事，她说："房东运气太好了，刚好碰到有人出租车位，已经解决了。"

哦，那还真是运气好，我也没再多问。

住进去两个月后，有一次去物业管理中心交物业管理费时，我才无意中听说了上回小孟搞定车位的玄机。原来，她把租车位的价格主动抬高100块，然后自掏腰包每个月贴这100块，帮房东儿子租了一年，自己一共贴了1200块钱。

你可能会想，那她不是亏了吗？

我当时也是这样想的。后来才知道，那会儿小孟正在冲刺全年业绩第一，就差我这套房了，冲下来以后公司给发了好几万奖金，比起奖金来，1200块算什么？

我是销售出身，也算是久经沙场，当时听到小孟这番操作，忍不住暗暗咋舌。我想起她那个黑黑瘦瘦的样子，真是不可貌相，在房产中介这种高重复性劳动的职位，小孟真的是系统性思维的高手。她没有因为突发情况就放弃，而是积极考虑租房交易系统之外的资源，综合分析，作出适当牺牲，去赢得更大的利益。

那么你呢？面对手头的工作，你是每次按照常规套路，行就行，不行就随它去，还是千方百计地去寻找系统之外的资源来帮助自己完成任务呢？

换句话说，你的方案有"系统性"吗？

能力可否被工具化

有人要求你在最快时间内把一片农田的秧插完，还要保证质量。你是去请教一位老农民呢，还是买本插秧的书回家自己看呢？

正确答案是：借一台插秧机。

面对重复性劳动，光提高自身效率有用吗？没有。因为无论你怎么提高效率，也只是从一个插秧的新手变成一个经验丰富的老农，而且，还要花费数十年的时间。即便如此，你插秧的速度和插秧机完全不在一个量级。你几天才能完成的工作，机器只需要几小时。

这就是重复性劳动常常让人忽略的一点：你的能力其实可以被"工具化"。

我记得小学时，银行每年都要举行点钞比赛，点得又准又快的职员还能拿名次赢福利。现在，点钞机大量应用，点钞快的职员不再具有优势，人和人之间也不需要比赛点钞了。

还是拿银行举例。

ATM 机在 20 世纪 90 年代被引进国内，既方便又快捷，存取款等业务被 ATM 机"工具化"，大量人力被淘汰。而 2021 年 3 月，主业是为银行提供 ATM 机服务的新三板公司维珍创意，与 2020 年相比，营业收入同比下降60.74%，净利润同比下降90.68%。

为什么？因为大家都不太喜欢用纸币了，当初的先进工具ATM机正在逐渐退出历史舞台，淘汰掉它的是更加先进的工具：互联网带来的无现金支付方式。

如果你的工作中存在大量的重复性劳动，请务必充分利用工具：比如用Excel可以简化大量统计分析工作；比如用思维导图软件可以省去许多文档编辑和整理的时间；比如各种项目管理软件、语音翻录软件、语法检查器、图片编译器……

会使用工具的人正在将不会使用，甚至不知道还可以使用工具的人远远甩在身后。

尽可能把你的能力工具化，从重复性劳动中解放出自己的时间。

价值是否能资源化

记得2021年8月，国内创投圈传出一条重磅新闻：陆奇加入了YC（创业投资及加速器）。

陆奇是谁？1996年从卡耐基梅隆大学获得博士学位，陆续加入IBM（万国商业机器公司）、雅虎、微软，直至升任微软全球执行副总裁，成为迄今为止美国科技圈职位最高的华人高管。从百度副董事长的位置上离开3个月后，2021年8月14日，陆奇加入YC，成为YC中国的创始人。YC曾投资Dropbox（多宝箱）、Airbnb（爱彼迎）等独角兽公司，是硅谷最为成功的孵化器。

那么问题来了，YC为什么会选择陆奇？

圈子里的人都知道，像陆奇这样的人物，创造的价值已经不能仅仅用"能力"来描述了，而要用到另外一个词：资源。他的价值已经"资源化"了。

就像有人说的：陆奇的光环效应，在团队组建上正在产生事半功倍的效果，许多行业大咖都在打听陆奇的招聘渠道。

"一个人真正的影响力和领导力，在于脱离平台标签后依然有大批牛人追逐。"

不光如此，未来YC中国在国内的各项业务开展，也一定会因为陆奇这个名字，在人脉、资金、项目、政策等方面得到极大的便利。

陆奇是不是很牛？是很牛，不过，想像陆奇一样优秀太难了。好消息是，你即使不能成为陆奇，依然可以往这些方向努力。

足不出户，就有老客户电话来谈下订单。

行业里任何一个环节，都有人愿意和你交换信息，成为你的信息源。

成为团队的核心，有人愿意跳槽追随你。

成为技术发展某个方向上有资格、有分量的发言者。

别人见不到的人，你能见到。

别人没有的电话号码，你能随时打通。

……

这就是我真正想说的：一个人在职场上进阶的终极目标就是依靠工具解放自己的时间，学会调用系统外部的资源，同时拓展价值外延，最终让自己的价值资源化。

那个时候，你出卖的就不再是不可复制的时间，而是附加在你身上的各种资源。任何时候想跳槽或单干,你放出风去就能接到四周抛来的橄榄枝,不再重复劳动,只用稀缺价值工作。

无论是80后、90后,甚至00后,只有不再沉迷于重复性劳动带来的轻松和安全感,才能真正避开职场危机,赢得职业生涯的竞争。而任何没有方向、没有策略的努力,都必然造就出温水青蛙,这样的人最终只能坐以待毙。

低谷时期，应该做的三件事

人这辈子真的太长了，也许有辉煌，但很快会过去；低谷必然也有，但未必会一直都在其中。而且对于我们大多数没有任何资源和背景的人来说，往往是在低谷的表现决定了我们能多久爬出低谷，爬出去之后，能到达多高的地方。

所以当有人来咨询我的时候，我总会说，人在低谷也是有好处的。在我看来，低谷期至少有这么三件事值得你去做。

收获朋友

我人生中最近一次低谷在2013年。那会儿我在深圳，创业失败，心里成天空荡荡的，感觉像走在一条长长的隧道里，两头都没有光，我不知道该往左还是往右，究竟要走多久。

幸好，我还有朋友。有的时候，我和一帮朋友出去踢球、喝酒、扯淡，在饭店关门前，拼命把自己灌醉，然后在回去的出租车上，一边想吐,一边使劲儿忍住。还有的时候,一个朋友专程从国外赶来陪我,我们去深圳大学打篮球,在操场上看露天电影,再回我住处换身衣服到购物公园边上的酒吧,在震天响的音乐和吼叫声里从晚上嗨到半夜。凌晨三四点从酒吧出来,我们坐在街对面的露天椅子上,醉醺醺地等着天亮,然后道别。

这位朋友从来不让我买单。有一次,我们逛街逛到购物广场,我说我钱不多,请你吃个云南米线吧。他说:"大哥,你知道我吃不了辣的,日料不辣,请我吃日料吧。"

吃日料?我哪有这个钱!最后还是他买了单。

后来,我境遇慢慢好了起来,事情越来越多,新交的"朋友"也越来越多。但我很清楚,这个时候愿意来结交你的人只是因为你"有用",那不叫朋友,那叫合作伙伴。只有当你"毫无价值",什么都不是的时候,生活才会展现出它毫不留情的一面。

所以,我给你的第一个建议是:处于人生低谷时,好好看看是谁愿意拿出宝贵的时间陪你玩耍、和你聊天,心甘情愿地为你买单。珍惜他们,这个时候收获的是可以相信一辈子的朋友。

合作伙伴当然越多越好,但只有朋友才值得深交;也只有真正的朋友才能放心依靠。

积蓄能量

有人问过我:写职场公众号,每周至少输出两篇高质量文章,你是怎么办到的?

我想了想说，可能是因为2013年那会儿，人生正在低谷期吧。

那会儿是真的闲，除了约着朋友玩，其他时间我几乎都在看书，也没什么目的，从政治历史到商业文化、到艺术法律，当然还有小说，喜欢就买来看，速度也不快，一周看个一两本，经常是刚刚翻完一本侦探小说，又拿起一本犯罪心理学，边看边记笔记，记完笔记再写点随想，比大学那会儿还认真。有时，为了凑够书钱省运费，我会再看一本童话。连童话都不放过，现在想想挺可怕的。

至于看完以后有什么用？从来没想过。

后来开公众号，写职场文章，刚开始那段时间其实挺痛苦，忽然有一天，我觉得似乎"开窍"了，工作以来的经历和当年看书时的点滴思考像是发生了化学反应，关于商业和职场的想法喷涌而出，下笔如有神助。

直到有一天，我读到乔布斯在斯坦福大学毕业典礼上的名为《三个故事》的演讲稿。在演讲中他说道："你要坚信，你现在所经历的，将在你未来的生命中串联起来。"

我觉得我被他看穿了。

看过的那一本本书，就像一颗颗珍珠，被"写公众号"这根丝线串联起来，成为一条漂漂亮亮的项链。

这就是我的第二个建议：人在低谷，恰恰是你积蓄能量的时候。

越是在低谷，越是在世界边缘，越无人打扰，你就越应该趁机积蓄能量。

第六章 修炼你的心智，无惧困境与危机

尝试把握新事物

最近看完一本书，俞敏洪的《我曾走在崩溃的边缘》。

书里讲了个什么事情呢？

俞敏洪领导新东方上市后的第七年，2012年7月，忽然遭到美国浑水公司（Muddy Waters Research）的攻击。它指责新东方在财务数据和学生人数上造假。两天之内，新东方股价从20美元跌到了9美元，俞敏洪面临着新东方退市、被美国股民起诉支付巨额赔偿的风险，一瞬间跌入低谷，走到他所说的"崩溃边缘"。

面对困境，俞敏洪找到一帮企业家朋友，坦诚相告新东方绝对没有作假，请朋友们出资帮他把股价拉升至12美元左右，然后聘请最专业的独立审计团队，向管理机构递交自证清白的材料，就这样，局面慢慢得到了稳定。

与此同时，俞敏洪发现这是一个机会。什么机会呢？给骨干员工发放期权。因为按照上市公司的运营机制，股价越低的时候发放期权，公司承担的成本就越低。那时的股价比平时要低50%，所以俞敏洪迅速启动发放期权的机制。

最后，新东方以极低的成本为骨干员工争取到了3年的长远利益，使一大批骨干人员稳定留在新东方。股民也慢慢恢复了信心，不到一年，股价慢慢上升至被攻击前的水平，风险反而化作了机会。困境卸下妆来，发现原来是成全。

当然，我们普通人没法儿像俞敏洪那样，能有那么大手笔。但是，当你处于人生低谷，还没有一件事需要你全身心、大力度地投入时，这个时候，正好适合尝试。

这一点，我就做得很不好。

2013年，我去华强北跟几个老同事吃饭，有人介绍了一个朋友，说他正在搞"速卖通"，就是大家说的"国际版淘宝"。他在赛格大厦租了个工位，条件很简陋。这个朋友知道我有海外销售背景，极力邀请我合伙一起搞。他跟我讲，阿里巴巴给它的扶持力度很大，据说口号是："2013年做速卖通就像2003年做淘宝。"

惭愧地讲，我那会儿还有"大公司强迫症"，心想你才几个人能干成什么，没花心思了解，更懒得思考，直接就婉拒了。后来听朋友说，那个人现在已经不开宝马7系，改开特斯拉了。另外，他刚全款买了套学区房。

和暴富擦肩而过，我觉得自己挺活该的。

如果你现在身处低谷，不妨想想我这三点建议：收获朋友，积蓄能量，尝试新事物。

人生路漫漫，不知道什么时候又峰回路转，当有一天回想起现在时，我希望你已经风轻云淡，可以欣慰地说："那会儿是挺难的，好在，我也没闲着。"

有这三种毒观念，永远别想再翻身

前些日子，朋友转给我一篇文章，标题叫《富豪沦为环卫工，才知道不能怪穷人不努力》。朋友问我文章怎么样，我说看完很不舒服。

文章介绍了一档香港真人秀节目《穷富翁大作战》，让一些上层社会的精英，比如商业大佬、富二代和金牌律师，去体验底层人士清洁工、流浪汉和小摊贩的生活。节目里，被安排去做清洁工的是香港纺织大王之子、服装集团主席田北辰。

田北辰住在只有1.6平方米的"笼屋"，和领低保的陈伯做邻居，每天早出晚归去做工。

亲身体会了两天之后，田北辰面对清洁工这种没奔头的处境，放弃了之前"如果你有斗志，即使是弱者，也可以变为强者"的观点，开始相信"穷人之所以过那种生活，不是他们没有斗志和努力，而是无论多努力都跳不出贫困圈"。

其他参加节目的精英，也都对自己当初的观念纷纷摇头，觉得自己之前"错怪"穷人了。

这个节目,堪称成人版的《变形记》。

文章里面还有这样两句话:"他们可能是付出最多的一类人,但是他们的收入却和付出不成正比。""他们当然想改变自己的命运,但是世界根本没有给他们机会。"

我们常说别喝毒鸡汤。这样的节目、这样的文章就是毒鸡汤。

因为它讲述的观点偏离常识、充满谬误,却符合人性,特别是符合穷人的人性——你看,我已经很努力了,我穷不能怪我自己;你看,换个所谓的富人,还不是一样跳不出我现在的困境。这样一来,我对生活沉重的责任感就可以先放一边了,哪怕最后,还是由自己买单。

我不舒服的,是节目和文章的创作者深深知道,只要讲出穷人的心里话,就能带来收视率和转发量,就能带来商业利益。因为这个世界永远是穷人多。

至于穷人是不是真相信了这些话,最后沉浸在穷的境遇里,永世不得翻身,他们才不会关心。正所谓"杀人莫过诛心"。

我现在不是富人,以前家里更穷。作为一个十八线小县城出生的穷学生,我靠自己一路拼命努力,现在终于可以坐在咖啡厅,和大城市出生的孩子一起喝一杯星巴克。我既没资格炫耀,也没必要自卑,实事求是而已。

下面我想提醒你的是,警惕这些毒鸡汤,远离下面三个让穷人永世不得翻身的毒观念。

第一个毒观念：妄想一步登天

我一边看那篇毒鸡汤，一边想问一个问题：那些底层人士，他们的父母呢怎么样？

没人知道富二代田北辰的"笼屋"邻居陈伯的父母是谁，我们倒是可以轻易查到田北辰的父亲田元灏，人称"一代裤王"，位列香港的江南四大家族董、唐、田、荣之一。

那么，田元灏的父亲呢？

网上是这样描述的：田元灏曾是香港纺织界的头面人物，1916年出生于上海，父亲只是个教书先生，家境并不富有。田元灏在上海雷士德工业学院半工半读主修机械工程，后来他拿到奖学金到英国曼彻斯特工业学院继续深造。

"父亲只是个教书先生，家境并不富有。"

田元灏是靠着自己的勤奋刻苦半工半读，拿到奖学金，加之后来的白手起家，才一步步获得了"香港纺织界头面人物"的地位，也才能给自己两个儿子田北俊、田北辰一个高起点。

对此，你有什么想法？

如果你非要拿富家子弟田北辰和穷人陈伯来对比，确实非常不公平，一个生下来就在罗马，一个永远到不了罗马。你不能一边看人家含着金勺子长大，一边看自己出身贫寒，就感叹命运不公，而无视人家的父辈、祖辈，也是胼手胝足一路打拼过来的事实。如果这样想，那说明在你潜意识里还有那种妄想"一步登天"的毒观念。

你应该拿田元灏的父亲、田北辰的爷爷，那位连名字都查不到的教书先生，来和陈伯的父亲做对比，我觉得可能更有意义。他们给了孩子不同的教育，让田家、陈家的后代走上了两条云泥之别的道路。

至于陈伯应该怎么做？我也不知道。但是，看到这篇文章的你们，生存条件都在陈伯之上，如果你还有工夫追热剧、刷抖音、打游戏，就没有资格提什么公平不公平，别天天想着一口气吃成个胖子。

如果在底层，你能不能先往平民努力？平民能不能勤俭持家，自强不息，混成个中产呢？

中产多花点心思在教育上，孩子才有更大概率向上爬升。别嫌爬升速度太慢，周围那么多妄想一夜暴富的人，因为贪念，被一次次割了韭菜，这样的例子难道还少吗？

这个世界，哪有什么一步登天？有的只是一个人、一个家族的厚积薄发而已。

第二个毒观念：迷信确定性

那篇毒鸡汤这样描述田北辰体验的清洁工的日常工作：在规定时间内清理一整条街的垃圾桶，完成之后，赶往下个地点继续打一份工甚至几份工。

清洁工辛苦吗？当然辛苦。

努力吗？当然努力。

这份工作既辛苦又不挣钱，原因究竟是什么？

答案当然很多，但我在这里想说一点：它的"确定性"太强了。

给多少钱、规定多少时间、扫哪些区域,清清楚楚,一目了然。

之前有读者问我,为什么有些行业比如金融、互联网,收入会这么高呢?大家都是肉体凡胎、接受的都是九年制义务教育,凭什么?

角度不同解释不同,我想跟你讲:因为这两个行业的最大特点是"不确定性"非常高。金融挣钱的逻辑是对市场预期判断,但这个太难、太不确定了。即使你不知道期货市场大起大落,让这个星球上无数最聪明、最有才华的大脑承受不住,最后破产甚至选择自杀,至少你也应该听说过,股票市场有多么坑爹。

至于互联网更是充满了不确定性。一个产品的成功,从需求不确定、规模不确定、技术不确定、商业模式不确定,到最后一将功成,出现让人瞠目的爆发性增长,中间要经过多少试错、多少拐弯和多少峰回路转。

这些"不确定性"你正在承受吗?只有把极度的"不确定"变成最后的"确定",才能体现你的价值,也才能赢得社会的回报——金钱。既没有承受"不确定性",还想挣大钱,这不叫不公平,这叫不讲理。

只喜欢"确定性"的人遍地都是。读书只看考试需要的,上学只学能找工作的,等找工作了,第一反应还是"工资高不高?离家近不近?会不会加班?"只关心"现在干多少,马上能挣多少",至于你让他了解了解科技前沿,关心关心行业动态,学习学习政策趋势——"啊,花时间在这些事儿上面,一定有用吗?"

说句难听的,这种人无论在哪个行业什么职位,都没什么本质区别。技术一旦进步、制度一旦变革,第一个裁掉的就是你。

迷信"确定性",路会越走越窄,人会越混越惨。

第三个毒观念:习惯随大流

有人总结了改革开放以来,普通人改变命运的几次机会,我觉得总结得蛮好。

从高考恢复到乡镇企业崛起,再从1992年"下海"到互联网普及,所有这些机会,除了高考,没有一个是普通人随大流就能抓住的。而且一个普通人依靠上大学实现阶层跨越的方式,也随着大学扩招变得越来越不管用了。阶层跃迁之路那么窄,靠随大流,你怎么可能找对方向。

那随大流能带来什么呢?

我特别喜欢一部电影,是以东北国企员工下岗为背景的《钢的琴》。正巧我去东北出差了好几次,走在沈阳的和平北大街,听当地朋友聊了不少关于铁西区、艳粉街的事。从1986年沈阳市防爆器械厂破产开始,一直到1995年沈阳重型机械厂、1996年沈阳拖拉机厂的陆续垮掉,成百上千个国企的"下岗潮"持续了10年以上。

并非一夜之间成了这样的。心思活络的年轻工人,去南方贩来牛仔裤,从零散卖货到拥有自己的档口,生意越做越大。有人一边在单位挂着名,一边开始寻思做点本地小生意,日子也慢慢有了起色。绝大多数人呢?选择了随大流,一个字:等。他们永远相信,工厂停了水电,领导会去解决;订单没了,领导会去争取……数十万、上百万人一直等到最后。幻想真正破灭时,能走的路已经狭窄得容不下你带上尊严了。

就像媒体报道的那样：有的家庭只好靠捡破烂为生；有的女人不得不去洗浴场所做皮肉生意；丈夫忍受不了妻子的抱怨，放下碗筷沉默着走向阳台，一跃而下……整整10年啊，你干什么去了？

所以，随大流带来了什么？我的答案是：内心虚幻的安全感和直到最后一刻才不得不接受的坠落。

如果你觉得东北离你太遥远，那么看看周围，当一家大公司破产、裁员时，大多数人都在懵懵懂懂随大流，谁是那些早早就离开另择高枝的少数人？他们不会把时间浪费在和一家走投无路的公司扯皮上面，不会把时间浪费在争取仨瓜俩枣的遣散费上面。他们对下面这个问题有明确的回答：个人的职业前途，难道不更加值得自己随时随地留心观察、仔细分析，然后果断止损吗？

随大流这种事不是不可以做，但那应该是你认真权衡后的独立选择。要知道，在你被随大流的毒观念害死时，那些拥有同样命运的甲乙丙丁是帮不上忙的。大家一起抓住悬崖边的枯枝，摇摇欲坠。你的放手坠落，可能会是他们唯一的救命机会。

如果要比，就要跟自己比

这个时代，人人都嫌自己太穷；人人都说自己太苦；人人也都知道，幸福是比较出来的。

不如你的人，你不屑比；比你过得好的人，你比不赢。幸福稀有，焦虑盛行，毒鸡汤满天飞。但我想说，一个人生下来，你决定不了身处的时代，也决定不了你的原生家庭，但是你可以决定跟谁比更能得到幸福，更能得到翻身的机会。

跟谁比呢？跟自己。

每天睡觉前，你能比白天更聪明一点，更强壮一点，更富有一点，就已经是一件了不起的事了。这意味着，你付出了辛勤和自律，你的生活有目的，也有节奏，上面提到的三个毒观念会离你很远。当有一天你回望，会看到来时的荆棘小路其实风光无限，然后你不再停留，而是转身朝着既定的方向，一边疾走一边抬起你高昂的头。

正如海明威所说："优于别人并不高贵，真正的高贵，是优于过去的自己。"

年轻人，如何在大城市站稳脚跟

前些天，我和一个高管朋友喝茶，聊起了一件事：她是如何被房产中介打脸的。

两个多月前，她家小孩转学，要在新学校旁边租一套房子。虽然房子租了，但她对中介印象很差：小伙子是个大舌头，吐字不清，她几乎每句话都听得很吃力，说话的口气自然也不耐烦。她还跟老公抱怨：这样的员工，怎么没被开掉呢？

过了两天，房东来电话，说临时有急事要出差，怕新买的家电到了没人在家，得过两周才能到货安装。她一下就措手不及了，她家住得远，和老公两个人都要上班，哪里有工夫给送货的人开门，一趟趟收货，一趟趟安装呢？眼看孩子就要开学，没办法，只好求助于中介小伙，虽然她也知道，租房协议签完，其实这事儿跟人家就没关系了。

谁知道，小伙子答应得很爽快。于是在那一周时间里，她时不时接到中介小伙的电话。

"姐，客厅和卧室的空调都安好了，卧室里面按您的要求，出风口没有正对床。"

"姐，煤气灶今天刚安好了，我明天去燃气公司开通一下，您下周就能用了。"

"姐，电冰箱到货了。"

"洗衣机到货安好了。"

"电视机安好了。"

……

全家人搬进去以后，她看着崭新的家电，一面心情愉快，一面感觉当初对小伙子有看法，心里有点过意不去。刚好，之前班上另一个宝妈的孩子也要转学过来，就被她介绍给了大舌头小伙子，宝妈也租了套房，挺满意。一来二去熟了，她才知道小伙子已经买房成家，在这个城市已经生活第七个年头了。

我一边听她讲事情经过，一边在想另一个问题：都说年轻人在大城市立足不容易，可是不也有人办到了吗？

焦虑是年轻人的常态，先得把心态放平

这年头，每个人都很焦虑，特别是年轻人。许多年轻人没背景，没关系，没资源，不少人连学历也很低，成天都在焦虑。

焦虑什么呢？没钱。

不过，你要是往深里问，他们想的其实是在月薪 5000 元的时候，就要开上 40 万、50 万的代步车；是在毕业两年，才刚能够独立干活

儿时,就想升任部门经理;是在还靠父母帮着出房租的时候,就要带着女朋友和女闺蜜去欧洲七八个国家旅行……

我来翻译一下他们的焦虑:怎么才能一夜暴富?实在不行,两夜也行。

说实话,这样的想法,真的拿来开开玩笑就好,要不然,炒股、炒币、P2P、加盟店……到处都是坑,都是套子等着你:

百度搜一下"炒币骗局",跳出来220万个结果;

搜"加盟骗局",660万个结果;

搜"彩票骗局",900万个结果;

搜"电信骗局",1100万个结果;

……

不信你自己搜试试。

如果你真正对自己负责,应该把心态放平,思考另一个问题:怎么才能在大城市里立足呢?

这个问题既不贪心,也很务实,会让人心生希望而不是焦虑。比如,刚才那个中介小伙子,就是我们身边再普通不过的例子。他做的这些事,难吗?并不难。我相信每个人都能做到。

那么,做这些琐碎活儿,这些笨活儿,对他的生活会有多大改变呢?

答案是,多签了这一单,多拿一些提成,就能让他在这座城市多待一个星期,或者更长一点时间。有了这点钱续命,他就有机会继续往前,路也会越走越宽。我们的目标,不就是在这座城市立足吗?

如果你只有机会送盒饭，那就从送盒饭开始吧

很多人抱怨没背景，没关系，没资源，说得难听点，那是你父母的问题，再往上追溯，是你祖辈的问题。父母和祖辈有他们的成长环境，也有他们自己的原因。那不是你要解决的问题，那是你必须接受的现实。那么，你就真的一无所有吗？

当然不是，健康的身体，良好的睡眠，乐观的心态和大把大把的时间，都是你最宝贵的资产。

有句话不知谁说的："哪怕有 1% 的机会，也要 100% 去争取。"我觉得说得很好，但是，未免太悲壮了点，有点破釜沉舟的意思。

事实上，一个稍稍努力一点，稍微愿意多动动脑筋的年轻人，都能把一份工作做好，都不会到非要破釜沉舟的时候。破釜沉舟，意味着你之前干得实在太差劲了。

能有机会帮到客户，朋友和同事，就尽量多帮一帮；

做事情想事情以解决问题为原则，而不是划分责任；

手脚勤快点，多留意细节；

嘴上热情，情绪稳定，哪怕家里刚刚水管漏了，哪怕刚刚和恋人吵架分手；

手上的活儿，要别人挑不出毛病，至少，要往这个方向努力；

……

难不难？也许难吧，但这些不过是工作的本分，做到一点，你就成熟一点，公司和单位就更需要你一点，关键时候，也更愿意保护你一点。

还有很多人做事，先不想能不能做成，首先想的还是会不会吃亏。记得不久前网上还讨论过，实习生要不要帮同事取盒饭的事情。

我觉得，如果领导同事对你取盒饭没意见，说明你能做其他更有价值的事。要是你的价值太少了，那你就取吧，个人价值从取盒饭开始，有什么关系呢？一边取盒饭，一边学习提升，争取早点摆脱取盒饭的日子。

反过来，如果你真的那么不可或缺，真的能创造更大的价值，你就是想帮忙取盒饭，人家也不让。就像前央视主持、现在的投资人张泉灵有一次说，公司不让她开车，非要给她配司机。也是一样的道理：你开车的精力还是省下来为大家挣更多的钱吧。

认真勤勉的人和总在动脑筋解决问题的人，永远稀缺

一个年轻人能不能在大城市立足，说到底，是你能为别人带来多大价值。

一无所有的时候，就勤快一点，谦卑一点，多付出一点，少计较一点，拿出努力和真诚来交换。

我那位朋友，有一次和她介绍的那个宝妈聊天，又聊起中介小伙子，宝妈跟她讲了一个细节。

小伙子太忙，就请同事带她去看房，看完大家离开了，都锁门准备等电梯了，小伙子才赶过来。在大家惊讶的眼神里，小伙重新打开门，检查生活阳台的玻璃门有没有关，怕风来来回回吹把门撞坏了，又检查了每个房间的窗户有没有关上，以免雨飘进来淋湿地板，这才放心地锁门离开。

我听完挺感慨。

绝大多数人,这辈子都没有所谓的人生巅峰,但是不妨碍你把每件小事做好。有个词叫"功不唐捐",忘掉一夜暴富吧,年轻人在大城市立足其实并不难。任何一个时代,认真的人,勤勉的人,总在动脑筋解决问题的人,都最稀缺。

人近中年，如何避免职场焦虑

职场上有个说法是，你要么即将进入35岁陷阱，要么已经深陷其中。可见，"35岁陷阱"是多少职场中年人挥之不去的梦魇。

这也不奇怪，35岁的职场人，没有了年轻时一往无前的冲劲，却有了凡事躲远的油腻；没有了更换行业的勇气，以及跳槽后大幅度晋升的想象空间，只剩下越来越无趣的工作填满你漫长的螺丝钉生涯。往前看，位高权重的老家伙还在位；回头望，拿钱少干活儿多的小伙子在后面不要命地追。这种情况说的就是35岁左右，这个不尴不尬的年龄。

35岁陷阱真的存在吗？

在我看来，不如说35岁是一道分水岭。

我身边也有那么一些职场人，他们在职场的前半段不光给自己充电加油，还能收敛心性避开路上的大坑。三十几岁时，他们已进入最佳状态，正是当打之年，放眼望去前路一马平川。

我观察了一下，这些人有两个共同特点。同样，他们跨过去的两个大坑也是三十几岁的人最容易掉进去的。下面就来说一说这两个共同特点和两个大坑。

保持好奇心，保持敬畏感，保持持续的发展能力

大家都知道，职场新人的进步最快，原因很简单。

初进职场，大学里的东西用处不大，他们感觉自己什么都不懂，什么都不会，心里惶恐不安。于是，从知识到技能、从了解环境到为人处事，他们都得主动思考、主动学习，进步当然快。只可惜，大多数人一旦站稳脚跟，工作变成熟练活儿，只要没有环境逼迫，脚步就会慢下来，甚至停下来。

大家扪心自问，最近一年有没有学会新技能？最近半年，有没有结交一两个高水平的公司外的同行？最近三个月，有没有读完一本和工作相关的专业书籍？

我敢说，三个问题的答案都是"没有"的人占到了大多数。

很多三十几岁的人都感觉自己"该懂的都懂了"，如果行业里出现什么新技术，有了什么新玩法，他们会好奇、会敬畏吗？他们会想一想"哎，这个看起来很厉害，让我琢磨琢磨"吗？

他们不会。新东西、新机会就像初春寒霜里的勃勃生机，他们多半会装作没看见，躺在温热的被窝里，假装还在冬眠。不知不觉中，他们就停止了进步。

另外一类人则恰恰相反。

我有一个老上级，当初我刚进职场时，他看着也就三十岁出头，

是销售部门里的技术大咖。

记得有一天中午没睡午觉,下午我正昏昏沉沉呢,他神秘兮兮地拉我去公司研发中心,说是去找个朋友,去了才知道,研发中心内部有场技术研讨会。我终于知道,为什么他不是最资深,却是整个部门里最懂技术的那个人了。

如今,他早就离开公司自己创业,时不时在各个创投大会上抛头露面。

这样的人,哪有什么"35岁陷阱"呢?

请记住,保持对新事物的好奇心和敬畏感,保持持续发展的能力,是所有成功职场人的共同点,也应该成为你一生的习惯。

像教育孩子一样,经营你的人脉

很奇怪,教育孩子和经营人脉,能一样吗?

确实不一样。想想你一天到晚花多少心思在孩子身上,怕他冷了热了,怕他渴了饿了,睡前躺在床上,也要琢磨琢磨假期里给他报个什么补习班。对你身边的同事领导和同行,你会这么花心思吗?多半不会。

很多人以为人脉这种事可遇不可求。他们喜欢说,难道我遇到烂人也要和他结交吗?

是,短期来看,你会遇到烂人,搞不好会连续遇上几个,但是长期来看,我们职场生涯中遇到好人烂人的概率是差不多的。我让你像教育孩子一样来经营人脉,不是让你逆来顺受,而是希望你懂得为别人花心思。你发掘一个人的优点，真心诚意欣赏他，对他好，人家是能感觉到的。不信，你想想公司里有谁对你是真心好的，你是不是清清楚楚？

再者，我们教育孩子，多半是没什么功利心的，即使有也很少，最多希望他出人头地，说到底还是为了他自己。但是，大部分人混职场，混社会，功利心实在爆棚，明天想要托人办事，今天赶紧临时抱佛脚请人家吃饭。那不叫经营人脉，那叫摸彩票。

职场上，和聊得来的成为至交；和聊得一般的保持友好，有招呼打，有天聊；向你钦佩的人表示欣赏，征求建议，适度表达谢意加深感情；对你能帮上忙的，鼓励两句，提携一把……

这些很难吗，一点不难。

不怀功利心，而是抱着善意对待旁人，加之你自身业务能力不错，人脉对你来说，该是水到渠成才对。

那些35岁以后在职场上如鱼得水的人，都明白一个道理：你曾在职场上遇见的每一个人，都像是你栽种的一棵树。你永远不会知道，有一天当你又累又饿时，会有哪一棵树愿意让你在它身边休息。

除了投资在自己身上，别的投资都要谨慎再谨慎

我们虽然在说职场，但生活与工作息息相关。许多优秀的职场人不是栽在工作上，而是栽在生活中，下面我们就来说一说生活里这两个大坑。

第一个坑是投资。

三十几岁的人工作了10年左右，积蓄不一定多，但多少还是有的。看到喜欢的包，拔个草；遇上够长的假期，出趟国；运动装备添置一两套专业级的；跟同事朋友吃吃喝喝，也不怎么看菜单了……这些钱花得就算再心疼，也不至于伤筋动骨。就像人家说的，没见过一个人吃吃喝喝给吃破产的。

怎么才会破产呢？

我之前的一位客户老孟，曾是一家准上市公司的高管，2015年6月，老孟在欧洲跟老板陪一家大客户的老总"周游列国"。除了自住的一套房子，老孟把全部身家都花在股市里，差不多投了五六百万，还加了杠杆。A股第一次大跌，并未引起他的重视，哪怕后来有反弹离场的机会，他也认为，大跌不过是上涨路上的小回撤而已，富贵险中求嘛。直到股灾2.0，股价离平仓线已经不远，他才回过神来，可惜陪客户分身乏术，跟国内又有时差，阴差阳错间，几百万一夜之间基本全部归零。他们公司上市也因为股灾被推迟，后来听说他承受打击太大，天天借酒浇愁，夜不归家，直到离婚才算完。

一个中产家庭就此被消灭。

有句话很有名："人只能挣到自己认知范围内的钱。"我觉得挺有道理，意思是说，你不懂的钱，不要去挣。用大白话说就是："你惦记着人家的利息，人家惦记着你的本金。"炒股，炒币，炒期货，P2P……还有最近流行的一些投资，作为一名工作和投资息息相关的职场人，我就像在看一场场闹剧。闹剧中演员只有两种：骗子和傻子。我不敢说所有的投资都是骗局，但真正好的投资，没有人会主动告诉你。

三十几岁的人,该懂得这个世界很少有一夜暴富的人,一夜返贫倒是随处可见。兜里都是血汗钱,有点积累多投资在自己身上,多一份成长,对未来就多一份笃定,不好吗?

工作拎得清,感情更要拎得清

第二个大坑,是感情。

最近听说了一件真实发生的狗血事情。我们行业圈子里,一个40岁不到的已婚高管最近被老板开除了,原因是在外面包养了一名女大学生。事情本来隐秘,没想到一不小心女学生怀了孕,他本来只想寻欢作乐,忽然开始割舍不下,动了和正室离婚的念头。他还没做决定,女学生肚子却日渐隆起,被她家人知道了,直接告到了公司。

本来还只是作风问题,结果等公司审计部门介入,才发现两年多来,这老兄一直以"慈善助学"的名义,每个月花几千块公司的钱"定向帮扶"这名女学生。老板知道后勃然大怒,看在多年情面上没有起诉他,只是直接叫他滚蛋了。他现在正跟老婆打离婚官司,下场未知,但估计挺惨。

连我在内,所有知情者对他都只有一个评价:咎由自取。

你别以为只有男人才会犯类似错误,我认识的职场女性,有的为了"真爱",抛弃原来的好工作,换了城市去追随灵魂伴侣,结果发现对方是个不负责任的草包,她不光精神饱受打击,工作还得重找。

这还不是最惨的。

曾经东南亚"杀猪盘"就是利用职场男女对感情的渴望,在网上营造完美伴侣人设，分策略、分步骤钓你上当。几十万、上百万的诈骗案比比皆是。三十几岁的人，事业已经从如履薄冰到驾轻就熟，但许多人对恋爱、对婚姻的认知，还远远不够。

我常在文章里说，恋爱要早，结婚要迟。

为什么恋爱要早？因为年轻时可以各种折腾，各种死去活来，各种犯错误，都有机会重来。

为什么结婚要迟？因为婚姻这个事，用投资的专业话术来说，算是"重大资产重组"，它影响的不光是现在的生活状态，更直接决定了你的未来。

三十几岁的人，才刚好有了点资产，你准备怎么重组？

想清楚这一点，你才能热烈又不失冷静、积极又不失分寸地去接受一份感情，或者拒绝一场冒险。

什么叫感情上拎得清，这才是。

毫无斗志的人生不值一过，千万别身未老，心已衰

两个共同点和两个大坑都讲完了，我还想和你们谈点别的。

我觉得这才是一个职场人，甚至是一个人最应该拥有的一点：斗志。

我想问你，35岁，很老了吗？

我普及一个小知识吧：按照世界卫生组织对年龄的划分，44岁以下算青年人，45岁到64岁是中年人，65岁以上才是老年人。

35岁，还年轻得很。

可是，职场人奋斗到35岁，确实有一种"身未老，心已衰"的感觉。这还不是个别现象。原因当然有很多：拼死都完不成的KPI（关键绩效指标），人际关系复杂到疲于奔命，加班到深夜连轴转，光是上下班的通勤都让人窒息……但我觉得，最重要的一点是，你已经失去目标和斗志了。换句话说，你过得太不"燃"了。

十几年前我刚工作时，觉得一份工作挣钱越多越好，其他都无所谓。后来，当我经历过不止一段很燃的工作经历后才发现，如果你热爱手里的活儿，工作本身就是奖赏。当然，基本糊口还是可以的，不过这个世界的奇妙之处在于，当你真的全身心享受工作本身时，恰恰更容易得到金钱的奖赏。

我身边那些在35岁这个分水岭成功越过年龄陷阱的朋友，没有一个不是无比热爱自己的工作。他们目标坚定，忘情投入，哪有工夫去管年龄是35、45还是55。我们每天工作8小时，持续几十年，工作在人的一生中占据最长的时间，对你而言也许是折磨，但对他们来说，工作既是在燃烧青春，也是在享受生命。

就像茨威格在《人类群星闪耀时》里说的：一个人最大的幸福，莫过于在人生中途、最年富力强时，发现自己此生的使命。

是这样的。当你真正品尝过享受生命的滋味，会发现毫无斗志的人生不值一过。这个世界有无数个励志故事，大的小的，妇孺皆知的，默默无闻的，我都可以讲给你听。但我觉得，最燃的那一个，该由35岁的你自己来书写。

人生就是一场独舞,你不必跟随别人的节奏

有一个词叫"成功学",是教人如何成功的。这个词在网上基本上是贬义的,原因很简单:别人的成功其实你学不来,叫你学的人多半是在忽悠你。

我倒是觉得,别人的成功当然可以参考,但是如何成功,如何安排自己的工作和生活,是有专属自己的节奏的。跟随他人的节奏,其实是犯傻。

下面这张图很有名,是王健林某天的时间安排。

11月30日王健林行程

时间	安排
4:00	起床
4:15–5:00	健身
5:00–5:30	早餐
5:45–6:30	前往机场
7:00–12:15	雅加达飞海口
12:20–12:45	到达海南迎宾馆
12:45–13:00	海南领导会见
13:00–13:20	海南万达城项目签约仪式
13:20–14:10	便餐
14:10–15:00	前往机场
15:00–18:10	海口飞北京
18:30–19:10	到达办公室

图4

王健林当兵出身,在高强度的工作过程中如何保持体力、恢复体力,他已经养成习惯了。这才是人家成功的原因,至少是原因之一。你学得来吗?学不来。你能做的,其实是找到自己的节奏。找到节奏去做事,你才能成功。

前段时间高考出成绩了,有个亲戚打电话来感谢我,因为他孩子考得很好。其实,我没帮什么忙,就是一年多以前我回了趟老家,亲戚说我当年是学霸,非要我跟他孩子聊一聊。这孩子当时高二,有时候受别人刺激了,鸡血一来就拼一把,心劲儿一过就又松懈了。我只跟他聊了 15 分钟,时间长了他也听不进去。

我和他说:"我当年也跟你一样,老看别人正在干什么,成绩也不稳定。你在看别人,其实别人也在看你,所以不要被人家牵着鼻子走。有规律的学习才是有效率的学习,你要找到自己的规律,找到自己的节奏。"

他似懂非懂地点点头。从后来的成绩来看,也许他真的听进去了,我挺高兴。

我的一次犯傻经历

关于找到节奏这个事儿,我其实就犯过傻。

在爹妈的逼迫下,我从小就有午睡的习惯。哪怕考研那会儿时间那么紧,我每天中午也一定要趴课桌上眯一小会儿,不然下午就特别困。有一次,我看到雷军说他大学时候,因为有同学把中午时间拿来看书,他害怕自己落后,就把午觉戒了,我心想我也可以啊。结果一点不意外，我当然失败了。

你看，这就是学习别人的"成功"，却把自己的节奏打乱了的典型例子。

所以直到今天，我依然每天睡午觉，感觉挺好。

还有一个，就是写公众号文章的节奏。我最高产的时段，是在出差途中的飞机上。我一般在上飞机前准备好素材，搭好文章框架，把手机开成飞行模式，落地前就在手机备忘录里写好文章了。

为什么选择飞机上呢？因为没人打扰。

这一点，我觉得我和村上春树倒是挺像。

村上春树写长篇小说时，会选择去国外住一段时间，有规律地跑步和写作，写作结束再返回日本，这样就不必被国内的闲事打扰，可以专心写作。而且，据说他写长篇时，给自己规定每天写 10 页纸，写满就必须停下来，即便某天实在提不起劲头，也要鼓足精神写满 10 页。

但是大多数人，并没有找到自己的节奏。

内心焦虑，行动还是要从容

网上有个说法是"持续性混吃等死，间歇性踌躇满志"，用来形容现在很多人的生活状态。"间歇性踌躇满志"，像不像我那个亲戚孩子之前的状态？

原因很简单。现在信息这么发达，周围动不动就传出这个人出名了，那个人挣大钱了的消息，唯独自己什么也不是，所以才焦虑。焦虑虽然是贬义，但我不觉得是坏事。一个人对自己的生活没有期待，没有盼头，那肯定不会焦虑。

不过，那是你想要的生活吗？显然不是。

内心焦虑，行动还是要从容，要找到自己的节奏，才有可能走向成功。

我刚才说的午睡、写文章，那还只是生活的节奏。更重要的，是你的人生也要有自己的节奏，而且这个节奏要独一无二。

人生就是一场独舞，所有人都是背景板，只有你自己才是唯一的舞者。所以你要找到自己的节奏，而不是跟随他人。我想把当年明月在《明朝那些事儿》里为成功下的定义做一个小小的修改："所谓成功，就是按照自己的节奏，去度过人生。"

CHAPTER 7

第七章

真正厉害的职场人，
都把成长当习惯

赚大钱的人，都有这两种竞争思维

很多年前，我住在深圳一个城中村，发现了一个奇怪的现象：街口有家 A 饭店，往里走一段，有一家 B 饭店。同一份炒饭，A 饭店的价格比 B 高，分量却比 B 少，但不管是 A 饭店还是 B 饭店，生意都不错。

为什么会这样呢？

待久了以后，我慢慢发现了原因：A 饭店因为在街口，地段好，主要食客是来往的行人，他们干的是一锤子买卖，分量少就少点，价格贵就贵点，照样不缺生意；B 饭店地段差一点，他们就把分量放足，把价格降低，吸引附近的居民，因为只有住在附近的人，才会有动机、有机会来对比不同的饭店。他们赚的钱，大部分都是回头客的。

这个小故事里面，有两点非常有意思：B 饭店面对 A 饭店的地段优势，合理设置价格和分量，利润薄一点，同样活得下来。而 A 饭店呢，它难道不知道 B 饭店的策略吗？

肯定知道。

但它没有想着搞价格战把 B 饭店逼走。大家就在一条街上，都有事干，都有钱赚。冷酷无情的商业竞争在那个城中村的熙攘街头，忽然就有了一丝美好。

我为什么要讲这个故事呢？

这就要说到关于赚钱和竞争的两个最重要、最需要我们思考的问题：如何挑选对手？如何挑选战场？

挑选对手，直接决定了竞争的难易程度

首先说，怎样挑选对手？

举个例子。著名产品人梁宁曾经这样解释华为进入手机市场："小米的崛起给华为点亮了灯"。在小米手机进入市场之前，国内智能手机市场特别是高端智能手机市场，基本是苹果和三星的天下。想做智能手机，就意味着要挑选苹果和三星做对手。

苹果多强大就不说了，迄今为止，苹果依然是全球智能手机的王者。它的背后是从开发者，到用户，到广告商的庞大生态系统。三星背后则是巨无霸三星集团，即使离开中国市场，它依然是安卓手机的全球老大。

所以华为迟迟没有出手参与。但是小米崛起了，这证明了苹果、三星并没有强大到让别家连一点点生存空间也没有，这就给了华为进入市场的强烈信号。

强大如华为，挑选对手时依然如此谨慎。反观我们自己，为什么有些仗还没开打就已经输了？因为挑选对手直接决定了竞争的难易

程度。

厉害的人从来不追求"战无不胜",他们只追求挑选没那么强的对手,不打无把握之仗。那么你为什么一定要挑选那些你根本就毫无胜算的对手呢?你应该挑选的,恰恰是那些比你差上至少一个量级的对手,远离所谓的"险胜",要以最小的代价用碾压性优势获取胜利,才是最保险、最值得、最聪明的事。

"谁是我们的敌人?谁是我们的朋友?"是首要问题。有些肉,本来就不该你吃;有些钱,本来就不该你赚。这种仗你都打赢了,才真是天理难容。

对手的资源也有限,所以你要学会挑选战场

当然,许多时候你没有选择权,有时候甚至不是你挑选对手,而是对手挑选你。或者,为了生存,为了扩张,你也会主动进入强者的势力范围。那么,面对强大到似乎无懈可击的对方,你该怎么办?

答案是:挑选战场。

这是因为你的资源有限,对手的资源也有限。

一个组织,总是把有限的资源分配到最合理的地方,让每一滴血液都携带更多的营养。所以,那些价值不那么大、营养不那么多的地方,往往就是它的软肋。华为起家时采用"农村包围城市"的方式,在电信巨头的包抄夹击中生生找出机会;拼多多从五环外的"下沉市场"开始,躲开了京东和淘宝的合围;美篇主攻老年人社交,找到了微信和QQ不曾重视的版图;刚刚上市时的泡泡玛特,也在众多零售

巨头的夹缝里,主攻垂直的潮玩市场……像这种例子,商业史上真的太多了。

几年前,雾霾还挺严重的时候,我给一家做新风系统的企业当过顾问。这家企业的一个目标客户是一所有15个校区的私立学校。我们的技术实力和品牌只能排到第三,但校方说,15个校区只选两个厂家。

如果是你,你怎么办?

最后的结果是我们拿下了两个校区。我们拿下的数量虽少,但有了应用案例,对品牌在当地的推广作用极大,可以说我们对这个结果非常满意了,而这背后的路径其实也不复杂。

就在前两家公司都把资源和目光投向校方的"决策者"时,我们没有硬拼,只是制造机会给其中一个校区校长的70岁老母亲家里安装了新风系统,还为老人家做了空气质量检测对比,效果非常好。作为新风系统的"使用者",这位校长只是为了让自己的学生们也能享受到自己母亲享受到的清新空气,便竭力为我们争取。最后,他从前两家已经放进嘴的份额里各自掏出一个校区来。

我们看"战场",当然要站在云端俯瞰,看山脉河流的走向,看平原森林的分布。弱势一方更要去战场上踩点,去看微观,要学会把一片地域切割开,切成许多个子战场,然后放弃某些子战场,在某些子战场里以多打少。

因为,对手的资源也一定是有限的。

利用这五点，培养深度思考力

思考能力不是天生的，而是一种后天习得的能力，它跟肌肉一样，越练才会越强，不练或少练就会退化。一想事儿就头疼，是你长期不思考，思考能力退化的结果，别拿来当作放弃思考的借口。

不过我们得承认，有些人很早就喜欢思考，越来越有深度。你要追上人家的进度，确实需要更多时间。

那么，如何培养深度思考的能力呢？我讲五点吧。

第一点：学习

大家都知道孔夫子那句话"学而不思则罔，思而不学则殆"，不学习，你思考问题就是坐井观天，还想造飞机呢？思考之前，你首先得扩展知识面，获得知识才谈得上有价值的思考。因此培养深度思考力的第一点，就是学习。

怎么学呢？

第七章 真正厉害的职场人，都把成长当习惯

我们常说的学习，就是看几篇文章，看两本书，这当然没错，但是其实，我们每个人都经历过最好的学习阶段，就是小学、中学时期。义务教育最大的特点是系统化，老师不会一上来就给你讲二元一次方程组，而是从数字、加减乘除，到分数小数，一点一滴地给学生构建起知识大厦，这个就叫系统化。

所以，我们学东西，最好要系统化。

具体怎么做我举个例子。雷军当年创办小米要招人，但他一直在金山公司，搞的是互联网，在硬件领域完全属于跨行，不认识专业人士。他就想了个办法，让每个应聘的人都写三个认识的工程师的名字，然后他再去找这三个人，这三个人又会继续介绍更多人。

学习也应该这样找参考书目。一本书看完，它的参考书目是什么，你买来继续看，看完再找参考书目。比如，关于日本当年为什么偷袭珍珠港这段历史，A 书告诉你，日军被在中国战场取得的节节胜利冲昏了头脑，特别是日本内阁的对美主战派开始抬头；B 书说，日本石油匮乏，急需美国石油支持，但美国开始禁运石油；C 书说，日本当时误判了美国的军事动员决心，认为美国两个执政党无法对迎战太平洋达成共识；D 书说，如果成功偷袭珍珠港，会大大削弱美太平洋舰队的实力，让美国回到谈判桌前，在东南亚的资源分配上向日本妥协。

你看这些观点，有的可能是胡说，有些互不相关，有些互相印证，还有些自相矛盾。

你了解得越多，你的知识越系统化，你看待同一个问题就会有不同的视角，就会比之前全面得多；你的思考才可能有深度。

查理·芒格说得好："我要拥有一种观点。如果我不能比全世界

最聪明、最有能力、最有资格反驳这个观点的人更能证明我是错的，我就不配拥有这个观点。"

这就是说，对一件事有自己的看法，这本身不值钱。

你跟出租车司机聊天，他能跟你把国际形势分析得头头是道，但他的观点太廉价，不值钱，如果你想分析，你也可以做到。你只有通过大量的学习、自洽的逻辑推演，反复交叉验证，才能真正得到有价值的观点。最好，你还得把自己的真金白银投进去，就像有些荐股大师，你买他推荐的股票之前，最好先了解一下：他自己买了吗？证据呢？证据是真的还是伪造的？

第二点：实践验证

再来说第二点，实践验证。

大多数人的问题不是学得不够，而是实践太少了。现如今，市面上有太多可以学习的课程和资料，你学了，只是"知道"，并不等于"掌握"。你得花时间、花力气照着做，做的时候现实生活会给你反馈，让你从中不断修正之前的理论。经过修正的理论才最宝贵，才叫作有深度的思考。

去做事，多做事，现实会推动你思考，你就会变得更聪明、更强大。所以人家说，人的收获都是被逼出来的。

第三点：跨领域思考

第三点，就是大家常说的跨领域思考：从一个领域的事儿联想到另一个领域。

之所以要跨领域思考，是因为深度思考要求你透过现象看本质，而一切本质的东西都是抽象的，只有抽象的东西才可能跨领域。

我写文章就经常要求自己"举个例子"。如果我能举例成功，就说明我可以把一件事的抽象本质提取出来，运用到别的事上。比如前面说参考书目，我讲了从不同角度分析日军偷袭珍珠港的故事。招人和找书看起来是两回事，但是熟人介绍和找参考书目是同样的道理。这就是跨领域思考。再比如，我平时常说国家、公司和个人，虽然是维度不同的三类东西，但其实很多相似的东西也可以抽象出来。

前段时间，我为一个粉丝提供咨询，就用了联邦德国战后崛起和中英双方关于香港的例子来讲一个技术专家如何融入新团队。这也是跨领域的思考。

第四点：理解差异性

菲茨杰拉德在《了不起的盖茨比》里说："每逢你想要批评别人的时候，你就要记得，这个世界上并不是人人都拥有你的优越条件。"这不光是个人修养问题，更是一种思考问题的角度，也就是第四点，叫作"理解差异性"。

意思是说，你要明白人和人之所以不一样，是有原因的。

你之所以敢裸辞去创业，不光因为你聪明，你努力，你有勇气，还因为你投胎投得好，父母不需要你养，甚至还给你提供了启动资金。同班那孩子不是胆子小，能力弱，只是他要还助学贷款，不像你可以对工作不管不顾。这就叫理解差异性。

了解了理解差异性，你就会变得包容。这个包容包含两方面的内容。

一方面，你会明白一个人的行为不只跟个性有关，还与他从小的成长环境、所处的年龄段相关。比如年龄方面，不是年轻人爱冲动，而是他们的大脑正在发育，认知正在形成；也不是老年人不思进取，而是他们的思维模式已经固定了。所以，你年轻时多半也调皮，也有好奇心，等你老了，大概率也喜欢打扑克、打麻将，对诗和远方没什么感觉了。

另一方面，如果你经历了学习和实践的千山万水，体会过整个修炼过程，有了现在的认知，那么当有人反对你时，你就会知道，他的认知暂时还停留在自己10年前、5年前那个水平。对方脑袋瓜里100%认知也许只占到你的10%。你会红着脖子去反驳他吗？不会。

你会理解他的行为、行为背后的动机，还可以预测他的下一步行动。

第五点：推翻自己

超越别人的认知并不是一件容易的事，但更难的、更深度的思考还是推翻自己。这是我要说的第五点，也是最后一点。

有个词叫"破茧成蝶"，可以用来比喻我们突破了原来的认知（茧），变成蝴蝶飞出去了。但是，蝴蝶就可以随便飞吗？不可以。

蝴蝶不会飞出花园，即使飞出花园也没法飞出地球。所以，真实世界是，你突破了原有的认知的茧，自以为成了蝴蝶，但其实还有新的一层茧在外面等着你。如果没有再次突破，你自以为破茧成蝶，自以为思考有了深度，其实不过是在更大的一层茧里面。

我就犯过这个毛病。

之前有个粉丝问我："格总，你平时有主业还能写公众号，时间管理做这么好，能讲讲吗？"我说：我只说两句话。第一句是"抱歉，不讲，我没那么多时间"；第二句是"我已经讲完了"。在我看来，所谓时间管理其实就一件事——你要懂得拒绝。我知道很多时间管理的学问，如"卡片法""四象限法""番茄时钟法"等，这些都很好，但我只需要一个拒绝，就能管理好时间了，一力降十会。

说完正得意时，我就被粉丝反杀了。

这个粉丝说："您只需要拒绝，就可以完成时间管理，会不会因为现在忙的事情还不够多呢？"

我想了想，不得不承认：是的。

有很多比我厉害的人，在同样时间内，人家完成的工作比我多多了，难道他们也只是通过拒绝就管理好时间了吗？显然不是。所以，我被困在一个大的茧里，还得继续给自己找事做，把自己逼到一个临界点，突破了才可以。

最后总结一下，如何培养自己深度思考的能力：学习，实践，跨领域思考，理解这个世界人和人的差异；建立思维方式，再一次次推翻自己。

这样一来，你的思考想没有深度，都很难。

所谓大器晚成,无非只有三条路

"前半生一事无成,后半生大器晚成。"这大概是普通中年人的最后一点念想了。

上个周六晚上,我和几个朋友撸串到半夜,吃了不少,聊的就是这个主题:这个世界到底有没有所谓的大器晚成?怎么才可以大器晚成?

最后我说:"大器晚成,大概有三条路:老天不赏饭,我水滴石穿;珠峰不登了,直接登月球;金鳞池中物,就怕遇风云。"

朋友们纷纷点头说有道理。

老天不赏饭,我水滴石穿

老天赏饭,就是你的先天条件好。大家常见的影视圈的流量小生、小花就是这样的,还有体育圈中身高2.26米的姚明,就是天生的中锋。为什么NBA里黑人球星多?看一下黑人小腿的跟腱长度就知道，他们的肌肉弹性和爆发力，其他人种完全没办法比，这都是先天条件。

特别值得一提的还有智力因素。比如，号称数学界诺贝尔奖的国际数学奖"菲尔兹奖"有一个"奇葩"规定：获奖者年龄不能超过40岁。意思很直白，研究数学真的需要天赋。40岁还没获奖，那你这辈子就死了这条心吧，江湖人戏称"四十不获"。

大多数人先天条件都一般，那怎么办呢？

答案是，水滴石穿。

2020年中国电视金鹰奖，任达华拿下最佳男主角奖，圈里人都说，这叫实至名归。任达华是香港的老戏骨，这个人没天赋，也不帅，就是不停地拍戏。几十年来，他拍了200多部电影，饰演了警察、流氓、变态、父亲、手艺人等各种角色，而且每一部都很用心，所以才能在这次金鹰节获奖。据说他为了演好里面"制饼世家传人"的角色，去饼业人士那里学了很久。

像这样的老戏骨，内地和香港都有许多，这就是典型的"老天不赏饭，我水滴石穿"。

第一种大器晚成走的就是这条路，不断地打磨你的业务能力，经年累月终成大器。

写作圈也有这样的，比如《哈利·波特》的作者J.K.罗琳。J.K.罗琳大学毕业出来做秘书，结婚，被家暴，离婚，28岁成为单亲妈妈，最潦倒的时候靠失业救济金交房租，押金都是跟朋友借的。房子冬天没暖气，她只好推着婴儿车去咖啡馆写作，靠一杯咖啡待一整天，但连续多次被出版社拒绝。

但是，大家有没有发现，影视圈、写作圈这些文化行业有三个共同特点。

1. 你可以拥有自己的作品。只要作品足够好，就能被传播，乃至出圈。

2. 因为你有作品，所以个人风格就能呈现在作品里，辨识度就高。

3. 行业资源分布极端不均匀。顶级演员和跑龙套的、畅销书作家和普通作者，影响力和收入相差无数倍。

这也是为什么我说"水滴石穿"。水一旦滴穿石头，后面就没有阻力了，但在滴穿之前，你得慢慢熬。

不过，并不是所有行业都有这三个特点。所以，你可以评估一下自己以及所在的行业有没有机会让你拿出作品，有没有机会让你在作品里加入你的个人风格，还是只能让你作为螺丝钉输出标准件，成为一部大机器里没有个人辨识度的一部分。

如果没有作品，那不好意思，你可以慢慢成长为行业资深人士。但是，要大器晚成、一飞冲天，这条路走不通。另外两条路，可能会是更好的选择。

珠峰不登了，直接登月球

"珠峰不登了，直接登月球"指的就是换行业，换圈子。

比如任正非，许多人都知道任老板原来当过兵，是部队里的技术人员。他34岁时搞出一个小发明，因为填补了我国仪表工业的一项

第七章 真正厉害的职场人，都把成长当习惯

空白，被派往北京参加全国科技大会。他在部队里的级别是技术副团级，还当过军代表。虽然这些履历比起普通人已经算优秀了，但是跟他创办的华为相比，简直不算事儿。43岁创办华为的任正非绝对算大器晚成。

这种大器晚成的例子在商业领域很常见：在38岁创办万达之前，王健林是大连市西岗区政府办公室主任；52岁才进入商界开启传奇人生的褚时健，之前参加过游击队，新中国成立后担任过玉溪的区委书记。

只是这种情况，一般来说，人得在上一个圈子里展示出比较高的水平，然后换圈子之后，才能发展得更好。

为什么呢？因为有些能力是可迁移的。老圈子里打造好这些能力就是为进入新圈子做准备。

普利策奖得主，美国作家乔治·安德斯写过一本书——《能力迁移》，里面提到五项可迁移的能力：探索，洞察，制定规则，连接和说服。

我简单解释一下：探索，就是自己去寻找真相，而不是看别人的二手、三手信息；洞察，就是在各种信息里面发现规律，发现机会；制定规则，就是定规矩，大家照规矩办事；连接，就是和人打交道，用对方听得懂的方式来沟通；说服，很好理解，这里就不作过多解释了。

请大家多看看这五点，然后对照自己想一想。如果你的岗位和行业强相关，比如像技术研发；或者你掌握的资源和行业强相关；比如认识某个部门的主管领导，那么一旦你离开本行业，这些东西就一点

用都没有了。

反过来讲，如果你在本行业做得还可以，而且可迁移能力起的作用很大，但是行业本身对你能力施展有限制，那你换到一个空间更大、发展更快的行业，大器晚成的概率是很大的。你不用奢望成为第二个任正非，那太难了。好好打造可迁移能力，找到新圈子，你的前途比起之前也会敞亮许多。

金鳞池中物，就怕遇风云

"金鳞池中物，就怕遇风云"就是说一个人赶上了时候，或者遇到了机会。

我记得 2015 年是公众号的"红利期"，一批传统纸媒出来的人迅速就火了：时尚大号"黎贝卡的异想世界"的号主方夷敏在《南方都市报》做过首席记者；我特别喜欢的六神磊磊之前是新华社重庆分社的资深时政记者。

读金庸这么平凡的爱好，还能搞成赚钱的主业？六神磊磊当年也不可能想到。

虽然这几位都在 1980 年前后出生，还谈不上严格意义上的大器晚成，而且在普通人中间，也算是比较优秀。但是他们之前的成就，跟在公众号领域取得的成就相比，可以忽略不计。

其他风口也是，比如短视频领域，手工耿、罗翔老师、美食作家王刚……太多了。

普通人走这条路，大器晚成的成功率要高些，只不过也有前提，就是你在火之前，已经是这方面的专家了，你手里得有活儿。现学现炒不是不可以，但起点低，没优势。风口这条路没什么定式，有人火之前本来就把这个当主业，有人把它当副业，搞着搞着居然就比主业都挣钱了。而且，你也不用像六神磊磊那样，非要成为大V（身份获认证的意见领袖）。

我一位客户的女儿，今年初三，小姑娘在网上卖自己画的漫画，每个月收入好几千，有时候出去吃饭还替父母买单。她爸爸对我说，如果不是担心影响学习，限制女儿的画画时间，她月收入几万块一点问题没有。当然，人家从幼儿园开始就接受系统的专业绘画学习，这么多年来，就没中断过。

真有才华，互联网都能替你放大。

这三条路未必全面，但至少给了你三个具体的方向。

最后，我再给你三个建议：

第一，这个事儿你必须得喜欢。

能不能大器晚成没人敢打包票，但你要享受其中，才可能在没有希望的时候坚持下去。

大家都是普通人，一辈子一事无成很正常，但如果你干的这个事，不管是主业还是副业，你自己都很喜欢，就算没有大器晚成，也一点儿不亏。

第二，你不能太着急。

一急，心态就会扭曲，动作就要变形（运动、健身用语）。动作一变形，就更成不了事儿。就算你成事儿了，太着急也容易出问题。

第三，保持对世界的洞察。

不要幻想在山上孤独修炼，下山就能打遍天下英雄。你要经常从日常生活里抬起头来，关心一下生存半径 50 千米之外的事，才可能看到，哪些机会和自己正在做的事相关。手里的活儿，哪些既是"自我表达"又能满足"市场需求"。这样才能又做得持久，又可以成功。

最后，祝你们都能大器晚成。或者，在走向大器晚成的路上一直享受生命。

厉害的人都是"杂种",血统单纯往往平庸

我这两天看李娜的自传《独自上场》,发现有些事儿对于她的成功非常关键,然而我们外行人根本不了解。

李娜拿过法网、澳网冠军,是当时顶尖的网球运动员之一。在大家印象里,这些超一流球手常常跟"刻苦努力""意志坚强"之类的联系在一起,确实如此,但他们成功靠的远远不只这些。

网球是一项高度职业化、商业化的运动,这些顶尖球手,其实都有自己的团队,成员包括教练、体能教练、医生和治疗师,其中最重要的角色当然就是教练。

我之前只知道李娜的老公姜山担任过她的教练,不知道她其实还有过三名外籍教练:瑞典人托马斯、丹麦的莫滕森,还有阿根廷人卡洛斯。看了书我才知道,这三位教练轮番登场,才让李娜有了成为顶级球员的可能。

比如,顶尖网球运动员的核心圈子一般人不了解,也进不去。李娜之前跟她们对战,在心理上就有生疏感和恐惧感,导致发挥失常。

但是，托马斯在圈子里待了很多年，人脉特别广，对球员们的情况都非常了解。他可以把所有顶尖选手挨个儿分析一遍，甚至还帮李娜约世界前 10 名的顶级球员一起训练。这对她临场心理的调整作用太大了。再比如，教练卡洛斯之前执教传奇球星海宁长达 15 年，帮海宁拿过七次大满贯冠军。世界冠军应该怎么训练，怎么打球，人家简直轻车熟路。

我一边看书，一边就想到自己，想到我们这些普通人。

为什么我们是普通人？

因为我们周围都是普通人。

不同的高水平教练可以给李娜不同的养分，让她持续成长，而普通人呢，只能从别的普通人身上得到一些没什么营养的东西。大家见识都差不多，还觉得理所当然，这更强化了我们的普通和平庸。

财富的贫富差距背后，是认知来源的差异

一个人改变不了自己的遗传基因，但可以让自己的知识体系、信息来源变得复杂多元，从而构建起庞杂的"认知血统"。人越厉害，他的认知血统往往越不单纯。

这个世界，贫富差距越来越大，信息的"贫富差距"也在变得越来越大。越是有钱人，越有时间、有意愿去了解最有价值的信息，不断充实、重塑自己的"认知血统"。"杂交"后的认知又帮他们挣到更多钱。

我认识的不少老板和高管，都有专门收集信息的渠道，包括专业

网站，熟识的专业人士，行业论坛等。需要时，他们还会聘请专业的调研机构，直接拿到一手资料，帮自己做决策。

说起调研，不得不聊一下 2020 年初的大新闻：浑水公司做空瑞幸咖啡。

有印象的朋友应该还记得，当时浑水发布做空调查报告，说瑞幸"在 2019 年第三、第四季度，每店每日的商品数量分别夸大了至少 69% 和 88%"。报告一出，瑞幸股价当天就跌了 10.74%。接下来的几个月，瑞幸股票退市，领到天价罚单，成监管机构重点打击对象，后续处置现在都还没完。

反观浑水呢，按照他们的说法，这次调查"覆盖了 38 个城市的 981 个门店，动用了 92 个全职和 1418 个兼职调查员，收集了近 2.6 万张小票，进行了 1.1 万小时的门店录像，才有了这份长达 89 页的报告。"

这份真实、机密、独家的信息，帮浑水挣了多少钱呢？

我没有找到公开信息。

我在金融圈里一个关注这事儿的朋友，说可以大致估算一下：赚了接近人民币 20 亿。

一定有事情正在发生，不要错过

浑水和瑞幸，就像海里的虎鲨和大王乌贼大战，最后结果是大王乌贼被杀死，虎鲨饱餐一顿。这是有钱人之间的游戏。信息在这种游戏里，有用且致命。

反观我们这些小鱼小虾，我们对信息的敏感和渴望，比人家可是差太远了。人越是穷，离优质信息就越远，这就是信息贫富差距。

你会问，都互联网时代了，优质信息离我们真有那么远吗？

其实并不是。

我觉得，有主观客观两方面原因，让穷人离优质信息很远。

一方面，很多人没有耐心。就像炒股群里，永远都有人在打听内幕信息，希望今天杀进去明天就赚他个万儿八千的。你说你不当韭菜，有钱人赚什么呢？没人愿意像巴菲特那样，每天枯燥、单调地阅读上市公司上百页的财报，从里面提炼出最核心的东西来，然后一只股票一投就好多年。

另一方面，穷人们通常很忙碌，往往因为琐事，失去了获取有价值的信息的兴趣和动力，这一点同样可怕。2020年初，因为疫情，我们公司业务停摆，复工复产后，有段时间我一下子变得特别忙，连续很久不再看书，付费课程也落下了，还有一些约好要见的人没时间去见。

有一天下班我开车回家，在一个等待红灯的瞬间，我忽然感到深深的恐惧，就像非洲大陆的动物大迁徙，上百万头角马、羚羊已经上路，空气热烈，大地震颤，而我是那头还在睡觉的狮子，对周围发生的一切浑然不觉。一定有事情正在发生，但我正在错过。

我特别担心，因为没有新的信息输入，"血统单纯"的认知让我停留在原地，带来生活和工作上的挫败，然后再加剧忙碌。就这样，在周而复始的日子里，我终于被驱赶到时代边缘。

格局小的人,往往在隐蔽中走向自我毁灭

一个人格局太小,会对生活和工作产生不好的影响,这个算是共识。但是大家有没有想过,既然格局越大,结果越好,那为什么还有那么多人喜欢干小格局的事儿呢?

我觉得主要原因是,格局对人的影响其实非常隐蔽。隐蔽,主要体现在两方面。

一方面,如果你选了一条小格局的路,那你永远没法知道,如果当初你选择另外一条格局大一点的路,会有什么结果,因为人生没有假设。你会一条道走到黑,死不认错,没得到过的东西,你不会承认失去,虽然你"本来可以拥有"。

另一方面,一个人格局虽大,但也不能直接决定未来的结果,仅仅是增加未来成功的概率而已,比如学习再努力,也可能高考落榜。但小格局取得的结果却通常立竿见影,逃课去游戏厅马上就能爽起来。于是,是要未来不确定的大收益,还是要当下确定的小收益,权衡之下,小格局常常胜出。

到最后，把"格局要大"挂在嘴边，人人都会，但真把这个当处事原则的，就万里挑一了。

大格局，就是牺牲眼前确定的小利益，争取未来不确定的大收益

很多人都说，我想看书、想学习，但是坚持不下来，每次回家一刷手机就是两小时，看书看两页就困。怎么办？

我说，很好办。如果有一天，你听说隔壁工位的同事忽然离职，是因为考上CPA（注册会计师）被某家大公司高薪挖走了，不用我说，你自己就开始行动了。

刷手机得到眼前的快乐，是小格局；看书学习得到未来的收益，是大格局。你之前选择小格局，是因为没看到"我本来也可以"考上CPA，高薪跳槽去到大公司的前景。这就是上面讲的第一点隐蔽的地方。现在你看到了，自然知道努力的方向了，不会在刷手机的路上一条道走到黑了。

但是，看书学习，就意味着一定能考上CPA吗？

不一定。

这只是增加了你考上CPA的概率，你每多看一页，多做一道题，就能多增加一个小小的百分比。每个人天资不同，对概率的要求也不一样，但只要你足够努力，这个概率一定是增加的，一直增加到我们常说的"量变到质变"，你就考上了。

牺牲眼前确定的小利益，不断投入，直到把未来不确定的大收益

变成确定的大收益，就是大格局。这就是上面说的第二点。

大格局其实是一种能力

看完上面这个例子，你可能会觉得奇怪。我们通常说格局，一般是指"胸怀""气度"这种跟人的品格相关的事，怎么这个例子让人觉得格局跟人品无关，反而像是一种能力呢？

你说对了，格局其实就是一种能力。下面我再举个例子。

经济学家张维迎有一次说：一个人犯错通常有两个原因，要么是"蠢"，要么是"坏"。看起来，蠢是能力问题，坏是人品问题，但所谓的"坏"，其实是"没有能力"充分计算到严重后果才会做出误判，从这个角度来看，"坏"也是一种"蠢"。

比如，你不好好上学，去收低年级小朋友的保护费，这是"坏"。但实际上真正的原因还是，你不知道或者不相信，好好学习可以改变人生，可以挣到比保护费多得多的钱，这就是"蠢"，是能力问题。

格局也一样，"慷慨大方""自私自利"看似是人品问题，其实是能力问题。

比如李嘉诚，他有个说法很有名：和别人做生意，如果能拿到七分利润，甚至能拿到八分，那只拿六分就好了。"损失两分利益"格局确实大，这看似是胸怀大，其实是能力强，因为按"损失两分利"来做生意，吸引更多资源，其实他能赚到更多的钱。

那他"损失两分利"每次都会留下好口碑吗？不一定。但每次他都这样做，是在把自己挣更多钱的概率一点点加大。每次都让利，每次都加大概率，他能不成华人首富吗？而没有让利的其他生意人只能哀叹"我本来也可以"。

行为受人品影响，更由实力决定

最后总结一下，为什么格局太小对一个人的毁灭非常隐蔽。

第一，我们不知道，如果格局大一点会有怎样的结果；或者不相信，格局大会有好的结果。

第二，格局小，收获就在眼前，但格局大仅仅能增加未来成功的概率，充满不确定性。

不过好消息是，既然说格局也是一种能力，那能力就可以得到提升。

针对第一点，我的建议还是要多看书、多交际和多思考，有了"原来还可以这样"的想法，才不会有一天哀叹"我本来可以"。

就像知乎上有个提问："如果村里的小流氓老来找你麻烦，你该怎么办？"高赞答案是"好好读书，早点离开"。你可以离开，而且知道离开的方式，才不会绝望到拿刀子跟他拼命。

针对第二点，你可以想一下李嘉诚那个例子。李嘉诚凭什么可以做到"损失两分利益"？如果刚开始做生意，稍微少挣一点都活不下去，他还做得到吗？也许会，但这很难。所以，在不得不"小格局"生活的时候，就要减少开支、积攒实力，才能让自己慢慢往大格局的路子上靠，路才能越走越宽。

很多时候，我们发现好人也会干坏事和蠢事，只是因为：一个人的行为受人品影响，很多时候也受实力影响。

如果没有正直，聪明又积极的人会毁了一切

前些天，我在一篇文章最后写了一句："我更希望你们，正直的人到哪里都正直，有趣的人到哪里都有趣。"

把正直放在"有趣"前面，可见正直在我心里的分量。

如果只能有一个建议给年轻的职场人，职场技能、个人成长、眼界格局等都不是我的答案。我的答案只有两个字：正直。

先讲个真实的故事吧，我每次一想起这个故事都暗暗唏嘘。

一个优秀的年轻人是怎么堕落的

很多年以前，创始人A总带着一帮年轻人，把公司越做越大，该公司慢慢进入了该领域全国前五。

其中一个年轻人小D，15岁开始就跟着A总从学徒做起，很受A总喜欢。小D能力也很强，加上那几年行业井喷，在公司业绩和规模到达巅峰时，30岁不到的他已经是公司副总了。

奇怪的是，到达巅峰后，公司迅速衰落，裁员、缩编、勉强支撑，到最后连工资都发不起了，不得不出售股权。新老板 M 总指派负责人率队驻场尽职调查。尽职调查发现，这家公司在主业之外投资了几个大项目，全都亏损。这就是说，它在主业上挣的钱，本该投入持续研发，结果全都亏在投资项目上了，难怪势头那么好，却忽然间沦落得这么惨。随着尽职调查深入，他们发现当时力推这几个项目的公司高管，就是小 D。

创始人 A 总本来是技术出身，对投资没有研究，又和小 D 情同父子，小 D 竟然拿着一份专业投资者一看就破绽百出的报告把 A 总糊弄过去了。原因很简单，小 D 在项目上拿了巨额好处。A 总是个好人，坚持不走法律程序，不然小 D 就有牢狱之灾了。最后，小 D 辞职离开了。

利用 A 先生的信任拿钱走人，公司垮掉又怎么样呢？在小 D 看来，一切依然完美。

尽职调查负责人是我的朋友，她说，故事还远远没有结束。

M 总入主以后，公司满血复活，本来底子就不错的这班人马，励精图治，公司终于在 4 年后成功上市。M 总就不说了，包括 A 总在内的所有老一代管理层都因为持有原始股实现了财富自由。但这一切，跟小 D 已经没有关系了。

至于小 D，离开后的第三年，和他勾结的工程方因为另一桩受贿案被抓，接受审问时连带招供出了小 D 的事。小 D 因此跟对方有了矛盾，被对方涉黑的亲戚打断一条胳膊，扔进了附近的臭水沟，治愈后精神出了问题，人常常走丢。后来慢慢就再也没有他的消息了。

正直，帮我们做出判断题

金庸先生的《天龙八部》里，武功最深不可测的扫地僧讲过一段话，我一直很欣赏。他说：修炼武功是为了强身健体、除暴安良，但武功练得越高，人的戾气会越重，如果不心存慈悲，以佛法化解戾气，练武必然会伤及自身。

类似小 D 这样的年轻人，初入社会，像不像一个什么也不懂的年轻习武者？

年复一年，"武功"越练越强，段位越练越高。可是，他在武功突飞猛进的同时却没有提升修为，化解"戾气"。这样一来，那武功越强，对人的伤害也会越大。

我说的可不光是小 D，混职场、混社会，每个人都一样。

比如说，一个人如果又有才又锋利，就不太容易宽容别人的平凡，嘴巴里讲出话来，容易刻薄不厚道。一个人要是口齿伶俐，能说会道，但是又没有内涵，就会显得夸夸其谈。

还有一些人，思想确实深刻，但这种人追求真理往往太猛，眼里容不得沙子，就难免会忽视灰色地带，伤及无辜。

人一旦稳重过头常常会变得呆板，有趣过头又显得轻浮。而像小 D 这种人，身居高位，手握权柄，要是心里边没装着正直和使命感，贪欲就没办法克制。

对于职场上、社会上的"武功高手"，知识、技能、见识、格局，这些都是"武功"。修习武功，是为了回答一道题：一件事难在哪里、如何解决？但真正的高手，还会修习"佛法"。

正直，就是一门"佛法"。它解决的是判断题：一件事可不可以做。

雇不正直的人来做事，才是生意场上最大的风险

在雇佣正直的人做事这一点上，我觉得东西方文化完全一致。

国内外许多优秀的管理者和公司选拔人才，都把正直放在最前面。

雷军就碰到过一个人，这个人曾经把年产900万美元的工厂做到了2亿美元。面试时，他夸耀自己擅长"把稻草当成黄金来卖"。雷军就说："你这不是欺骗用户吗？"然后明确拒绝了。

巴菲特说过："我们雇人的时候，尤其注重三个特质——聪明、积极和正直。如果没有正直，前两个特质反而会毁了一切。"

通用电气公司的企业文化是：坚持诚信、注重业绩、渴望变革。

惠普提出的"惠普之道"其中之一也是：经营活动中要坚持诚实与正直。

这些看似是巧合，但其实每一家百年老店能走得那么久那么远，从来都不只是因为业务，而是坚持正确的价值观。

我平时和很多老板、高管交流，大家都说选拔人才最重要的一点，是看这个人正不正直，然后再看才能。如果人不正直，一票就否决了。

一门生意赚不赚钱可以计算，有没有风险可以评估。成熟的企业甚至有全套的模型来解决上面的问题，但所有这些都需要人来操作。

把上百万千万上亿，甚至上百亿的生意，交给一个不正直的人来打理，才是生意场上最大的风险。

打开思路，聪明人才能有成就感

一位钢琴老师跟我讲，教琴多年，她发现最难教的不是那些笨笨的、反应慢的孩子。恰恰相反，是有些聪明的孩子。

为什么呢？

刚开始，别人花半个小时都背不下来的琴谱，聪明孩子可能 10 分钟就能背了，弹得也比普通孩子更熟练。于是他们很享受这种靠背琴谱领先别人的乐趣。可是学到后面，孩子们不光要熟悉琴谱，还必须熟悉琴键。所以，老师会要求孩子弹奏时要抬头看琴谱，不能一直低着头看琴键。这个过程其实很痛苦。

普通孩子比较老实。他们通常都会照做，慢慢坚持下来，对琴键熟悉了，曲子也会弹得越来越好，越来越快。

聪明孩子可不这样，他们心里想："我琴谱背得这么快，干吗还要熟悉琴键，那太痛苦了"，"之前背琴谱就比别人强，这次一定也可以"。于是每次他们都迅速背下谱子，哪怕老师没要求背，即使对琴键不熟悉也没关系，反正低头看琴键也能弹得很好。只可惜，越到后面，琴谱越长越难背，背琴谱的优势已经弥补不了他们对琴键不熟悉这个弱点了。他们的聪明反而阻碍了自身的成长，从而在某个阶段停滞不前。

犯错误背后的原因：逃避学习

你发现没有，上面的故事反映出的是只有厉害的聪明人才会犯的错误：他们依赖某个优势取得成功，常常会"惯性"希望一招通吃，好逃避学习更高级技能的痛苦。

这种错误不是孩子的专利，成年人一样会犯。

我带过一个销售，是个很漂亮、且超会来事儿的小女孩，她的签单在部门里一直中游偏上。不过，专业技术一直是她的软肋，我提醒过她，但她对技术无感，也不愿意花功夫钻研。直到有一次，技术出身的甲方负责人是一位中年女士，根本不吃小女孩惯常的那套，人家在意的是性能指标、技术方案，尤其对架构的后期演进想法很多。小女孩临时抱佛脚去研究技术，表现自然不够漂亮。结果，这个大单丢给了竞争对手。

作为管理者，也作为一个老销售，我其实一直在等这一天。

因为这女孩跟大多数聪明人一样，总是一上来就能找到解决问题的便捷途径，然后停在某个阶段自我感觉良好，再也不愿意持续精进。

除了少数天赋极高的人，大多数人都要撞得头破血流才知道学习，不然，该承受的痛苦，该经历的成长，是能躲就一定要躲的。她不经历这个坎，我说什么也没用。

突破自己的所知障

佛家常说一个词,叫"所知障",意思是,一个人的认知有可能会成为自己的障碍。

从没碰过钢琴的小朋友,也许会对钢琴好奇,对老师有敬畏心,老师说什么都会听。可是,他一旦发现背琴谱可以快速弹好曲目时,该吃的熟悉琴键的苦,能躲就躲了。

初入职场的小女孩也觉得销售前辈们个个都是大神,恨不得所有技能都学会,都精通。然而,当她靠颜值、靠性格快速签单后,该吃的学习技术的苦也放在一边了。

人越聪明,就越希望一招通吃,好逃避学习更高级技能的痛苦,就是一种"所知障"。

那么,如何破掉这个"所知障"呢?我觉得,起码要做到下面三点。

1. 拓宽见识和眼界。

比如,学习骑自行车是一项苦差事,我们不仅要克服摔倒的恐惧,甚至真的会受伤。可是很多孩子依然坚持学习骑自行车,跌跌撞撞,直到成功。这是因为,他们见识了同龄人骑着车,在他们身边恣意、洒脱地飞速穿行。这增长了他们的见识,让他们意识到无论奔跑多快,也比不上学会骑车这项技能,更能提升速度,享受自由。

现在的辛苦和受伤,都是在为今后做准备。想要破除"障",我们就得认识到在自己"所知"之外,还有另外一重天地。

2. 找到真正的高手指点。

新人进入一个领域将犯很多错,走很多弯路,但已有无数人犯过错了，走过弯路了。新人不懂这些，高手却一清二楚。高手指点你不是为了让你更省气力，恰恰相反，一开始他们可能会让你更难受、更不适应，但是你按照他们指点的方式来，才有可能突破按你原来方式能达到的上限。

你去学习钢琴、绘画，你想减肥、想学一门语言，需要请教专业人士；初进职场，你需要一个好导师；你需要阅读……是的，高手可以是人，也可以是书，比如，你现在正在看的这本书。

3. 有一天当你也成为高手。

那么，高手会不会有"所知障"呢？当然了。而且，一个人知道得越多，就越可能陷入"所知障"。因为他是高手，他不觉得有人可以指点他。所以，当你发现一个人愚昧、固执，甚至疯狂时，不是因为他无知，而是他只知道事情的一小部分，然后把它们当作了全部。

等你成了高手，你更要小心翼翼。

不要去证明自己的正常、正确，乃至正统，要持续拓展眼界，反思，尝试，总结，才能一次次突破你的"障"，一次次扩大成就。不要让你的聪明阻碍你成长的脚步。

职场有不懂，就来问格总

领导业务能力还不如我，我凭什么听他的

28岁IT男

格总，您好：

我是您的粉丝赵耀，男，28岁，一本大学计算机专业毕业，上班六年，换了三份工作，目前在北京一家做游戏的公司上班。

这份工作我做了一年多，工作环境还可以，薪酬也不错。游戏行业虽然竞争激烈，但因为我们公司之前被一家巨头收购，背后弹药充足，所以我还是看好它的长期发展的。但是，让我不太顺心的是我的主管。

这位主管是空降兵，三年前被老板从腾讯挖过来，说他经验丰富，能扛能打，我入职的时候对他也非常敬佩，毕竟人家有大公司光环。但是，一年多来，我渐渐觉得他在技术上能给我的支持非常有限。比如，前段时间做调测，我发现他对技术背后的内核和一些内行人懂的常识只知道个大概。虽然公司发展得不错，部门在正常运转，人家也没亏待我，但我心里总有些不服气。我觉得他能看出来，这就导致我和他的关系出现了一些问题，特别在沟通上。

在之前两家公司，我也是这样。一个主管技术非常好，我就和他走得很近；另一个技术不够强，我就很难对他有好感。这究竟是我的问题还是他的

问题呢？我该怎么看待这件事呢？这对我的工作和发展会有影响吗？

你好，赵耀：

今天我们讨论的问题，其实是"领导者应该具备哪些能力"，特别是领导者的专业能力有多重要。

许多年前看金庸先生的《天龙八部》，里面的大英雄乔峰是丐帮帮主。乔峰自幼苦练武功，内力深厚，靠一套降龙十八掌纵横武林。在丐帮，他的武功是当之无愧的第一。看专业能力，组织里他最强，所以很多年前我也和你一样，觉得一个人要成为领导者，专业能力必须出众，不然他怎么服众呢？

后来我进入职场，慢慢成为管理者。有一天，我再次打开这本小说，无意中翻到"杏子林中商略平生义"这一章，乔峰的身世即将被揭开，丐帮内部分成两派——支持他的和背叛他的，并且各有说法。我印象很深的，是支持他的人说："这八年来，本帮声誉日隆，人人均知是乔帮主主持之功。乔帮主待人仁义，处事公允，咱们大伙儿拥戴尚自不及，为什么居然有人猪油蒙了心，竟会起意叛乱？"

这里就提到了领导者应该具备的两个能力：一是处事公允；二是在其带领下，组织能够"声誉日隆"，让人看到前途。在金庸的武侠世界里，领导者的武功，也就是专业能力重不重要？太重要了，一个门派的掌门人，通常也是武功最高那个。

在武侠世界里大家看的是单兵作战能力。可是，即使在这样一种规则下，拥戴乔峰的人关键时刻想起的也不是他的武功，而是他"处事公允"和让组织"声誉日隆"。

现在，你有没有点感觉了？

武侠世界还是太虚拟了。比《天龙八部》更接近真实世界的，是另一部经典作品——四大名著里的《水浒传》。梁山好汉里，谁做了老大？托塔天王晁盖死后，宋江成了老大。即便后面武功高强且身家殷实的河北首富玉麒麟卢俊义上了山，也动摇不了宋江的位置。

宋江的武功如何呢？原著里说"他刀笔精通，吏道纯熟，更兼爱习枪棒，学得武艺多般"。但他这个武艺有多高呢？在郓城县杀阎婆惜，宋江被一个女人扭住，一番厮打后才脱身。就这个专业能力，别说和八十万禁军教头林冲或者打老虎的武松比了，108个好汉里面，他估计连前20都排不进去。

但是，宋江有三个领导者必备的素质——

第一，他知人善任，善打大仗。宋江每次出征，都把军师吴用带在身边，也知道给下面每个兄弟安排合适的任务。人尽其用，恰到好处。三打祝家庄、大破连环马、三山聚义打青州都是他的成名作。

第二，他处事公平。即使是和卢俊义争老大的位置，他也没有因为众多兄弟的推举而坐得心安理得，反到提出兵分两路，去打东平府和东昌府。他和卢俊义谁能先打下来，谁就做梁山的老大。

以上两个素质，跟《天龙八部》里支持乔峰的人提到的说法一模一样。

第三，他还有正确的价值观。因为宋江在，梁山的一帮强盗举起了"替天行道"的大旗，打打杀杀不再是抢掠的手段，而变得理直气壮。师出有名。这才是领导者该有的东西。

所以，真实世界里，当一个组织并非从零开始，不再完全靠个体对个体的单兵作战决定胜负时，一个领导者的专业能力真没那么重要。

赵耀，现在来看你的主管。

你说"部门正常运转""他也没亏待你"，前者，虽然我不敢说他把部门带得有多好，毕竟一个部门发展如何还得看公司整体表现，但基本的发展人家做到了；后者，也能说明他做人还是比较公允的。既然如此，你又何必对他有想法呢？恰恰相反，你要做的应该是观察他，向他学习，看他怎么在专业本身不够硬朗的条件下还能把部门管好。至于你对"技术能力"或者个人单兵作战能力的偏爱，甚至你认为专业能力不够强的人没有资格当领导，我说句不客气的，根源可能在于你刚进职场，身处基层，对专业能力还有过分的迷恋。

热爱本职工作是好事，毕竟只有热爱一件事并投身进去，才能成为佼佼者。在这一点上，你做得很好。不过，我们不能仅仅停留在专业的高度，还要从更高的角度去理解大型组织战斗力的来源。组织对组织，比的是什么？就像两支军队打仗，比的是谁的狙击手更多、打得更准吗？显然不是，比的是两件事：首先是将领能不能找到胜利的道路把握战机，从战略到战术合理分配兵力；其次才是士兵的单兵作战能力。前者的重要性远远大于后者。

所谓"将帅无能，累死三军"，因此工作之余，我建议你多读一些管理类和社科类的书籍。如果有条件，不妨参加一些公司内部或者社会上的企业管理培训，为你最终走上管理岗位做好观念和理论上的准备。

至于你最看重的专业能力，虽然它并非领导者必备，但是优秀的专业能力对一个有志成为管理者的年轻人来说，是极大的助力。很多年后，你或许会以对行业深刻的洞察力、宽阔的视野和公正来征服下属。在此之前，先靠专业能力让他们钦佩，开启你的管理生涯，不失为一条稳妥的晋升之路。

被直属领导打压，我该如何对付她

25岁行政女

格总，您好：

我叫关海希，女，25岁，刚入职一家公司做行政工作。主管行政部的副总刘总早年跟着老板打拼，可能是因为替老板挡了太多酒，身体不太好，目前是周姐在管部门工作。刘总人很好，对大家都很客气，周姐跟刘总走得很近，有点大权在握的样子，平时跟我们说话都不太客气。

我刚来时，觉得有两个小地方可以做些改进，私下跟周姐沟通，她居然说我瞎操心，搞得我心很冷。大概因为我太主动，周姐很不满，后来好几次给我穿小鞋，我差点离职，是刘总把我劝回来的。可是，周姐是我主管，我又不好跟刘总讲实情。

最近出了一件事。我们和一个大客户合办的行业峰会本来计划在协议酒店举行，但是酒店告知会议厅已经订满了。事关重大，整个行政部都在为这件事操心。我是当地人，正好舅舅有些资源，可以帮我们公司以优惠价协调更好的酒店，但是我很犹豫。如果跟周姐说，她多半会怕我抢了她的风头而直接回绝我；如果我跟刘总沟通，感觉又是越级。不提倒也没什么，但这对公司是好事，对我个人也是一个展现实力的机会，我不想错过。

我该怎么办呢？

关海希，你好：

像周姐这样外强中干的人，职场上其实挺多。他们仗着自己跟领导关系好，业务也不弱，做人狂妄嚣张，对下面的人、特别是不断成长的新人充满警惕。遇到这样的上级，一般的"向上管理"已经不够了。

我们聊点非常规手段——先来预判一下她的行为：现在要办峰会，如果你出会场资源，正常的上级即使把功劳领了，下来也会给你个说法，或者在内部记功一次，然后再做奖励。但是，你这个上级不太正常，她不敢耽误大事，也不想让你出这个风头。但凡光明磊落一点儿，她会理直气壮地回绝你，自己找资源解决，但这可能性不大，毕竟她要有办法也轮不到你。如果恶劣一点儿，她会让你交出资源，自己到领导面前邀功，丝毫不提你的努力。这个可能性很大，那么你该怎么办？

我同意你说的，好机会不应该错过，只不过，我们要讲究策略。

先讲一个小故事。

东晋时候，并州刺史刘琨的外甥温峤因为阻止大将军王敦废掉太子，被王敦怀恨在心，征召他去大将军府。温峤时刻都有生命危险，而且他知道王敦有叛乱之心，所以很想找机会离开王敦。

机会来了。守卫京师的丹阳尹出现空缺，温峤被调任。可是，只要一天还在大将军府，甚至只要没有到任，王敦就能把他留下。怎么走才能不让王敦生疑呢？

温峤想了一个办法。在辞行酒宴上，他假装喝醉，轮到给王敦的宠臣钱凤敬酒时，温峤故意把钱凤的头巾打落，装作生气的样子说："你钱凤算什么人物，我温峤给你敬酒，你居然敢不喝！"所有人包括王敦在内都以为他们之间有了裂痕，酒宴结束后，钱凤对王敦说："温峤和朝廷关系过于密切，和我们的死对头左卫将军庾亮的关系也很好,不应该放他去做丹阳尹。"王敦却对钱凤说:"你是因为温峤喝醉酒羞辱你的事儿吧?不必当真啊。"温峤这才顺利摆脱了王敦的控制,之后马上联合庾亮反对王敦。王敦终于知道自己上了温峤的当,发兵建康(今南京),结果被打败。

通常,我们管温峤的做法叫敲锅补锅法。早些时候,有种手艺人叫补锅匠,他们有时会把有裂缝的锅多敲几下,让裂缝再大一点儿,雇主看到大裂缝后,会多给一些补锅费。放到人际关系中,就是让本来已有了裂缝的关系,裂缝再大一点儿,让大家都看出来双方关系很糟,以此隐藏真实意图。所以,你该怎么用这个敲锅补锅法呢?

首先,你要搞明白一件事,你和周姐之间已经有了裂缝,她这样的人只会欺压下属,不会宽容。所以,最坏的情况无非就是你辞职。与其屈辱辞职,不如反抗一把。

怎么做呢?

你不要向她汇报,让她毫无准备;也不要去找刘总,刘总只会让你去找周姐。你可以学习温峤,在内部团建的酒局上装醉,当着刘总的面问周姐:"你可以不喜欢我,但为什么我给公司解决峰会的场地,这样好的事你也要阻拦?"或者找一个你、刘总和周姐三人都在的时候,问刘总:"周姐给您汇报那个峰会场地的事了吗?我舅舅一直在等消息呢。"

周姐一定会恼怒,说根本不知道。但是没用,公司所有人包括刘总都只会认为她因为讨厌你而知情不报,而你为了公司利益忍无可忍。她的为人、你的会场以及舅舅的资源会成为公司自圆其说的依据。

关海希,敲锅补锅法的奥妙在一个"敲"字,它的本质是把反对者的声音从"就事论事"的对错之分变成"人际矛盾"的亲疏之分,来掩盖背后的真正企图。但这一招要慎用,原因有两个。

第一,它会把对方彻底变成你的敌人。你可以想象周姐从此之后会怎对待你。当然，这个我们有心理准备，你和她已经公开的矛盾会保护你。之后你也不用再照常规套路来，该越级就越级，我估计你离调离到别的部门也不远了。还没调离时，你好好团结部门里其他同事，她结怨太深，优势在我们这一边。有资源、有想法，假以时日，你会有出头机会的。

第二，就是这招太过伤人。只有目的正当且对方确实过分，才可以用，比如像这次，就是为公司解决了峰会场地的大难题，于公有利，我们才师出有名。屠龙少年，更要警惕身上长出鳞片。

熬资历才能涨薪的地方，值得待下去吗

25 岁建筑设计师

格总，您好：

我是您的粉丝俞树嘉，男，25 岁。我从国内一所二本院校的土木系毕业，去了北京一家建筑设计院，到现在有三年了。从实习到转正，再到进入项目跟着前辈做事，我感觉我成长还是挺快的。可是，由于在体制内，这家设计院的人员非常稳定，很多人都待了很多年，而且这种地方论资排辈的现象比一些市场机构更严重。我成长得快也是因为活儿太多，但收入并没有太大涨幅。

我听有些前辈说，在这个地方起码要待 7 年，收入才能涨得快一些，但我不想等了。

我搜了一下，网上有些相关行业的公司需要我这样背景的年轻人，于是我向五家公司投了简历，有两家让我去面试，但一面都没过。

我已经下定决心要离开。哪怕薪水低一点，我也想去心仪的、真正靠实力说话的公司好好干，谋求好的发展。可是，投简历和面试这条路，我又看不到什么希望。

我很迷茫，该怎么办呢？

俞树嘉，你好：

我非常理解你的心情，在一个要熬资历才有可能涨薪，而不是薪资跟能力直接挂钩的地方，是有些不甘心。这种地方本身有它的价值，有些人更喜欢它的稳定。当然了，看起来你不属于这类人。可是，投简历和面试这条路对你来说已经不够了，那怎么才能离开呢？

我先讲一个真实故事吧。

30多年前，大学生出国还卡得很严，每个大学的名额都有限。有个21岁的年轻人想出国，虽然他已经考上了北京邮电大学的研究生，但北邮的出国名额已经用完，怎么办呢？他就挨个儿给北京的高校打电话，一直打到北京广播学院（现在叫中国传媒大学），北广学院说还有名额。

年轻人拿着考研成绩单，骑着自行车就去了北广，希望转入北广读研究生。北广老师对他说，你可想清楚了，我们学校可不如北邮，你转过来也未必就能出国，而且还需要审批。年轻人说没关系，毫不犹豫就转了。

他很快打听到管这件事的老师，于是每天早上不到7点，就去等这位老师。老师一天经过好几次，他每次都打招呼："老师您早！""老师您出来吃饭了？""您下班了？"……接连四天。到了第四天，老师实在忍不住好奇，问他究竟是谁，年轻人就如实说了。到第六天，老师告诉他，你可以出国了。

这个年轻人，就是后来成为微软公司中国区总裁，在当时被称为"中国第一职业经理人"的唐骏。

那时我和你一样，刚工作没多久，身上的学生气还很浓。学生气的一个特点就是以为凡事都有标准答案。我的第一份工作也是"投简历、面试"得到的，我以为这就是标准答案，但这件事告诉我，如果我们渴望得到一样东西，就一定要全力以赴，怎么能仅仅守着大家都在采用的某一种方式呢？我发现自己的思路打开了。

在那之后,我变成了一个对周围的各种资源分外敏感的人。为了达到目的,在采用常规途径的同时,我也经常别出心裁,找到另外的路。

比如之前在华为,我就让校友带我参加了我本来没有资格参加的产品研讨会,受益匪浅。我想去华为海外市场,但海外英语一直没过关,就绕开了所属部门直接去签证科办了签证。包括后来,我利用工作之便学习了当地某国的进出口制度,顺利加入一个本来进不了的重大项目组,让职业生涯有了一个更高的突破。

人生和职场就像攀岩,没有人会告诉你下一个落脚点在哪里。只要方向是朝上,那么你每到一个地方都应该仔细观察、思考,看哪些资源可以争取,可以摸索出一条路来。只要你去想,这条路就一定有。当然,这条路不能违背道德和法律。

下面来说说你面临的具体情况。

简历投出去有面试通知,说明你的方向是对的,但五家公司只有两家邀请面试,说明你的简历并不足以完全打动对方。简历上究竟是哪些地方还不够硬、不够有货呢?要具备哪些特点才能打动对方,你知道吗?

你应该不知道。

职场是一个价值交换的地方,对方觉得你的价值不够,究竟哪里不够,是我们要弄明白的第一件事。那么,怎么才能知道呢?

如果我是你,绝对不会待在电脑面前空想。你要知道,找工作跟谈恋爱不一样,谈恋爱除了硬件条件,相互之间还得有感觉,感觉不到位,死缠烂打也没用。但是找工作,价值匹配了就可以。我会拿着简历去这家公司,要求面见公司的HR,最好是HR总监,然后表明来意。

会被拒绝吗?很有可能。但那又有什么关系呢,除了一文不值的面子,我没有任何损失。我只求HR总监能给我一个提示:像我这样的年轻人,要来贵公司上班,还有哪些方面是需要提升的?就花您5分钟可以吗?

一个背景不错，态度也还不错的年轻人，这么孜孜以求地来拜访，我想任谁都会被打动，这不过是时间问题。如果一次不够，那就两次、三次……如果一家不够，那就两家、三家……你会不会觉得，这也太辛苦了吧？

我告诉你，石油大亨洛克菲勒16岁找第一份工作就是拿着一份企业名单登门拜访。他每天早上8点出门，一周6天，一连找了6个星期，把自己名单上的公司拜访了一遍又一遍，有些公司甚至去了两三次，直到1855年9月26日，他得到了人生中第一份工作。晚年的洛克菲勒回忆说，自己的职业生涯还有创业就取决于那一天得到的这个机会。后来，他就把9月26日当作一个隆重的日子来纪念。

洛克菲勒四处拜访是为了得到一份工作。你去拜访，仅仅只是讨教自己需要提升的地方，难度比他小得多。他能做，你为什么不能做呢？你的面子比洛克菲勒的更值钱吗？

俞树嘉，以上不过是我能想到的一种方式而已。你还可以有别的方式去了解谁能给你好的建议，谁能知道你该如何提升，然后想方设法去接近他，请教他。你还应该尽可能多地了解目标公司，这样在交流时就能说出你为什么那么向往这里了。你还可以和这些人提前建立起私人关系，哪怕现在的你微不足道，但可以让别人看到你的成长。

开动你的脑筋走出家门去。去尝试、去碰壁，总结教训再去尝试、再碰壁，持续地开动脑筋，找到你与心仪工作的差距并不难。然后，你在现在的岗位上就有目标了，你就知道做哪些事可以提高简历质量，朝心仪的工作迈进了。

明白了吗？一个主动积极又坦诚的年轻人是任何一家公司都希望拥有的财富。找工作的过程本身就是一个成长的过程，也是你展现给未来雇主的第一印象。相信我，会有人看到并认可你的努力。

人年轻时总会迷茫，我相信 16 岁的洛克菲勒在被拒绝后走出一家家公司的大门时也是迷茫的。但那又如何呢？他没有放弃。

你一样还年轻，一样有大把的时间和充沛的精力，去打开思维、积极行动吧，会有额外收获在等你。这种突破常规又坚持不懈努力的精神，应该贯穿你的一生。

父母劝我不要轻易转行，
我该不该听呢

24岁项目助理

格总，您好：

我叫严宇，24岁，二本院校毕业，只有两段工作经历：之前在一家食品公司做文案，现在在一家制造业公司做项目管理。

去年毕业，因为疫情，找工作难了好多，我也不喜欢读的专业，一直想转行。那个文案工作离家近，我就勉强接受了，工资也不高，工作了几个月后发现太无聊了，也学不到什么东西。偶然间，我看到有个地方在招聘项目助理，说是需要PMP（项目管理专业人员资格认证）证书和工作经验，所以我就报名去考证了。虽然没经验，但庆幸考取了这个证，给我跳槽带来一点底气，跳槽也成功了。

我咨询您的事情，是我现在又迷茫了。这份工作是项目助理，工作内容很琐碎，也学不到什么东西，我又想跳槽了。我想去做产品经理，一起考证的考友们大部分是从事互联网行业的，说起他们的薪资，不羡慕那是假的。可父母劝我不要轻易转行，因为一般公司都不要没有经验的小白，我才干几个月，谈不上什么经验。我很迷茫，很痛苦，还为这个事跟他们吵架。

我究竟该怎么办呢？

严宇，你好：

先给你讲一个小故事吧。

几年前我还在做投资时，带着团队去参观考察一家工厂。他家的一位副总接待了我们。在车间里，这位戴着安全帽的副总侃侃而谈，无论对行业、公司沿革还是具体的技术工艺路线，都体现出很不错的专业度。

吃饭时我问他："您来公司有好些年了吧？"

他说："没有，我才来半年多，之前的经历和这个行业都不太搭边。"

我表面没说什么，但心里还是猛地震动了一下：一是有点不爽，对方接待我们的居然是才来的新人；二是非常惊讶也非常好奇，他来了还不到一年，是怎么做到对行业、公司和技术这么了解的？

那个案子最终没有谈妥，但是那几个月，我和他的老板、他本人还有他的员工都有非常频繁的接触。老板很欣赏他，说这位副总刚来一个星期就拿着录音笔去车间，让公司里的技术专家给他讲解，然后拿回去反复播放，反复记。他还带着下属去工厂，在一个个车间里把学到的技术讲给下属听，谁能挑出错误来，他就请谁吃饭。他看完了公司资料库里能看的所有技术文档，还常去研发部门了解新产品的开发细节。等我们来考察时，刚来半年多的他已经作为公司高层接待过好几批重要客户了，所以由他来接待我们，也谈不上怠慢。

故事讲完了。严宇，你听了有什么感受？

家里都没矿，我也是从新手开始做起，所以很理解作为职场新人初入社会面对的一个个具体的、棘手的难题，特别是工作上的不顺利。你的处境是常态。不过，听完今天这个小故事，我希望你有所触动，因为这个人、这件事，就是一本活生生的职场教材。后来，我和我的下属们说："人家都说'想要人前显贵，就得人后受罪'，这就是例子啊。"

在这里，我也想送你三句话，是三个真相，也是三个提醒。希望你好好琢磨这三句话，它们能帮到你。

第一句话——学习是自己的事，也是终生的事。

什么叫自己的事？很多公司，特别是大公司，都有成体系的培训机制，无论你是新员工还是管理者，都可以在培训中受益。但是，你不要以为培训是应得的。提供培训让员工成长，是公司觉得划算，你不用感恩戴德；公司要是觉得不划算或者预算上、时间上不允许，取消培训，你也用不着愤愤不平，该怎么办？主动去学习，一定要主动。就像上面提到的那位副总，他把自己当作一块海绵，吸取身边所有可以碰到的资源。他已经身居高位了，作为一个跨行的空降兵，他依然督促自己尽快学习、尽快上手。因为学习是终生的事。

职场上，游刃有余是一件好事，但同时，我们要对游刃有余充满警惕。因为你以为的极限也许只是别人的起点。

第二句话——跳槽可以，但要有"向下兼容"的可迁移的底层能力。

你说你看到别人薪酬高，想跳槽，这我很理解，我也跳槽过不止一次。但我想说，跳槽不应该是逃避，不要让路越走越窄，否则最终你会逃无可逃。跳槽应该是人生的"版本升级"，新的高级版本不但更强大，还能向下兼容，兼容的是什么，就是可迁移的底层能力。这位副总，人家也不是第一次跳槽了。你看，他的学习能力有多强，虽然他对新行业一无所知，但是这种可迁移的学习能力，特别是学习方法，让他到任何一个陌生行业、陌生职位上，都能尽快上手。

那么你呢？从那份文案工作中你学到了什么？这份项目助理的工作，又让你学到了什么？

好好想一下。

第三句话——尊重你的本职工作，每个人都是从简单任务到困难任务，逐级升级。

我经常出差，机场安检人员要求我取出电脑，脱下外套，我每次都非常顺从，非常配合。

酒店里，我对替我取行李、为我做登记的服务员，给我打扫房间的大姐都非常友善，友善到有时候他们都有点受宠若惊。我知道，那是因为他们平时受到的不公正待遇太多了。我这么做，不光是对自己的行为有要求，更是因为这是人家的工作，哪怕一份收入不高、不起眼的工作也是有价值、有意义的。人家用心做好这份工作，就理应得到我们的尊重。所以，严宇，手头这份工作，你用心做了吗？

用心和不用心，自己知道，别人也知道。有客户跟我聊过，他的两个子公司，一家的行政每次节假日都花心思用同样的预算变着法给员工发水果、牛奶、坚果和饮料，还替领导写好给员工家属的问候信。另一家的行政，发的永远是米、面、油三件套。你说，两家员工的感受能一样吗？两个行政的前途，又能一样吗？

用心对待你手头的工作，才能得到别人的尊重，把简单任务做好，别人才可能把更重要的任务交给你，你的职场路才可以越走越宽。即使你没想跳槽，外面也会有大把的人想挖你，真正的金子，根本不会缺发光的舞台。

面对想要离去的骨干
我该怎么挽留

28 岁运营副总

格总，您好：

我叫彭若丹，28 岁，女生，一本大学毕业。工作前三年在一家传统电商公司，因为大四有过实习经历，毕业一去就很熟练，所以就帮老板带了一个新运营团队。老板风格激进，来回换了将近 10 个项目，如社群营销、写课件、做 APP、开拓渠道……我不太怵新任务，也有了些带团队的心得。

2020 年，我被人挖去另一家电商担任运营经理。因为疫情，公司业务暴涨，2021 年初我晋升运营副总。公司现在共 100 多个人，我用一年时间，从零开始带出来一个 37 人团队，其中客服 12 人，运营 25 人，25 人里有 5 个运营主管，都才毕业两年左右。

目前遇到的棘手难题是，这 5 个主管里有 2 个被猎头盯上了，他们已经谈好了跳槽方向，是同行业一个更大企业的运营管理岗，据说薪酬会涨 30%，另外有提成奖励。我当时一听就很懵，没想到自己辛苦培养的人就这样被挖走了，一时间有点慌乱。后来反思，可能其中一个原因是他俩的业务水平和收入确实处于一个无法突破的瓶颈，而且公司目前正考虑新业务板块，但推进速度很慢，考虑到新板块玩法不一样，他俩未必能适应，我们打算外聘人员来做。再有，这些天我更多把精力都放在对外业务上，对他们的思想确实了解得不够。我已经约了他俩，下周单独正式沟通一次。

我该怎么挽留呢？挽留不住，又该怎么办呢？

连续两天，我凌晨4点就醒了，当初失恋我都没这么痛苦过，文字太苍白，内心的焦虑和烦闷无以言表。想听听格总的建议。

彭若丹，你好：

有没有感觉，他俩不过就是一年多前的你自己？

你年轻，能干，又赶上一个风口行业，通过跳槽快速实现了职场晋升和眼界拓宽，伴随着收入急涨。虽然又苦又累，但心中愉悦。现在下属要走，怎么就接受不了呢？现在知道当初你跳槽时你的前任老板的感受了吧？以诺贝尔经济学奖获得者、经济学家科斯命名的"科斯定律"是这么讲的：只要财产权明确，且交易成本为零或者很小，那么，无论一开始财产归谁，市场博弈的最终结果是，财产都将流向能最大发挥它们作用的人那里。

为什么有钱人那么有钱？因为钱只有到了他们手里，才能最大程度发挥作用：雇用人员、研发创新、添置设备、生产销售……

为什么很多富二代守不住财富？因为钱到他们手里，他们不能像父辈那样，那么有效率地继续创造价值。

人也是财富，为什么人会跳槽？因为这两个人去别的地方，可以为社会创造更大财富，他们自己也能获得更多。

我们中国人，爱讲"天道"。什么是天道？解释人类一切自由活动的底层科学（之一）的经济学，就是天道。你是在跟天道作对啊，能不痛苦吗？

团队有人离职，就像人会生病一样，不是什么天要塌的事。只不过，这次5个人里面走2个人，就像阑尾炎和急性支气管炎同时发作，处理不当确实会要人命。

有没有解决办法？

我能想到的唯一方式，就是考虑划分新业务板块给他俩来做，即使不是整盘，也可以划分局部出来，让他们感觉"东家还是信任我们（成长能力）的"。如果新业务可拆分，形成内部赛马机制更好。最重要的是，新业务要用新的考核评价体系，才能体现出公司的业绩导向。业绩起来了，他们的收入才不会是问题。他俩去做新业务（至少一部分），剩下3人业务量增大，单人效率其实是提高了，收入也该提高，对所有人来说都是好事。外聘成熟的空降兵，不是不可以，前提是老业务的基本盘稳固。老业务的人和事都稳固，你才可能腾出手来，在空降兵落地时，帮他顺利融入团队。

对于这2人来说：之前老工作的模式是"确定的业务和确定的低收入"，现在新工作的模式是"大致确定的业务、确定的高底薪和不确定的提成"，相比而言，后者虽然可能是在画饼，却也充满了可能性。现在，老工作多了一个"不确定的新业务和不确定的高收入"的模式，之前的工作拿来保底，留下来的吸引力就大得多了。

说到底，我们留人一定要用"事留人"，而不是"人留人"：前面还有那么多稳赢的仗等着你去打；还有那么多富饶的地盘等着你去占；还有那么多白花花的银子等着你去分。

为什么还要走呢？

你考虑成熟了，带着你成文的详细构想去和老板沟通一下，听听他的想法。主力业务部门的骨干离职，这是公司的大事，你不能一个人扛，你也扛不下来的。

彭若丹，我很高兴看到，你在处理这个事时虽然焦虑、烦闷，但没有抱怨下属，而是反思自己，而且你反思得很准确。《孙子兵法》里说："昔之善战者，先为不可胜，以待敌之可胜"。先让自己处于不可战胜的位置，再等待敌人可能出现的破绽。先学会防守，再来谈进攻；先学会挨打，再来学打人。在带兵打仗这个事儿上，先学会稳固军心，再带队冲锋，你才不会担心在自己陷入重围时，部下会临阵脱逃甚至倒戈。

这里，我给你两个建议：

一个是学习我党的政委机制，为自己设置一个副手，副手除了一样参与业务，还要把骨干员工的思想状况和团队文化的建设，作为重点来抓。

第二，加强百强团队的能力建设，使之形成梯队。走一个团长，优秀的营长顶上；营长走了，优秀的连长顶上，以此类推。

这样的话，同时走2个主管，你还能从基层员工里提拔一两个优秀的，不至于像现在这么阵痛。

其实，这两点不过是现代企业，特别是大企业的常规做法，没什么稀罕的。但在小公司不太容易实现，为什么呢？因为大公司允许人员冗余，甚至允许人员大量冗余，但小公司一个萝卜一个坑，不允许存在冗余，有时候，也跟老板的思路有关。

说起大公司，我们常讲的"大公司病"，其中之一就是人员大量冗余。我不是想为大公司病辩护，但是，我们要看到这种冗余杜绝了你现在面临的状况，因为大公司的业务量巨大，相比人员冗余，大公司更不能接受业务出现混乱和中断。说到底，这还是一个两害相权取其轻的做法。你现在团队三十多人，是该考虑这一点了。

公司这种组织，真像一架精妙的机器，少一分，危险，多一分，迟钝。需要冗余多少，怎么配置，还要结合你的团队梯队建设，很考验你统筹全局的能力。

还有就是，无论这件事如何收场，我都建议你在结束之后，能花几小时的时间，主动约你的老板长谈一次。

谈什么呢？

除了谈这件事本身，还要谈你自己的反思，以及后面的改进。《孙子兵法》也说,"上下同欲者胜"。这里的"欲",是指领导和下属的欲望一致,齐心协力。

除此之外,我认为作为脑力工作者,上司和下属之间,还要对一件事抱有相同的看法和认知。大家一开始想法不同,是好事,碰撞才有火花嘛。但最后要"统一思想",他不认同你的想法,你就很难得到他的支持去实施你的方案。你不认同他的想法,你在执行他的命令时就会有阻力,结果就会出问题。

此外,和自己的直接主管在认知上达成一致,对你个人而言,是能力之外的一种加持。

今后出现新板块,认可他的观点、理解他思路的人,更能得到这个机会。说起来,这也算是一种"向上管理"。

最后我想说,彭若丹,这个事目前还没解决,你还处在焦虑之中,我很理解。但是别忘了,你才28岁,能在自己管理生涯的初期就遇到这么糟心的事,从长远来看,未必不是好事。年轻时我们一往无前,冲锋陷阵,以为世界疆土辽阔,有的是地盘征服。慢慢你才会知道,征服容易,经营很难;吸引容易,留住很难;爆发容易,之前的酝酿和之后的结束,都很难。

咱们不用急,急也没有用。种子埋进土地里,总要一些日子才会褪掉硬壳,发出芽来。你已经很优秀了,真的,不如放轻松点。

最后,我们再重温一下这三句话吧:

1. 学习是自己的事,也是终生的事。

2. 跳槽可以,但要有"向下兼容"可迁移的底层能力。

3. 尊重你的本职工作,每个人都是从简单任务到困难任务,逐级升级。

这三句话其实不新鲜,都是职场常识。只是很遗憾,彭若丹,我们的大学不教这些,更不要说在小学和中学了。所以,才会有那么多像你一样在职场中碰得头破血流的年轻人。之前,你可以抱怨父母、老师,没有人告诉你这些。但是,今天之后不一样了:你已经知道了。如果之前你因为不知道,所以受困于现在的处境,那么现在你知道了,你就不再有权利怪罪任何人。

所以我这三句话,可不是免费的。

我们常说,成年人要为自己负责,现在,人生迷茫的解救之道就在你的脑子里,去用双手实现它吧。

被领导批评出生理反应，
我要不要就此离职

31 岁职场妈妈

格总，您好：

我叫武欣，31 岁，是一个职场妈妈。孩子 2 岁，主要是爷爷奶奶带。老人家尽心尽力，我和老公上班也很努力，婆媳关系也很好，小家一直其乐融融。

不过，我最近遇到了职场难题。我在二线城市的一家中型民营企业上班，入职总公司 4 年了，一开始做市场经理，因为之前有媒体经验，人也很拼，公司上下都很认可，后来岗位有了空缺，就转岗去了子公司做市场部总监。转岗时，我刚生完孩子，重返职场，在例会上汇报工作时不止一次出现了纰漏，比如在第一次月度例会上，我对总经理提出的问题毫无准备，感觉自己逻辑欠缺，即兴的思路整理和表达都有问题，第二、第三次也是如此。总经理非常失望，当场批评我，甚至说出"能不能胜任"这种话。

那个周末，我心灰意冷，在家躺了整整两天。家里人待我都很好，但也帮不上什么忙。冷静之后，我仔细想了一下，其实在总公司我的表现并不差，各方面评价也都很高，不然也得不到这次转岗机会。虽然这次被批评，我不得不承认，总经理提出的问题都是我应该了解的，所以我并不冤。而且，总经理是站在更高格局去思考问题，对我启发也挺大的。我心里虽然难受，但也很认同他讲的一些内容。

至于现在的困境，我觉得原因有四点：一是转岗虽然是个好机会，但正好和我生完孩子撞上，身心准备不足；二是因为是新业务，产品部门比较忙，对我的支持有限，我也没有尽力推动，加之身体不舒服，有畏难情绪，导致了拖延；三是汇报之前我准备不够充分；四是我和新领导不熟悉，不了解领导风格。只不过，理性上我虽然都明白，但感性上还是过不去这道坎。

从那次之后，每次一听说总经理要参会，我都会压力大到出现生理反应，手脚冰凉，心跳加速，紧张得连饭都吃不下。总公司的领导碰到我，说我以前整个人都在发光，现在消沉了许多。

我去省精神卫生中心做了一次抑郁症心理测试，结果发现我有中度偏轻的抑郁症。我连离职的心都有了，但又非常不甘心，做到这个位置也是自己辛苦工作、熬夜加班、一点点打拼出来的。可是我该怎么办呢？

希望您不吝赐教。

武欣，你好：

女性因为生孩子影响职场发展的，在我的咨询案例中并不少见。你的几点分析都非常对，比如第一点，刚好在重返职场时转岗。确实像你说的，在没有准备好时就来到陌生战场，难免应对不了。靠运动、靠与朋友谈心还有家庭的温暖支持一点点恢复，你慢慢会缓过来的，我相信。

今天重点说一下另外三点：内部推动、汇报前的准备和熟悉新领导。

先说内部推动。在电话里，你说挨批评的一个原因是拖延事务，你去找产品部门，但他们都很忙，没有推进你的工作。可是总经理不管这些，对吧？领导要的是结果，不是借口。作为部门负责人，很重要的一项工作就是协调部门之间的工作。如果产品部门很忙，那么他们忙的原因是什么？他们在为别的哪个部门忙碌？优先级有多高？一点点搞清楚细节，和他们沟通、协调，在各方利益都不受损，或者在别人能承受少量损失的前提下，尽可能让对方满足自己的需要，这是一个内部推动者的基本功。请他们吃饭、参与他们的内部讨论、说服其他部门先等一下……办法有的是，怎么管用就怎么来，你还是总公司下派的人，谁知道以后他们需不需要你帮忙呢？而且，你是在为公司做事，师出有名，实在搞不定，还可以请出你的领导，就是公司副总，让领导来协调资源，这是你的最后一招。领导是资源，如果有必要，就一定要用。切记不要等待。即使等待，也是在可允许范围内有计划地等待。

当这些你都做了，最糟糕的结果就是汇报的时候把你没有完成工作的原因直接拿到桌面上来说。你尽力推动过就不是你的问题。这远好过你一个人挨骂，其他部门假装不了解。

再来说汇报前的准备。总经理需要对公司的每一个板块都有一定程度的了解，甚至对某些板块要了解足够深入，才能做出合理的决策。他的时间宝贵，你又不清楚他最想了解什么，所以最保险、也最负责的方式就是在汇报之前，把你应该了解的所有事情搞清楚。你说因为紧张，所以非常想快速地结束汇报。可是恰恰相反，如果你想在新公司站稳脚跟，就应该抓住一切机会把你的工作，特别是和公司最要紧工作相关的那部分仔细讲清楚。总经理关心吗？也许会，也许不会。哪怕一开始啰唆点，也好过你一笔带过显得心虚。

具体怎么操作呢？

我之前不止一次提到过，对于演讲、汇报、陪同这些特别考验临场反应的事，一定要提前练习。拿着你的汇报材料，去找你总公司的老领导或者周围水平高的人练。你汇报一遍，他来提问你来答，模拟周例会的场景，把他能够想到的问题统统回答一遍。反复模拟，反复总结，次数多了，你自然就能脱口而出了。可能半年或者一年后，你驾轻就熟了，就不需要每次汇报都这么精心准备了。目前这个节骨眼，你一定要重视练习。准备还是没准备，明眼人一眼就能看出来，当然也包括你们那位总经理。一次、两次、三次……等你慢慢适应了他的节奏，搞清楚他最关心哪些问题，你就能应对自如，甚至即兴发挥了。

最后谈一下熟悉新领导。人际关系中，我经常说大家要主动，主动去争取、把握。你跟这位总经理也是如此。什么叫主动呢？即主动和他一对一沟通。但现在情况比较特殊，他对你的印象还停留在之前的批评中，你去找他起不了什么作用，所以要先做好内部推动和汇报前的准备。当你解决了上述问题，在例会上，你就能逐个回答上来他的问题。即使做不到尽善尽美，至少他肯定看得到你的进步，虽然他表面上未必会提及。

上面这些动作，我们称之为"防守"。他提问，你回答清楚，防守成功。防守成功一次两次，或者三次四次，你觉得时机合适了，就可以去"进攻"他了。

找他聊什么呢？聊两件事。一是认错，你通过防守，改变了他对你的既往看法，这个时候去认错，坦承自己之前的工作失误，必然能得到对方谅解；二是感谢，感谢他的批评，让你有机会审视自己的工作，发现自己的局限，并有意识地加强。

认错和感谢，都是把姿态放得很低。面对一个已经用行动证明过自己的部门经理上门来亲口认错、感谢，每个成熟的领导都会感到欣慰的。这个时候，就是你和他熟悉的最好时机。因为你已经用事实证明自己是一个值得被认可、信任的下属了。

看到了吗？看似你的姿态很低，但主导关系的权力一直都在你这边，就看你怎么用了。

武欣，在你的咨询电话里，我没有听到一个关键角色，就是你的直接领导,子公司副总。按理说,你在会上被批评,他作为直接主管也会被总经理批评才对,哪怕是私下。而且,他应该先找你谈话,把我告诉你的这些教给你才对,但是他那边没有动静。可能你也不清楚他们之间究竟怎么回事。没关系,既然如此,你就不用先找他,先"防守"再"进攻",把跟总经理的关系先解决了再说,等一切都稳妥了,可以专门抽个时间去和这位副总聊聊。因为职场拼的是实力。实力呈现之前和呈现之后,对方的态度可能会截然相反。

至于你提到的离职,我不是很建议。职场打怪升级,有些坎是一定要迈过去的,你在这里迈不过去,换个地方同样会碰到类似问题。既然对现在工作本身没意见,那就好好迎接这一次的挑战吧。一步步稳扎稳打,你会跨过这道坎,看到更高更远的风景。

加油。

沦为流水线女工，我该如何翻身

35岁银行业务员

格总，您好：

我叫田蔚蔚，在职业道路上有些困惑，希望得到您的指点。

本人女，一本院校公共事业管理专业毕业，后来读了一个985院校的人力资源管理在职研究生，毕业后在北京短暂实习了一段时间，就回到家乡某二线城市，在当地一家银行工作，10年间换了7个岗位。前两年做柜员，通过家里关系给银行引入了上千万资金，得到过表彰；接着做了两年个贷消费经理，业绩全区第一名，但把身体累垮了；再后来被调到区行管理部给领导做文秘，同时对接电视台、宣传、工会等，在此期间获得过市行优秀信息员；还代表省行参演过自编自导的舞台剧，获得优秀奖。我跟前几任区行领导配合得都蛮好，后来，新任领导大概看不惯我，把我发配到业务部；我生完孩子，又把我调到基层支行。我在基层做了两年催收管理和贷后管理，这两年各项小指标都排在区行前几名。

2020年，因一位同事不太适合做个贷、经营贷，领导就把我和他调换了岗位。这一年我替这位同事背了很多黑锅，过得非常痛苦，当然我都一一处理了。这一年里，我也接触了各行各业的人，但都是小个体户、小微企业的小老板。

现在，金融系统监管力度很大，加上疫情风险，银行对于逾期考核和贷后管理等越来越严格，整理档案、贷后做系统……工作越来越乏味。而且，银行对小指标抓得很紧，尤其是信用卡，每天我的工作就是在办信用卡，办各种小指标业务。我感觉自己已经是流水线女工了，每天重复着单调的工作。当然，工作并非完不成，只不过我年龄不小了，如果就这样耗成温水里的青蛙，我就没时间去做别的了。

曾经有一位大咖跟我说过，牛人不需要去学习任何专业知识，只需搞懂人性就好，因为越是大业务就越是看人。随着年龄增长，我确实也更喜欢跟别人交谈，接触各行各业的人，包括工作中我也联系过很多跨领域的业务，比如公司内部的各类业务对接。可是谁又能一步登天呢？我段位差得远，怎么可能一下子接触到那个只看人的上亿的大业务呢？

我35岁了，年龄也很尴尬，每天都想着离职。我一直想去投资领域，或者考一个金融硕士学位，甚至想去一线城市再闯一闯，但是周围的人都投了反对票。他们建议我继续在银行发光发热，等做到业绩突出时，自然就可以谈条件谈职位谈钱。可我不想每天在体制内，完成着一点点不起眼的各种小目标和小指标。我想有更大的平台，通过学习、努力和实践通往那个更广阔的世界与天地，挣到更多钱。

我该怎么办呢？

田蔚蔚，你好：

首先，我想纠正那位大咖的说法。专业知识是我们在职场安身立命的基本盘，绝不是可有可无的。当然，我相信他没有恶意。他是大象，他的能量太大，只管往水里蹚就行；而你是小马，水如果太深就得用专业知识搭座桥才能过河。是的，这不过是又一个"小马过河"的故事。

人性重不重要？

重要。

那什么人可以把人性重视到忽略专业能力的地步？

老板。

老板的能力更多在于整合资源、把控业务方向和判断节奏。但是，即使他可以什么都不做，也必须什么都懂，不懂专业的老板是会被下面人忽悠的，特别是在公司还不正规的初创时期。

先说一下你的职业发展。以我对银行的了解，你在地方银行前几年的几次职位调整其实是一个新人的正常轨迹。但是从后面几年开始，确实如你所说，领导对你肯定不待见，所以你现在忙于完成个贷、忙于信用卡指标，顶多和小微企业打打交道。

在银行，对公业务才是核心。对公业务对专业知识、专业技能的要求要比个贷这种技术含量不高、重复性劳动的工种高得多。而且，对于个人成长而言，对公当然是职位升迁的主干道，你工作10年已经算是老员工了，还在做非公业务，意味着你确实不受重用。那怎么办呢？

我的建议是：向对公业务靠拢。

你的专业是公共事业管理和人力资源管理，这本身不涉及银行的实务操作。不管你是考金融专业硕士还是其他，对公业务需要的经济、金融、会计、法律，特别是财务会计的专业知识，是你必须要掌握的。大客户愿意跟你沟通，不是因为你懂人性、会说话，而是你可以用专业能力来帮助他解决企业融资的问题，你代表银行和客户达成利益上的交换，从而在业务上互相支撑，这是能力上的要求。

此外，你还需要机会。认真、冷静，特别要客观地分析你的领导，分析这个人的价值观、利益诉求和行事风格，然后诚恳地和他沟通，而且一定是那种提前预约的正式沟通。沟通之前做好准备，买些对公信贷书看看，找一些对公业务的实际案例分析一下，提炼一些个人思考。当然，之前得罪领导的地方，该道歉道歉；后面的工作，该表决心表决心；学习的困惑，该请教请教。据我了解，因为门槛要求高，很多银行的对公业务都很缺人才，只要你得到哪怕只是一个锻炼的机会，就可以在实务中积累经验，逐渐向对公靠拢。

另外，你刚做柜员，不是通过家里引入过上千万的资金吗？把家里的资源也梳理一下，有无经商的、有无在政府经济部门工作的、有无在企业搞财务的亲戚朋友，这些人都会是你向对公业务靠拢的助力。向对公业务靠拢这条路看得到，摸得着，也是最稳妥、收益最确定的一条路，你尽全力去走，不要想退路。

但是，如果实在走不通，怎么办？

比如我能想到的唯一的阻碍就是领导还是不同意。他能阻碍你，不给你机会，但阻碍不了你学习，你依然可以学习这些专业知识。这位领导有一天也会调走，或者有一天当你比周围的同事已经强很多的时候，对公业务实在太缺人，他不用你都没别的选择。所以，说到底，还是自己能力特别是专业能力提升最重要。机会虽不可控，但成长可控。

至于你说的要去一线城市，如果你有人引路，成功概率会有一些。如果就是一腔热情想去闯，当年你就不应该回老家，更别说现在还有家庭。一线城市不是不可以去，而是有可能换个城市会给你带来新问题，老问题却没有得到解决。而且，一线城市并不缺学历和文凭都好的员工，就算你去大城市，那些专业技能在金融圈里同样都是必需的。

当然，我是外行人，对银行理解很粗浅，你单位最核心的业务未必就是对公，但道理是相通的。核心业务是什么，你就向什么靠拢。接触不到上亿的大业务，能不能从千万级或者百万级的边缘业务开始呢？哪怕边缘业务不会干，能不能从打杂开始呢？会议纪要总会吧？日程安排总会吧？对接的电话总会打吧？弱的时候扔掉玻璃心，姿态放低一点，默默蓄力。记住这条路径：从边缘业务的边缘事务到边缘业务的核心事务，再从核心业务的边缘事务到核心业务的核心事务。

一个职场人起点再低，路就在那里，就看你是不是够拼，够冲，够豁得出去。

当然，世事难料，今天的边缘可能就是明天的核心，今天的核心明天可能会凋零。所以，我从来不认为职场路一定要按部就班，很多时候机会会忽然出现，忽然消失，非人力可掌控，这考验的是你的洞察力和对行业变迁的思考。但成长这个事，一定是循序渐进的。成长就算是一条高速发展的陡峭曲线，也是一条连续曲线，是高强度、高节奏的循序渐进。旁人看到的平步青云，背后都是打碎牙和血吞的持续精进，以及成长之后敢于押注的非盲目自信。

希望这些话对你有用。

面对又美又凶的女主管，
我只有离职一条路吗

34 岁央企技术男

格总，您好：

我在职场道路上感到困惑和迷茫，恳请您指导。

我叫方辉，男，34 岁，2005 年考进上海一所 985 理工科大学，大学表现尚可，2009 年通过院校交流保研去了北京一所 985 大学，专业是自动化系统。2012 年硕士毕业后，同学大多去了科研院所、国防军工系统，我有点耐不住寂寞，想去纯市场化的地方打拼，于是去了南方，入职某电力公司做开关技术服务支持。

一开始，我以为有机会用上学到的知识，时间一长，发现每天不过是奔波在路上。工作就是寻找重复的技术问题，极其枯燥，没有挑战性。两年半后，我跳槽去了华为，做某个硬件模块的研发，从小兵开始慢慢成为小团队骨干。

华为的工作有挑战性，无奈强度太大，经常加班，导致我入职三年胖了 30 斤，颈、肩、腰椎一堆问题，家人意见也很大。于是我跳槽到现在的工作单位——某大型央企在此地的孙公司，没那么忙。今年是入职第三年，新问题出现了。

第一个问题是找不到工作的意义。这家公司本身没有研发团队，只是承接供应商的产品方案，包装之后做一些定制化小改动，再对外宣传，利用央企品牌承接客户需求。我的直接主管下面有市场、技术两个小团队，我负责技术，但是所谓的技术其实是消化供应商方案，再进行包装。我有时候觉得自己做的事情只能算是测试，站在台上宣讲，既无聊又没底气。我的直接主管是一位女士，对这种"技术工作"很热情。上一任主管一年前被调离高升，她是从系统内别的公司调任来的，人长得好看，但喜怒无常，经常前一分钟还在和颜悦色地聊未来发展，下一分钟就因为一个小问题暴跳如雷。我汇报的时候经常被她打断，她生气毫无预兆。在她面前，我压力很大。她还不止一次当着其他部门领导的面说我"格局不高，理工科思维太重"。

这就是第二个问题：直接主管脾气太差，对我也不认可。她前段时间把我提拔成技术小组长，后来又提拔我为技术团队牵头人，但我感觉是因为另外两个技术骨干一个离职，一个被前任领导调离带走了。

这就是我面临的两个问题。

如果不是疫情，我去年就走了，但是现在想走，又有三个原因让我很犹豫：一是我现在是10人技术团队的牵头人，不光收入提高了不少，也算是一只脚踏进了公司管理层的边缘，这个算是靠我直接主管的栽培；二是听说公司正在改制，多少会有一些实打实的红利；三是我也是三十几岁的人了，房贷压力、身体状况和家庭因素等现实问题已经不太能再支持我去一家拿命换钱的单位。

我这段时间去面试了几家，基本都是国企，现在正在等几个offer（录取通知）。我不知道如果拿到offer，我该不该离开呢？

方辉，你好：

我一边接你电话，一边感觉就是一颗"躁动的心"在跟我讲话。你985院校理工科硕士毕业，不愿意去科研院所这种半体制的地方，想自己去闯一闯,这很躁动。毕业后前两份工作,每份都做了三年左右,基本上是把门道摸清就离开了,这也很躁动。

我之前说过,可以考虑工作三年左右就转行,但是转行、跳槽是因为你掌握了职场基础技能,找到了更好的方向,有了更高的目标和动力。而你,无论是在深圳电力"工作没挑战",还是在华为"身体受不了",基本上都不属于"有了更高的目标"。你的躁动,究竟是有激情呢?还是因为浮躁呢?只有你自己才知道。

说回现在的工作。

在绝大多数职场人都在为"怎么升职加薪""会不会被裁"担忧的今天,你居然在考虑"工作的意义",可以说是相当傲娇了。但是我觉得非常好,一个人在满足了基本的物质要求后,对每天工作的意义发起追问,这是合理的,也是应该的。好的人生本来就应该追求意义。

我们经常聊组织中的领导力。领导力其中一个重要标准就是要把"工作的意义"传递下去,组织既要有可衡量的目标,也要有像图腾一样的愿景。就像那个广为人知的故事中讲的,肯尼迪参观NASA(美国国家航空航天局),被清洁工上了一课:"不,总统先生,我不是在拖地板,我是在帮助我们登月。"

现在你找不到"工作的意义"不是你个人的问题,而是你直接主管的问题。因为员工工作的意义不应该全部由员工自己来衡量,而应该由组织来衡量。比如在军队中攻下这个山头,会死很多人,对于死去的士兵本人没有意义,但是对军队有意义,对背后十几亿人民的福祉有意义。

虽然企业不比军队,没有"绝对服从"这回事,但同样都是组织,公司的每一份收入都有你的贡献,公司每一个产品、服务到的每一个人,都有你的一份努力。无论你在哪个行业,这个世界确实因为你变得美好一点点,这就是意义。而且,很多伟大的公司一开始也没有什么意义,就是挣钱,等跟人一样度过了温饱期,才开始追求意义。这个过程需要公司从上到下充分地沟通、交流甚至碰撞,需要宣传、引导,融入日常工作中。

再来说说你和你的直接主管。

按照你的描述,你的直接主管在职场中太常见了,除了长得好看。总体来看,一个人在职场生涯中经历好的、坏的主管的概率是差不多的。但是,有些人总有办法和几乎每一任主管都相处得很好,就像我们读历史,会看到有些名臣辅佐了好几朝皇帝,成为官场常青树。这是为什么呢?

其实这是我们聊过很多遍的话题:向上管理。

先说你主管对你是不是有成见,认不认可。我们不能光看一个人说什么,还得看她做什么。她也许对你的"格局"不认可,但是能把你提拔到技术小组长乃至牵头人的位置,至少表明了她对你业务能力的认可。刚才提到的"工作的意义",会不会就是她认为你"格局不够"的地方呢?也许是,也许不是,这个需要你和她进行充分沟通。

再来说沟通。跟你一样,我也是理工科毕业,我发现咱们理工科出来的孩子往往更容易有"只要我把事情做好了,其他的我都不想操心"这样的想法。不是这样的。任何一个职场人,哪怕只是一个基层员工,都要把自己当作"自己绩效的管理者"。按照管理大师德鲁克的说法,你的管理对象应该是"任何能影响你的绩效表现的人",当然包括给你打考评分数的直接主管。

管理是一种主动的行为,要把"被动沟通"变成"主动沟通"。比如,你说你汇报的时候常常被她打断,那么你主动思考过她喜欢的汇报风格是什么样的吗?是长篇大论从头说起,还是简明扼要,她有问题再询问?再不然,口头汇报不行,微信打一段话行不行?这样她就没法打断你了。

我听说有人跟上级沟通很费劲,后来给了对方一封信,一张打印出来签上名的纸。比起电脑和手机屏幕,纸张更能体现坦诚和郑重其事,上级也意识到了沟通的问题，事情得以解决。你看，写作能力在这里就体现了。

再比如，我问你有没有和她单独吃过饭，你说她来了以后，除了团建的时候借着酒意和你单独聊过几句，基本上只有工作问题的沟通，从来没单独请你吃过饭。那好，她不请你，你为什么不能请她？你现在也带团队了，你在管理上的困惑和疑问，为什么不可以向她请教？

你带着问题去请教她，无形之间你们的关系，就从"上下级"向"师徒"转变了。你请上级吃饭可能被回绝，徒弟多请几次，师傅好意思说"不"吗？

当然，我只是举几个例子，你记住沟通的事，一定要主动。不要猜，也不要让对方猜，而且脸皮要厚。沟通到位了，你在她心里的位置会有变化，她对你的态度也会有变化。

最后说一下你跳槽的事。我的建议是：当然不！

你的两个问题，我刚才已经讲很多了，其实本不该成为问题。你去新公司，同样会有新的问题，而任何大公司、大组织都有一个潜规则叫"剩者为王"，只要不下牌桌就还有机会。你现在刚刚"一只脚踏进了公司管理层的边缘"，就更不该放弃，更别说往上还有母公司，你职场的天花板还高得很。

说到职场天花板，我留意到一个细节：你的前任领导高升，带走了你之前的一个同事。他为什么没有考虑你呢？值得你深思。

兄弟，躁动可以，哥哥我也很躁动。但是，躁动归躁动，不该逃避问题，而应该带着雄心解决问题，追求更多。如果你现在有个机会创业，或者被邀请去一家初创公司合伙，那就又是另一个问题了。以你现在的位置，所谓躁动，是"既要、也要、还要"：你既要过去工作的阅历，也要现在稳定的安全感和薪酬，还要分享未来公司发展的红利。只有一无所有的年轻人才热衷说"不顾一切"，因为他们"一切"都没有，当然可以不顾。你已经拥有这么多，还躁动个什么劲儿呢？